シルバー・イーグル

A Tribe Returned

癒しと再生への旅路

シルバー・イーグル=ミセス・D

時を超えていく魂たち

変化のなかの混沌

金色の翼の鷹が魂に手を貸す

シルバー・イーグル

わたしたちが思い出すきっかけをつくってくれたスコットに
そして
蘇った一族に

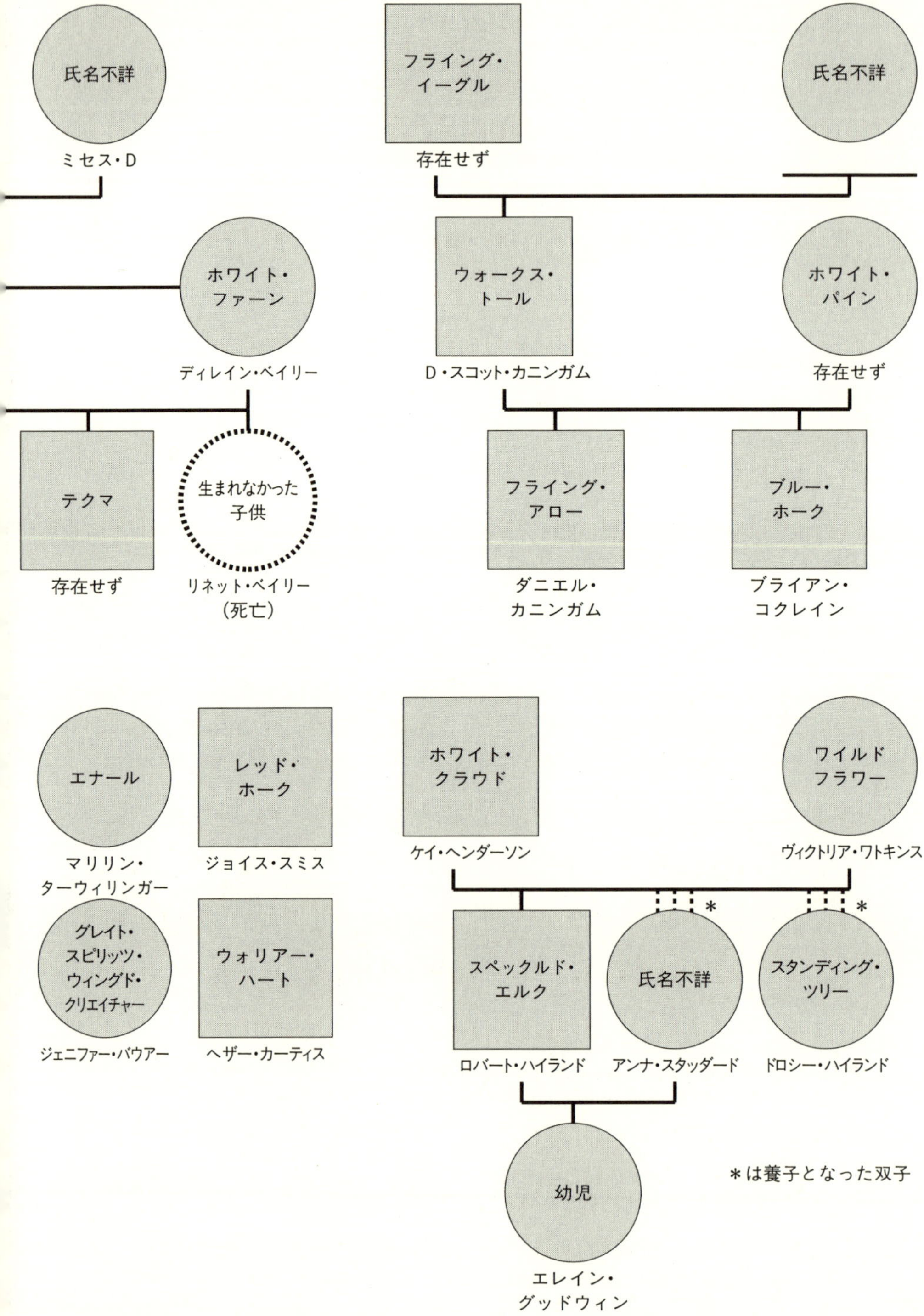
氏名不詳
ミセス・D
フライング・イーグル
存在せず
氏名不詳
ホワイト・ファーン
ディレイン・ベイリー
ウォークス・トール
D・スコット・カニンガム
ホワイト・パイン
存在せず
テクマ
存在せず
生まれなかった子供
リネット・ベイリー（死亡）
フライング・アロー
ダニエル・カニンガム
ブルー・ホーク
ブライアン・コクレイン
エナール
マリリン・ターウィリンガー
レッド・ホーク
ジョイス・スミス
グレイト・スピリッツ・ウィングド・クリエイチャー
ジェニファー・バウアー
ウォリアー・ハート
ヘザー・カーティス
ホワイト・クラウド
ケイ・ヘンダーソン
ワイルドフラワー
ヴィクトリア・ワトキンス
スペックルド・エルク
ロバート・ハイランド
氏名不詳
アンナ・スタッダード
スタンディング・ツリー
ドロシー・ハイランド
幼児
エレイン・グッドウィン
＊は養子となった双子

一族系図

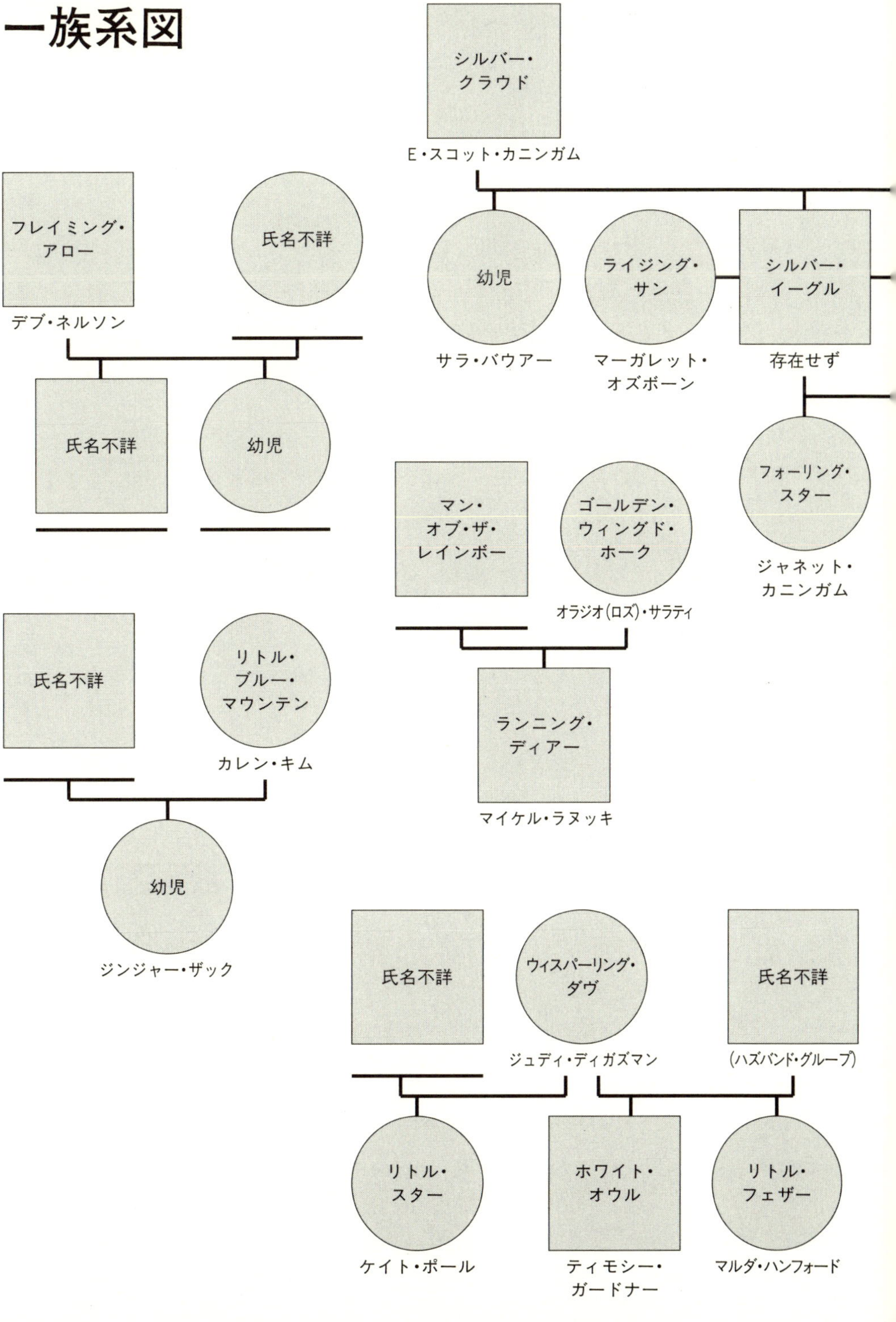
シルバー・クラウド
E・スコット・カニンガム
幼児
サラ・バウアー
ライジング・サン
マーガレット・オズボーン
シルバー・イーグル
存在せず
フォーリング・スター
ジャネット・カニンガム
フレイミング・アロー
デブ・ネルソン
氏名不詳
氏名不詳
幼児
マン・オブ・ザ・レインボー
ゴールデン・ウィングド・ホーク
オラジオ(ロズ)・サラティ
ランニング・ディアー
マイケル・ラヌッキ
氏名不詳
リトル・ブルー・マウンテン
カレン・キム
幼児
ジンジャー・ザック
氏名不詳
ウィスパーリング・ダヴ
ジュディ・ディガズマン
氏名不詳
(ハズバンド・グループ)
リトル・スター
ケイト・ポール
ホワイト・オウル
ティモシー・ガードナー
リトル・フェザー
マルダ・ハンフォード

謝辞

この物語に登場する一人ひとりに心からの感謝を捧げます。

とりわけ、わたしを支えてくれた家族――スコッティ、ダニエル、そしてE・スコット・カニンガム、サラ・バウアー、ジェニファー・バウアー、ジンジャー・バウアー・ザック――に。とまどいや疑問を感じたときも、あなたたちはいつもわたしを信じ、わたしがなそうとしていることを信じてくれました。

マルダ・ハンフォード、ディレイン・ベイリー、カレン・キム、そしてケイト・ポール……彼女たちと、この物語は語られなければならないという彼女たちの信念が、今も変わらずに最初の一歩です。わたしがつまずいてしまいそうなときも、励ましてくれました。

マイケル・ラヌッキとオラジオ・（ロズ）・サラティの熱意と励まし、そして愛にあふれた友情に。あなたたちの豊かなエネルギーがあったからこそ、この本は完成したのです。

ジムとジェニー・ジョンソンにも感謝を。二人はわたしを支え、この物語が人びとに知らされなければならないというヴィジョンを見ていました。

原稿を見てくれた編集担当のジョアン・ガーランドとその専門家の立場からの助言に。わたしたちの物語に対するジョアンの理解と称讃は、まごころからのものでした。

そして、この本を出版するという大変な仕事をなし遂げてくれた編集者のウィナフレッド・ルーカスに最大限の感謝を捧げます。このプロジェクトに何カ月もの時間とエネルギー、智恵を授け、暖かく見守ってくれて、心からありがとう。あなたの励ましはわたしを力づけてくれるものでした。

序文

信仰のシステムとしての輪廻転生は常に多くの賢人たちの興味をひきつけ、また何世紀にもわたりさまざまな本が書き残されてきたが、ともに蘇った一族について触れたものはほとんどない。『シルバー・イーグル』は別の肉体を持った存在となって蘇った魂たちを語った希有な本である。

本書は白人から迫害を受け、先祖伝来の土地を追われた人びとの単なる歴史物語ではない。古くからの伝統を身につけた人びとの魂の記録である。幕開けからドラマチックなエンディングにいたるまで、読者はこの美しいインディアンたちとの出会いに引き込まれる。

物語はスピリチュアルで自分たちを取り巻く環境と調和を保ちながら生きる人びとの一群が、なぜ残酷な仕打ちで全滅の憂き目に遭わねばならなかったのかという疑問を持った一人の人について語られているが、古代におけるエッセネ派（紀元前二世紀から紀元後一世紀末のパレスチナに存在したユダヤ教の一派。禁欲と財産を共有することを旨としていた）の悲劇のように、歴史には同じような出来事があふれている。人間だけがスピリチュアルな進化がこの星における生の目的だと仮定できるのであり、そうだとすればすべての魂は美と同じように不調和を体験しなければならないのである。憎しみと怒りから愛と受容へといたる道は、人間の暗黒の側面を経ずして存在しない。すべての体験は成長するためのレッスンであり、その重要な一面はわれわれがなしたことで、結果としてわれわれがいかに霊的に変化し成長したかであることは明らかだ。

『シルバー・イーグル』はこの哲学の正当性を証明するものである。この一族は高潔であること、スピリチュアルな価値に重きをおいてきた。そして厳しい迫害を受けたにもかかわらず、人を愛し、たいせつにするために今に蘇った。過去の不当な扱いに復讐するためではない。この本はこうしたスピリチュアルなパワーを体現し、現在を生きる一族の人びとに捧げられているのだ。

本書を読む人は白人たちの傍若無人ぶりにショックを受けるだろう。これは何もすべてのインディアンがオグララの一族のように進歩的であったとか、すべての侵入者たちが残酷な殺人者であったということではない。しかし、歴史のうえでは白人の戦士たちによる多くの不正や残忍な行為があった。自分たちが利用され、土地を奪われるまでは、インディアンも友好的だったのだ。

『シルバー・イーグル』は繊細でドラマティックなある一族の記録である。彼らは、自分たちの宇宙において調和を持って生きるというインディアンの哲学を凝縮させていた。退行セラピストの人びとは、過去世回帰によってインディアンであったもともとの自分を取り戻すケースにひかれることであろう。そこにはおよそ二十五人が登場し、指導者とその娘に目が向けられる。一族の哲学の多くは、この二人の会話を通して明らかになっていくのである。

しかし、セラピストにとって、とりわけ過去世回帰にたずさわる者にとっての真の価値は、それぞれの現在の生活を分析することにある。ほとんど例外なく、グループのメンバーは自らに思わぬ一面があることを知り、一族にあったときの体験にも似た激しい状況に直面している。そのなかには、前世の出来事や人格と似かよっているものもある。

変性意識（トランス）状態にあって、グループの人びとは、かつての指導者がいまだに罪悪感にさいなまれていることを知る。彼は自分の誤った決断が一族の虐殺を招いたと信じていたのだ。彼らは瞑想を通して彼が解放され、心の平安がもたらされていくよう祈る。

本書は、驚くべき事実の歴史物語であり、最後まで読者を悲しみと怒りのはざまで揺さぶりつづける。インディアンの歴史を知るといううえで、また過去世回帰セラピーを理解するうえでも、ジャネット・カニンガムは大きな仕事をなし遂げた。

ヘイゼル・M・デニング博士

（過去世探求およびセラピー協会の創設者、前会長）

まえがき

本当の話なのだろうか? 実際に一族は存在したのだろうか? ただの想像なのか? 二十五人を超える人間が同じ幻想に取りつかれることがあるのだろうか? この一族がともに蘇ることにしたというのか? ああしたすべての過去世回帰とさまざまなグループの無意識の領域にあった記憶は現実のものだったのだろうか? もしその記憶や感情が現実のものでないとしたら、いったいどこから来たというのか? わたしたちの集合意識の原形となり得るものだったのか、あるいは魂のエネルギーが形になって現われたものなのだろうか?

これはわたし自身に起きた出来事だ。けれど、いまだにすべてが実際に起きたとはなかなか信じられない。ジャネット・カニンガムとして生きているうちに偶然起きたことだったのだと、受け入れられないのだ。わたしの物語のなかには、クライアントをはじめ、友人、家族に起こった出来事や彼らの記憶もある。そして、彼らの多くはネイティブ・アメリカンとしてともに生きたことをわたしよりもずっと納得していた。わたしは真実に向き合おうとしなかっただけで、ただ自分自身の記憶を避けていただけなのだろうか? ほかの人たちによって明らかになった過去の人生を、その通りになぞっていけるだけの強さが自分にあるかどうかは分からなかったが、みんながあの〈時〉をふたたび生きるところをともに体験したい、この目で見てみたいという気持ちが自分のなかにわきあがってくることは分かっていた。それに……わたしはヒプノセラピストなのだ。一九九一年の二月になるまで、わたし自身も体験しなければならないリグレッション(退行)をした人はいなかった。

この本にあることは事実だ。わたしは自分の人生に起こったことをそのまま書いた。ただし本人の希望により、九人の名前と描写を変えてある。彼らのプライバシーを守るためだ。だから、生存している人であれ、すでにこの世にない人であれ、だれかに似ていたとしても、それはまったくの偶然である。
それ以外の名前、登場する人びと、出来事や体験はすべて事実であり、わたしの目を通して書かれたものだ。したがって、それらに関する責任はすべてわたしにある。
この本に書かれているように、登場したそれぞれが勇気を持って力づよく言っている。「これはわたし」だと。無意識の領域にあった過去の記憶を取り戻し、そのためにパワーを失っても、やがてパワーと愛のもとに立ち、そこから立ち直って言う。「これはわたし」なのだと。

あなたたちすべてに感謝を捧げます。

・わたしにもたらしてくれた体験に
・わたし自身が癒されるよう、背中を押してくれたことに
・ふたたび結びついた愛に

これは、輪廻転生の物語ではなく、愛について語った物語である。

ジャネット・カニンガム

登場する一族のメンバー

ジャネット・カニンガム——フォーリング・スター（流れ星）
ヒプノセラピスト。そのクライアントや友人たちが過去世においてネイティブ・アメリカンであったことを思い出す。

E・スコット・カニンガム——シルバー・クラウド（銀の雲）
ジャネットの夫。妻への贈り物にインディアンの酋長の絵を依頼。その人物がシルバー・イーグルであることに気づく。

ミセス・D
シルバー・イーグルの肖像画を描いた年配の女性。インディアンの生涯において、自分がシルバー・イーグルの母親であったというメッセージをチャネルする。

サラ・バウアー
ジャネットの義姉。サイキックとしての能力が高まるにつれ、インディアンだった時代の自分がシルバー・イーグルの姉であったことが見えるようになる。

ディレイン・ベイリー——ホワイト・ファーン（白い小鹿）
酪農家の妻。かつてのジャネットの同僚であり、現在は直観から得られるメッセージを使って治療するセラピスト。シルバー・イーグルの妻であったことに気づく。

マルダ・ハンフォード——リトル・フェザー（小さな羽根）
ジャネットの秘書として働いていたが、やがて、インディアンの生涯で悲劇的な死を迎えたことを思い出す。

デブ・ネルソン——フレイミング・アロー（燃えさかる矢）
ネイティブ・アメリカンの伝統や智恵を長く学んだ。退行を通じ、一族にあったとき、大地を守るため戦うことを望んだ勇猛な戦士であったことを思い出す。

ドロシー（ドット）・ハイランド＊——スタンディング・ツリー（直立する木）
ジャネットのクライアント。メディスン・ウーマンになるために学んでいたが、白い人間たちの毒を口にするよりも洞穴での死を選んだ自分自身を見る。

ジョイス・スミス——レッド・ホーク（赤い鷹）
占星術師。ほかの人びとともに洞穴で死んだ老人であった記憶を蘇らせる。

ヴィクトリア（ヴィッキー）・ワトキンス＊——ワイルドフラワー（野生の花）
ドットの妹。意識の混濁した老女であったインディアンの頃の自分を思い出す。

ロバート・ハイランド＊——スペックルド・エルク（斑点のある大鹿）
ドット・ハイランドの夫。メディスン・マンになるための訓練をしていたが、一族のメンバーを率いて洞穴での死を選ぶ。

アンナ・スタッダード
ロバートの友人。当初、彼女の存在はロバートの妻ドットを脅えさせるが、それはインディアンの時代にロバートがアンナの子供の父親であったためであることがしだいに明らかになる。

エレイン・グッドウィン——幼児
小柄なビジネスウーマン。一族においてはロバートとアンナの子供であったことを思い出す。母親が殺されたあと、戦士によって連れ去られるが、食べることを拒んで死ぬ。

マーガレット・オズボーン＊――ライジング・サン（昇りゆく朝日）

サラ・バウアーの友人。シルバー・イーグルの第二の妻であった。

マリリン・ターウィリンガー＊――エナール

辛かった子供時代の記憶を癒す助けを求めにきたジャネットのクライアント。ほどなくして、彼女が一族のメディスン・ウーマンで自分の師であったことにドットが気づく。

オラジオ（ロズ）・サラティ――ゴールデン・ウィングド・ホーク（黄金の翼を持った鷹）

アーティストであり、ネイティブ・アメリカンのモチーフを使った陶芸や織物を教える教師でもある。自らの創造性を解放させたあと、一族が虐殺されたときの様子を描いた大きな作品に取り組みはじめる。一族にあったときの彼はランニング・ディアーの母親だったが、その虐殺が起こる前に死亡しており、虐殺によって命を奪われた魂たちが移行するための手助けをする。

ケイト・ポール――リトル・スター（小さな星）

ノース・ダコタのシオ族居留地で活動する修道女だったが、二十八年間所属した修道会を去り、その後まもなく行った退行によってマルダと姉妹であった記憶を取り戻す。

マイケル・ラヌッキ――ランニング・ディアー（走る鹿）

ロズとケイトの親友。退行によってロズ（ゴールデン・ウィングド・ホーク）の息子であったことを知る。虐殺を目撃したあと、首を切り落とされた。

D・スコット（スコッティ）・カニンガム――ウォークス・トール（堂々と歩く者）

ジャネットの二番目の息子。初めてシルバー・イーグルの肖像画を見たときに怒りを感じた。一族の戦士だった。

カレン・キム――リトル・ブルー・マウンテン（小さな青い山）

ネイティブ・アメリカンのアートや装飾品を集めたギャラリーを経営する。一族の記憶があまりに悲惨であったため、なかなかはっきりと見ることができずにいたが、炎によって責めさいなまれて殺されたことをサラが目にする。

ダニエル（ダン）・カニンガム――フライング・アロー（空飛ぶ矢）

ジャネットの息子。鷹のスピリットとコミュニケーションしながら偵察を行う戦士であったことを瞑想によって知る。

ヘザー・カーティス――ウォリアー・ハート（戦士のハート）

ロズのかつての教え子で、現在はフロリダに住む。インディアンの生涯においては豪胆な戦士だった。虐殺の際、首にかけられたロープを荷馬車に引きずられて死亡する。

ティモシー・ガードナー＊――ホワイト・オウル（白いフクロウ）

マルダの甥。白い男たちと戦うことをシルバー・イーグルにすすめたが、戦闘のさなかに自らの胸を矢で突く。

リネット・ベイリー――胎児（生まれることのなかった子供）

十九歳で命を絶ったディレインの長女。インディアンの生涯では彼女を身ごもったディレインが虐殺に遭い、生を享けることはなかった。

ジュディ・ディガズマン――ウィスパーリング・ダヴ（囁く小鳩）

ケイトの知人。母親であったことにケイトが気づく。マルダを出産した際に死亡。

ブライアン・コクレイン――ブルー・ホーク（青い鷹）

ダン・カニンガムの友人。一族にあってはダンの兄弟で、スコッティの息子であったことがサラによって確認される。

ケイ・ヘンダーソン――ホワイト・クラウド（白い雲）
一族のメディスン・マンだったことをドットとロバートが目にする。
ジンジャー・ザック――幼児
サラの娘。一族ではカレン・キムの子供だった。
ジェニファー・バウアー――グレイト・スピリッツ・ウィングド・クリエイチャー（偉大なる魂が創りし翼を持ったもの）
サラの次女。インディアンではなかったようだが、そのスピリットの持つエネルギーで一族を助けていたらしい。
クレア――ホワイト・パイン（白い松）
サラがチャネルするエネルギー。スコッティも感じることができる。一族ではスコッティの妻だった。
テクマ
スピリット・エネルギー。シルバー・イーグルの息子で、フォーリング・スター（ジャネット）の弟。
シルバー・イーグル（銀色の鷲）
ダコタの小さな一族、オグララの酋長。一族のメンバーが悲惨な形で殺されるのを目撃し、暗黒の世界をさまようことを自らに課した。一族の土地が奪われ、白い顔の人間たちが支配者になるというヴィジョンを見ていながら、それに注意を払わずにいたことで自分を責めている。今生に蘇った彼の一族のメンバーたちは、折にふれて彼の存在を感じたり、彼のメッセージを受け取って癒され、一族の高潔さを知ることになる。

＊――仮名

目次

序文
まえがき
登場する一族のメンバー
第1章 シルバー・イーグル……25
第2章 発端……30
ディレイン（32） マルダ（33） サラ（35）
第3章 絆……37
ショイス（38） ドット（38） 絆の広がり（40） 瞑想会（41） 三人の新メンバー――デブ・ネルソン、エレイン・グッドウィン、そして、ヴィッキー（43） ドット、ロバート、アンナ――三角関係のはじまり（45）

第4章　記憶に気づきはじめる……48
最初のきっかけ（48）　グループ・リグレッション（51）
第5章　トラウマ……69
変化（69）　くり返し（71）　人生のレッスン（72）　マリリン（73）
第6章　キャビン――ヴィジョン・クエスト……76
第7章　新しい友人たち……82
ロズ（84）　ケイト（86）　マイケル（90）
第8章　かけらが一つになる……95
ロズが絵を描きはじめる（95）　ナポリの休暇（97）　マイケルのヒーリング（100）
第9章　ヒーリング・アート……107
ロズが去りゆく魂を描く（107）　カレン（110）　ロズがシルバー・イーグルの最期の苦悶を描く（116）　お祝いの計画（119）

第10章　お祝い……124
一族それぞれの自己紹介（128）

第11章　記憶が噴出する……148
ティモシー（148）　ケイト（158）　スコッティ（160）　絵（167）　ボディーワークで蘇る記憶（169）　マルダ（171）

第12章　一族の癒し……174
ディレイン（174）　ドットとロバート（180）　マルダ（184）　ドットの拒絶（188）
デブの記憶（191）

第13章　思い出す準備……201
マーガレット（201）　ダン（202）　デブ（205）　ボディーワークを使った準備（208）

第14章　ヘザーが虐殺を目にする……215
ヘザー（216）

第15章　ケイトのインディアン時代……235
第16章　一族のカルマにチャネルする……246
一族のカルマにチャネルする（246）　マイケルのチャネル（249）
第17章　自分の死を看取る……255
第18章　決意……278
訳者あとがき

第1章　シルバー・イーグル

一九八六年の夏、わたしたちの銀婚式が一年後に近づき、夫のスコットはこの機会にわたしに特別な贈り物をしようと計画していた。わたしがインディアンのガイドに誘導されて瞑想に入っていくのを知っていた彼は、友人のアーティストにインディアンのポートレートを描いて欲しいと頼んだ。彼女はみんなからミセス・Dと呼ばれる八十代の女性だった。彼女は風景画で知られ、ポートレートを描くことはめったになかったが、スコットの頼みを引き受けてくれた。彼の唯一の注文は「あなたの心の目に映ったものを描いて欲しい」だった。

スコットがこうしたことを計画するのはめずらしく、ましてやわたしたちの記念日のためにともなればなおさらだった。初めのうち、彼は内緒にしておいて驚かせようと考えていたが、しだいに気持ちが高まり、秘密にしておくことができなくなってしまった。絵を頼んだと彼から聞いたとき、わたしはもっと詳しく彼から聞きだそうとしたが、彼に言えることはほとんどなかった。彼の注文は最小限のものだったからだ。わたしは絵が届くのを興味津々で待った。サイキックの義姉サラに見えたわたしのインディアンのガイドたち──そのだれかに似ているのかしら？　男性？　それとも女性？　若いかしら？　立派な大人かしら？　戦士それとも酋長？……。

絵が届いたのは秋になってからで、その日わたしは一人だった。わたしはすぐにプレゼントを開けることにした。スコットが帰宅してからだと、結婚記念日まで待たせようとするかもしれない。ところが、不恰好な箱をダイニングに持ち込み、テーブルの上に置くと、不意にわたしは不安をおぼえた。ワクワクすると思っていたのに……この不思議な感情は何？

箱を開けると、インディアンの酋長の絵が出てきた。わたしはひと目で気に入ったが、酋長の顔は悲しげで痛みに満ちていた。その顔を覗き込むと、わたしは落ち着かない気分になった。スコットが帰宅すると絵を見せたが、この絵が気に入らなかったと誤解させたくなくて、落ち着かない気分になったことは口にしなかった。代わりに「彼に名前をつけましょうよ。何がいいと思う?」と軽い調子で言った。

スコットは即座に「彼の名前はシルバー・イーグルだよ」と答えた。

確信に満ちた彼の返答にわたしは驚いた。「そう呼ぼうってこと? それともそれが彼の名前だってこと?」

スコットは「ただ思い浮かんだんだ。彼の名前はシルバー・イーグルだよ」と言うだけだった。

わたしはその絵を兄の妻のサラに見せたくなった。彼女は三日後に、メリーランドから到着することになっていた。

ミズーリの農家で生まれ育ったせいか、保守的で現実的な性格のサラは、その日の服装も地味で、こざっぱりとした手縫いのキルトのジャケットに赤いポリエステルのブラウス、黒いスラックスというものだった。短い茶色の髪に縁どられた顔は陶器のように滑らかで、頬には自然なピンク色がさしていた。サラは週に一度のキルトの会に参加しており、その保守的な傾向にもかかわらず、心をしずめてくれるキルトという作業が自分を別の次元に連れていってくれることに気づいていた。そうした別の次元にあるとき、彼女はスピリチュアル・ガイドを見ることができたし、こうしたガイドたちが伝えてくることを中継することができた。何年も直観の限界を引き延ばす努力を一緒に続けるうちに、わたしは彼女のサイキックとしての能力を信頼し、尊敬するようになっていた。

わたしたちはヴィクトリア朝の広々とした自宅を抜けてオフィスのある棟に向かい、わたしが「催眠の部屋」と呼ぶ部屋に落ち着いた。カーペットが敷かれた床と、壁に交差する屋根板がこの部屋を居心地のいい空間にしており、オフィスという感じはあまりなかった。吊るされた植物と木の香りがさらにくつろいだ雰囲気を与えていた。

サラが絵を見つめた。彼女は別の次元に入っていき、ゆっくりと優しく語りはじめた。

何年も何年も昔、わたしたちはこの国の大草原の上で力強く生きる民族だった。……痛みがある……とても痛い。この痛みをだれかと分かち合ったことなどなかった。常にわたしが背負うべき重荷なのだ。インディアンの伝統に従って、わたしはこうしている。わたしは自分の行いゆえに決してふたたび愛する大地を歩くことができない。わたしのせいでわたしの一族は傷つき、死んだ。もう無理だ、続けられない……お願いだ、気持ちが落ち着くまで待たせて欲しい……。（長い沈黙）

わたしには娘が一人いた。われわれを導くために選ばれた偉大なる魂からの贈り物だった。しかし私のせいでみな死んでしまった。勝てると思った。われわれの戦いはわれわれの尊い大地を守るためのものだった。わたしのせいでみな死んでしまった。わたしは胸の内に痛みを抱えている。もう二度と尊い大地を歩くことはできないのだ。

妻はわたしの友だった。彼女は実に美しかった。どれほど彼女を愛していたことか！　どれほど娘を愛していたことか！　そして、どれほどわたしの民を愛していたことか！　わたしの大地はわたしのものではなくなり、白い顔をした者たちが支配者になると、直観がわたしに語りかけていた。

わたしは二度とこんなことにはしないと誓った。会合では何度も勇敢な若い戦士たちに向かい、彼らに語りかけた。われわれの愛する大地のために立ち上がり、戦うのだ。彼らは同意したが、人数で劣ったわれわれはのちの戦闘で負けてしまった。多くの戦士を失い、さらに真夜中に攻撃を受けた。女と子供の多くが騎兵隊に殺されたが、わたしは妻とわたしの娘を守ることができた。一族のうち何人かは生き延びることができた。わたしはわずかに生き残った者たちを引き連れて、近くの森の奥に入り込んだ。わたしは生き残った者たちすべてにわれわれの大地をふたたび取り戻すことを約束したが、なおわれわれは騎兵隊に追われていた。わたしが上に立つ者であったために、わたしの妻と美しい娘は吊るされ、手足を縛られて八つ裂きにされた。

涙がわたしの頬を伝いはじめた。酋長はわたしのことを話しているのだろうか？

痛みはあまりに辛く、耐えることができなかった。わたしは自分のナイフに手を伸ばした。わたしも吊るされたが、生き残った者すべてが吊るされ、八つ裂きにされるまで死なせてもらえなかった。皆が大地を失ったのはわたしのせいなのだ。わたしが心から愛した者たちは死んでしまった。自分の直観に注意を払う必要はなかった。われわれはとてもパワフルであり、われわれの大地はわれわれのものでありつづけるべきだと、心から信じていた。わたしは自分のなしたことを恥じ、心に鍵をかけて、ほかの魂に自分の話をすることができなくなった。

この絵はわたしの母が描いたものだ。母を通してだけ、わたしが現われる。許しや新しいスタートをきることについて、彼女は単純に考えている。わたしは母が間違っていると感じていたが、彼女は娘のもとへ行くようにと言い張った。

母の力があって、わたしは今ふたたびかわいい娘を見ることができたのだ。なんという喜びだろう。なぜなら、娘がわれわれの死を乗り越えることは不可能だと思っていたからだ。今は話せない。わたしは混乱しているが、われわれの尊い大地の上にふたたび生きる娘に会えた喜びにあふれている。しかし今なお、胸の内には自らを恥じる思いがある。

カンヴァスに描かれたわたしの絵が、特別の贈り物であることは分かっている。私はここにいるべきではないのだ。この絵を焼いて欲しい。


サラは心の内からわきあがるものに圧倒され、わたしの頭のなかでは疑問がぐるぐると渦巻いていた。こんなことってある？　現実なの？　娘ですって？

わたしはサラと酋長とのコンタクトが失われてしまう前に何か確認できるものをと、勢い込んだ。「父の名前は？」と聞いてから、彼女はスコットが言っていた名前を知らないことに気づいた。

彼女の口から言葉がこぼれた。「私の名前はシルバー・イーグルである」

第2章　発端――【一九七三―八二年】

　そもそも何から始まったのだろう？　一九七〇年代の初め頃から、わたしたちはちょくちょく会うようになった。わたしたちはアップステイト（ニューヨーク州北部をさす）のなかでも南部に暮らす女性ばかりのグループで、最初のうちは分からなかったが、過去を共有していた。しだいにメンバーが増え、互いの経験を打ち明け合うようになった。数年かかって、かつて自分にインディアンとしての人生があったことに気づいた人びとは、ウエスト・ヴァージニアで、ミズーリで、メリーランドやペンシルヴァニアで、マサチューセッツ、ニューヨークで、イギリスやカナダそしてイタリアで、現在の人生を始めていた。わたしたちは理由も分からずに集い、それまで気づかなかった筋書きに深い驚きを抱いた。

　わたしが退行セラピーを始める何年も前から、わたしたちは連絡を取り合うようになっていた。同じ過去世を共有しているということは、当時だれ一人として分かっていなかったが、グループのなかには、わたしたちが出会う以前から何の知識もないインディアンの過去とのつながりに興味を持っている人たちがいた。そうした関わりが何を意味するのか、当時のわたしたちには分かっていなかったにもかかわらず、だ。

　ある人はノース・ダコタにあるシオ・インディアンの居留地で三年間働いた。またある夫婦はサウス・ダコタのシオ族に何年も寄付を続けていた。別のメンバーはネイティブ・アメリカンのアートばかりを扱う店を経営し、ネイティブ・アメリカンの儀式に参加して教えを受けているメンバーもいた。また、一人はインディアンのアートや技術を使って布を織ったり焼き物を焼き、それをほかの人びとに教えていた。

わたしはこういったことは何ひとつしていなかった。事実、わたしとネイティブ・アメリカンの文化を結びつけるものは二つだけだった。カウボーイやインディアンの映画を見たときに感じる共感めいたものと、ハロウィーンでのインディアンの衣装だ。

わたしが小学生のとき、ハロウィーンのパーティーとパレードでインディアンの衣装を着たことがあった。母は妹と私の衣装を作るのが好きで、ポーキー・ピッグやばかでかい耳とふさふさしたしっぽのあるバッグス・バニーに始まり、ひだをとった女の子らしいきれいなドレスまで、手の込んだものをよく縫ってくれた。にもかかわらず、小学校の六年間でいちばん気に入ったのはインディアンの衣装だった。褐色のバックスキンのような布で作ったパンツと、裾と袖にふさをつけたシャツだ。頭に巻くバンドも作ってもらい、母のアクセサリーのなかからビーズのネックレスを見つけて首にかけた。そして、長い茶色の髪を三つ編みにしてもらって、唇には口紅をつけた。鏡のなかの自分を覗き込み、まるで美しいインディアンのお姫様のようだと思ったときのことがありありと浮かんでくる。わたしは自分の姿にほれぼれとし、たった一日しかこの衣装を身につけられないのが残念でしかたなかった。

わたしはウエスト・ヴァージニアで成長した。ここは因襲を重んずる土地柄で、その因襲のなかには輪廻転生という考え方は存在しなかった。いま振り返ると、その生活がいかに外の世界と隔絶され、守られたものだったのか、よく分かる。そしてそれは一九五五年に出会い、六二年に結婚したわたしの夫、スコットとの関係でも続いた。

スコットはわたしと違い、ずっと輪廻転生を信じていた。その可能性を認めるようにはなったものの、当時のわたしにとって前世の問題は重要なことではなかった。伝統的なプロテスタントのしつけを受けてきたわたしだったが、何年かかかって輪廻転生は実際に腑に落ちるものになった。ところが私だけの前世となると、スコットを納得させられるほどの体験はまだなかった。個人的な体験はないまま過去世のことはめったに話題にのぼらなくなり、二人の息子に恵まれたわたしは、数年間を母そして妻としての役割を果たすことに忙しく過ごした。数回の引っ越しが常に生活を興味深くワクワクするものにし、スコットはよき夫でありよき父親だった。そして私たちはどちらもこの生活にしっかりと根をおろし、ほかの人生が存在する可能性をさぐるきっかけになるものはほとんどなかった。

ディレイン

一九七三年にわたしたちはニューヨーク州南部に引っ越し、その後数年間、わたしは全国的に知られるウエイト・コントロールの組織で働いていた。ディレイン・ベイリーとはここで出会った。彼女はその組織で特別研究員としてインストラクターをしていた。彼女はわたしの夫に続いて現われた一族の一人だった。もちろん、そのときのわたしは知るよしもなく、過去世におけるわたしたちの結びつきは、その後の数年間で徐々に明らかになってくるのである。

ある日、わたしは会議に一緒に出かけようとディレインを誘った。あとになって彼女が話してくれたことだが、わたしからの電話がすむと、彼女は夫に「彼女と一緒に会議に行ったものかしらね……鼻持ちならない高慢ちきって感じなのよ」と言ったという。

ディレインを迎えに行くと、彼女はわたしを五十頭ほどの牛に引き合わせた。牧場へ行くのはそれが初めてで、ディレインが朝の四時から起きて家畜小屋で夫と並んで乳しぼりをしていたと聞き、ひどく驚いた。彼女は急いで農場や家事について指示をすると、日帰り旅行に必要な荷物をまとめた。

農家のおかみさんと鼻持ちならない女はすぐに意気投合した。わたしたちは仕事のことや家族のこと、人生について語り合った。年齢も同じ、身体のサイズもほとんど同じ、そしてどちらも茶色の髪を短くストレートにしていた。向こうに着いてから出会った人の一人は「ジャネット、あなたディレインにそっくり！ あなたたちきっと姉妹だと思われるわよ」と言った。そのせりふはのちに発見することを暗示していたが、以来、わたしたち二人が一緒にいるとしばしば耳にする言葉になった。ヘアースタイルを変えたあとで彼女に会うとびっくりしたことも何度かあった――知らないうちにディレインも同じスタイルに変えている。二人でよく偶然を笑ったものだった。わたしたちが似ていることはだれの目にも明らかで、わたしは食料品店で呼び止められて農場と牛の様子を聞かれることさえあった。わたしと牛ですって？　ディレインはそれを聞いて爆笑した。

ディレインには子供が四人あり、いちばん下の男の子はわたしの息子と同い年だった。いちばん上はリネットという女の子で、わたしたちの過去世にも存在していたのだが、当時、ディレインの頭痛の種になっていた。リネットは美しく、外向的で行動的だったが、彼女とディレインのあいだには争いが絶えなかった。ある朝、ディレインの代わりのインストラクターが必要になったと、彼女の夫が電話をかけてきた。彼の落ち着き払った声は、ひどいショックを受けたときの人間に共通するものだった。「リネットが死んだんだ」と彼はそれだけを口にした。大学に行くため一家と同居しているディレインの妹が、ベッドにいるリネットを発見したのだ。リネットはパーティーで酒を飲みつづけていた。ベッドのそばにあった睡眠薬を飲んだのはわざとだったのか、あるいはたまただったのか、それはだれにも分からなかった。

マルダ

次のメンバーが現われたのは、わたしが会社で管理職に就いてすぐのことだった。マルダ・ハンフォードは恥ずかしがり屋で物静かな女性で、身長は一五〇センチほど、前髪を短くたらしたボリュームのある茶色の髪が彼女の顔のほとんどをおおっていた。彼女は秘書兼会計係となって、数年間、わたしとともに楽しく働いた。仕事に対してマルダは慎重で几帳面な人で、細かいことは彼女がてきぱきとさばいてくれ、おかげでわたしは別の問題やカウンセリングに集中することができた。ディレインの歯に衣着せぬ物言いや外向的な性格、それゆえにしょっちゅう起こす癇癪《かんしゃく》やせかせかした行動と、マルダの受け身でおごったところがなく、ゆったりと静かな性格はとても対照的だったが、二人は親友だった。

ビジネスがおおむね順調に推移していった一方で、いくつかの出来事から、わたしはしだいに常識を超えたものの見方をするようになっていった。あるとき、月一回の定例ミーティングの席で社長が変わったシルバーのお守りをおみやげにくれた。彼女は休暇で過ごした西部から戻ったばかりだった。わたしはお礼を言い、彼女が手のなかに落としてくれたお守りを見た。美しく細工されたインディアンの小さなヘッドドレスだった。「へんね」とわたしは思った。「インディアンとなんて、何も関係ないのに」。わたしが自分の家族や自分自身を記念したお守りを下げたブレスレットにそれは合わなかった。だから、彼女の気持ちには感謝したものの、その小さなシルバーのヘッドドレスはどこかに置いたまま忘れてしまった。

一九八二年、ある出来事が社内の好気心をかき立てた。同僚の一人が霊能力者のところへ出かけ、リーディングしてもらったのだ。「そんなこと絶対したくない」とわたしは思ったが、霊能力者が話したことを彼女から聞くと、そのリーディングは正確でとても明快だった。ことにこの霊能力者がわたしについて話したことは事実であり、驚きだった。「どうしてそんなことができるの？　人間の心がそんなことをできるのかしら？　もしそうだとして、どんなふうに？」とわたしがその話をすると、スコットは自分もリーディングして欲しいと言う。「冗談でしょ！」とわたしは大きな声をあげていた。

わたしたちが肉体の次元を超えた領域を学ぶようになっていったのは、スコットが始まりだった。やがて彼は霊的な気づきのクラスに誘われ、わたしも彼と一緒に出かけるようになった。けれどそれは自分にそういう能力があると思っていたからではなく、霊的なレベルで心がどのように機能するのかに興味があったからだ。しばらくして彼はやめてしまったが、わたしは続けていた。彼はわたしのためにそのクラスがまともなものかどうかをチェックしてから、先にやめたのではないか、わたしを守るために……あとになってわたしは思った。わたしは彼の意見を尊重し、こうした新しい考えについて彼と話ができることに喜びを感じていた。

サラ

義理の姉ではあるが、サラとはもっとも深いところで気持ちを分かち合うことができる。いつでもわたしたちは姉妹のようだったし、サラが兄と結婚したとき、わたしと姉のジュディは大歓迎で、彼女がずっとわたしたち一家の一員であったように感じた。それから三十年近く、わたしと彼女には結婚生活や子育てを中心とした友情が続いてきた。

一九八三年に彼女が霊的な能力に目ざめたとき、わたしもその場に居合わせていた。わたしは霊的な気づきのクラスに参加するようにはなっていたが、このとき実際にスピリット・ガイドに出会い、メッセージを受け取ったのは義理の姉なのだ。わたしの反応は「神様、このすべてが現実でありますように!」というものだった。それから数年間、彼女とわたしはガイドのことや過去世について、また心霊現象についてともに学んだ。彼女が自分の知らない人びとをガイドに紹介するところも何度も見た。サラには知りようもないことを彼女が口にすると、人びとの顔に驚きの表情が浮かぶことにも気がついた。

あるとき、いつものようにわたしのところでワークをしにきていた彼女が、二人で瞑想を終えたあとで、彼女のインディアンのガイドが土に小枝で円を描いていたのを見たと言った。まるで彼女に何かを思い出させようとしているようだったという。彼はわたしたち二人の過去から何かの教えを思い出させたかったのだ。

「彼がわたしに何を思い出して欲しがってるのか、それは分からないの」と彼女は言った。「わたしに伝えるための別の方法を見つけなくてはならないのよ」。その二日後、自然に本屋に足が向かい、わたしたちはサン・ベアの『メディスン・ホイール』を見つけた。

「これよ!」。サラが興奮して叫んだ。「彼がわたしたちに思い出して欲しかったのはこれなのよ!」。彼女はこの本を読み込んでネイティブ・アメリカンの文化を学び、インディアンのガイドとの強い結びつきに喜びを噛みしめた。そして彼女は貴重な情報を受け取った。「あなたは白人社会の白人女性です。白人社会のなかで白人女性として生きなさい」

サラの霊感はさらに強まり、わたしたちはともに理解を深めていった。気がつくと、それは魅力的なものだった。わたしのそれまでの環境にも、受けてきた教育にも、この新たな情報と結びつくものは何ひとつとしてなかった。サラの情報の正確さには驚いたが、彼女自身で間違っていると気づくこともあった。そうしてわたしたちはさらに探求し、こうした誤りが何を意味するのかを再検討した。知性がいかにして内面での理解を歪めるのかも知った。大部分の人たちと同じように、一〇〇パーセント正しくないかぎりその霊的なプロセスはでたらめだと決め込んでいたのだ。それに続く数年間、わたしたちは直観がどのように働くのかをさらに理解しなくてはならなかった。

こうしてわたしたちが学んでいるあいだ、サラはメリーランドの自宅からニューヨーク州に住むわたしのところへひんぱんに訪ねてきた。ディレインやマルダとも知り合い、四人による友情と成長は新しい段階を迎えた。その頃までには子供たちもハイスクールを終え、大学に進学したり、さもなければ独立して家を出ていたので、わたしたちが「魂の旅」と呼んでいた新たな道をのびのびと歩みはじめることができた。

車を運転して仕事に向かうとき、ヒーリングのチャネルになりたいとわたしは何度も祈った。数年後、その祈りを思い出し、あの頃の自分は何を願っていたのかまるで分かっていなかったと悟った。それはわたしの最初の気づきの一つだった。何かを願うときは何を願うのか、細心の注意を払わなくてはならない——それが本当に手に入ることがあるのだから。

第3章 絆 ――【一九八三年】

一九八三年、マルダが彼女の自宅で毎週開かれていた瞑想の集まりにディレインとわたしを誘ってくれた。やがて徐々に参加者が増え、あるとき、マルダは夢のなかでそのグループの名前を聞いた――「サークル・オブ・ラブ」。彼女はサークルをまとめていきたいと感じた。というのも、彼女は友人たちが奇妙な出来事について話し合うのを聞くたびに、それを理解したいと思っていたからだった。彼女はわたしたちのことも、わたしたちを通してやってくるメッセージにも信頼を寄せており、そのためしだいに、わたしたちが口にするあまり伝統的とはいえないスピリチュアルな考え方を受け入れるようになっていたが、初めのうちはこうした話の輪の周りにいるだけにとどまっていた。

サラはグループにいつも参加するわけではなかったものの、わたしたちの町にいるときはいつも合流し、彼女がチャネルしたメッセージを聞かせてくれた。まもなく、彼女がいないときでもメッセージやシンボル、互いの知識がわたしたちの話題にのぼるようになった。この時期、わたしたちは宗教や神に関する考え方を深め、刺激と発見を得た。話したいことや聞きたいことはあまりに多く、瞑想を終えるとわたしたちはしばしば昼食をともにしたものだった。こうして、話をしたり瞑想をするために週に一度集まることが、生活のなかでとてもたいせつなものになっていった。

ジョイス

わたしたちの小さなグループができて最初に加わったのがジョイス・スミスだった。彼女は占星術師で、わたしはクライアントの一人から彼女のことを聞いていた。それまで一度も占星術師に会ったことはなく、初めて電話で話をしたとき、わたしの誕生日をたずねた彼女は、即座にわたしに関する情報をすらすらと言ってみせ、わたしを驚かせた。「どうして生まれた日を聞いただけでそんなことが分かってしまうのかしら？」。わたしは不思議だった。わたしは彼女を誘ってディレインとマルダに引き合わせ、それが彼女がグループに加わるきっかけとなった。

ジョイスはとても魅力的な人だった。長身で髪を明るいグレーに染めた彼女は、女性らしさというものを凝縮させていた。わたしたちの誕生日のデータを集め、そこから感じたことを話してくれるとき、彼女は五十代後半という年齢にもかかわらず若さと好奇心、そしてエネルギーにあふれていた。昼食のあとで、彼女は人が生まれるときに選ぶ「宮」について話した。彼女は十年間占星術を学んでいたが、自分の考えや発見について話し合える人はなく、熱心に耳を傾ける聞き手を前にして自由に話ができることに喜びを感じていた。一人ぼっちの日々は終わった――グループの全員がこの知識豊かな女性の言葉を聞こうと身を乗りだしているのだ。わたしたちは彼女と定期的に会えるようになったことがうれしかった。

一九八三年の十二月にわたしはウエイト・コントロールの組織を辞め、翌年の四月にストレス軽減、ウエイト・コントロール、カウンセリング、そして催眠療法を専門とするビジネスを始めた。過去世回帰もわずかながら行っていたが、ビジネスとしては普通のものにしておきたかったのでそれはあえて広告しなかった。

ドット

次にわたしたちのグループにふさわしい人物として登場したのがドロシー（ドット）・ハイランドだった。彼女はわたしの個人的なクライアントで、体重を落とすためにわたしのところに来たのは一九八五年の五月のことだった。背が高く年齢は四十代、体重は四五キロオーバーで、カールした茶色の髪が陽気な顔を縁どっていた。それ以前に、わたしたちはある大きな会合の席で銀行家の彼女の夫を通じて顔見知りになっていた。ドットの夫はわたしがウエイト・コントロールのクリニックを開いたことを知っていて、生まれてからずっと彼女を苦しめてきた肥満についてわたしに相談してみるようにとすすめていたのだ。彼女は夫のすすめに従ったのだが、わたしにアポイントの電話をする前に図書館に行き、なんと催眠療法についての本を読んでいた。

彼女がわたしのオフィスに現われると、すぐにわたしは親近感をおぼえ、彼女がわたしたちのグループに加わるはずと思えるほどにその気持ちは高まった。三度目に会ったとき、マインドの再プログラムを含めた一般的な治療を終えて、彼女が言った。「ときどき、太っているのは私のカルマなんじゃないかって思うの」。わたしは安堵のため息をついた。彼女の一言が過去世をさぐるきっかけをわたしに与えてくれたのだ。すでに彼女はこのことを確信していた。

「飢えとか肥満といった過去世での無意識の記憶が今の人生に影響をおよぼすこともあるのよ」と彼女に言った。このわたしの一言が彼女の興味に火をつけた。過去をさぐることで、彼女が太りすぎでいなくてはならない必要性が無意識の内に存在しているのを知ることができるかもしれない。そこでわたしは彼女を催眠状態に誘導してリラックスさせ、肥満の原因に行き着くことだけを暗示した。

過去に戻った彼女が見たのは、長い黒髪のスリムで健康なインディアン女性となって、薬になるハーブやベリーを摘んでいる自分の姿だった。彼女は自分が小さな部族のメディスン・ウーマンだったことに気づいた。そこからさらに時を下ると、白い人間の毒を口にすることを拒み、洞穴に入って死を選ぼうとしている自分を見た。彼女の退行はのちに、わたしたち全員が属していた一族が虐殺に遭った事実を知る最初のきっかけの一つとなった。だが、そのときはまだ、それを知るよしもなかった。

この退行は彼女が深いレベルで発していたいくつかの問いに答えてくれた。体重オーバーでありながら彼女は自然食に興味を持ち、穀類や豆を使ったヘルシーな料理が自慢だった。ハーブ調味料を使ったライスには、彼女がかつてメディスン・ウーマンだったときの経験が生きていた。過去世の彼女が餓死を選んだことが、現在の人生での飽きることのない食欲の原因になったのだ、とわたしは思った。彼女が無意識のマインドからふたたび得た情報が体重の問題に関わっていることにわたしは満足し、そのときはそれ以上のことを考えなかった。

絆の広がり

この頃、サラはメリーランドのなかのどこか静かな場所で、サークルの週末の瞑想会を開きたいと考えていた。適当な場所を見つけた彼女は、「メディスン・ホイール集会」と自分で名づけた初めての集まりの準備を開始した。話が具体的になってくるにつれて、わたしは直観でドット・ハイランドにも参加してもらおうと思った。けれども彼女とは一クライアントとしてつき合っていただけだったので、この話を持ちかけるのは適当でないような気もした。数日間、プロとしての自分と直観がせめぎ合っていたが、プロとしての自分は敗れ、次にドットに会ったとき、もし気が向くなら瞑想会に参加してみないかと誘っていた。

その週が終わらないうちに彼女は参加すると電話してきた。彼女にディレインやマルダ、ジョイスを引き合わすことができるように、わたしは彼女との次のアポイントを瞑想会の日に設定した。セッションを終え、彼女を連れて集合場所に向かうあいだ、わたしたちはずっと彼女を待っていたような気がした。たくさんの絆が地球の上を広がってゆき、地球に癒しをもたらすというサン・ベアのヴィジョンを読んでいたわたしは、ドットの参加がわたしたちの絆の広がりのしるしであって欲しいと願った。

メリーランドまでの旅は心が浮き立つような楽しさで、わたしたちが待ち受けるようになっていたちょっとした奇跡にあふれていた。とりわけ、ドットはわたしたちと一緒にいる自分のことがなかなか信じられなかった。

それまで、彼女は何をするにも夫のロバートと一緒だったのだ。また、ディレインにとっても家族と離れて過ごす初めての休暇だった。管理能力にすぐれた彼女は食事の支度やスケジュール管理、会計を引き受け、わたしたちもそれに異論はなかった。

瞑想会で顔を合わせたサラとドットは、まるで長いこと離ればなれだった旧友が再会したかのようだった。サラはドットにスピリチュアル・ガイドについて説明していたが、そこでわたしはもう一度驚いた。サラはドットに会ったこともなかったし、彼女についてもほとんど知らなかったにもかかわらず、ドットのガイドが言っていることにチャネルしはじめたのだ。そのプロセスはいつも魂に触れるものだった。わたしには理解できなかったものの、かといって否定することもできない現実にサラは近づいていた。

マーガレット・オズボーンも瞑想会に参加していた。彼女はサラの友人で、メリーランドに住んでいた。マーガレットとディレインはすぐに意気投合し、メッセージの意味や勉強しはじめていたリフレクソロジーについて情報を交換し合った。その頃、まだマーガレットはあまり栄養のことについて考えたことはなかったが、ニューヨークから来たメンバーの多くが健康や栄養のことに興味を持っているとサラから聞いて、彼女たちが自分の双子たちにどんなふうに反応するだろうかと考えた。

瞑想会

瞑想会の最中、みんなから自動書記ができるかと聞かれた。霊的な気づきのクラスに入ってまもない頃に練習してみたことはあったが、やめてしまった。わたしは自分のチャネリング能力に首をかしげるようになっていたし、無意識の領域にあるものを文字にはしないと決めていたので、そうした考えは自分のなかから消してしまっていたのだ。多くの人びとがスピリチュアル・ガイドのような高次の存在からの情報ではなく、自分の無意識や自分でプログラミングしたものから得た情報を自動書記したり、絵に描いたりするのを見ることもあった。自分がきちんとチャネルできるかを確信できないうちは、やりたくなかったのだ。

けれども、ここに集まった人たちはわたしに思いきってやってみるようにとせきたて、きっと何か見えてくるからと言って質問を始めた。わたしは息を深く吸ってすべて解き放ち、浮かんできたものを思考に邪魔されずに受け取ることに集中した。みんなの反応がとても心強く、このまま続けられると思った。チャネリングしていくうちに、東洋女性のガイドがもたらす優しさを感じ、それまで経験したことのない愛のエネルギーが漂ってきた。

それが終わると、みんなで瞑想した。「聖なるパイプ・セレモニー」と呼ばれるその瞑想は、サラのインディアンのガイドからもたらされたもので、彼女はそれを録音してあった。わたしたちは白いキャンドルを囲んで輪になって座り、リラックスして瞑想に入っていった。

わたしにはまだ分かっていなかったが、このときの経験は一族がふたたび戻ってくるもう一つの前触れだったのである。


気がつくと私は高い絶壁のふちにいた。信じるものに向かって飛び込んでいく必要があるのは分かっていた。深呼吸して、私は飛んだ……どこまでも落ちていく……すると、自分の両脇にガイドがいて、持ち上げてくれていた。一人は東洋の女性で、もう一人はネイティブ・アメリカンの男性だった。

私はインディアンが集会をしている大きな輪の前にいた。私は反時計回りにその輪の周りを三回まわり、それから今度は時計回りで三回まわった。すると輪の内側にいた酋長かメディスン・マンらしき人のところへ連れていかれた。何かの儀式のようだった。言葉のような、歌のようなものが私の頭のなかで流れつづけていた……ヤ・ナ・ヒーヌ……ヤ・ナ・ヒーヌ……瞑想が終わっても、この言葉を忘れずにいたいと思った。憶えていなくては！

わたしたちはそれぞれが体験したことを語り合った。わたしが不思議な言葉のことを話すと、ドットが言った。「その言葉には何か意味があるのかしら?」。わたしは意味などないと思った。調べてみたところで、ばかばかしいだけだと感じていた。

しかしドットは言い張った。「ロバートとわたし、もう何年もサウス・ダコタの慈善団体に寄付をしているの。シオ族なんだけど。たぶん彼らに手紙を書けば、その言葉に何か意味があるかどうかが分かると思う」。家に帰るまでには彼女も自分が提案したことを忘れてしまうだろう、わたしはそう考えて自分を納得させた。

瞑想会のあった週が終わる頃、サラがインディアンのガイドからのメッセージを語った。「この絆が持つパワーをまだ分かっていない」。ガイドはそう言っていた。彼女の言葉はわたしの内側のエネルギーを動かし、その激しい反応にわたしは驚いた。自分の内側で起こるそうした衝撃に慣れていなかったのだ。絆? それぞれの内なる体験を分かち合うことのできる、すばらしい女性の集まりになれるのでは、と思った。でもそれ以上、そこに特別な価値を見いだすことはできなかった。

三人の新メンバー——デブ・ネルソン、エレイン・グッドウィン、そしてヴィッキー

この瞑想会のあとで、三人の女性が新たに加わった。最初のデブ・ネルソンとはクライアントを通じて知り合った。彼女は三十代で、メンバーのだれよりも自由なスピリットと強い意志を備えており、存在感は強烈だった。わたしたちは彼女のユニークな個性が好きだったし、その振る舞いや服装がそれを際立たせていることも分かっていた。彼女のまっすぐな黒髪はほとんどウエストにも届こうかという長さだった。ネイティブ・アメリカンの教えと密接に結びついていることは彼女の考え方にはっきりと現われていて、とりわけ環境に対して強い関心を持っていた。その問題について話すとき、彼女が怒りとフラストレーションを感じていることはわたしたちの目にも明らかだった。彼女は「リサイクル」という言葉が辞書に載る以前からリサイクルを実行し、コンポスト(家庭から出る生ゴミなどを使って作る堆肥）やオーガニック・ガーデン（無農薬で育てた草花や野菜の庭）を作るようになったのも、一般に知られるよりも前のことだった。見た目にはわたしたちと違っていたが、内側ではすぐに共感できるとわたしたちが思った通り、デブはすぐにわたしたちのサークルになじんだ。

続いて加わったエレイン・グッドウィンの場合はこれと対照的で、おしゃれで小柄、髪はブロンドだった。彼女は地元のコミュニティーでは、政治的な面でも人づき合いのうえでも活動派だった。ビジネスウーマンであり、母親であり、あらゆる意味でエネルギーにあふれていた。彼女に初めて会ったのは教会だったが、わたしは彼女の陽気な明るさに心を打たれた。互いの息子がハイスクールで友達で、ちょくちょく一緒にバスケットボールをしていた。

わたしたちがお互いをよく知るようになったのは、自分でビジネスを切り回している女性について記事を書いていたエレインがわたしにインタビューをしてからのことだ。型どおりのインタビューを終えると、わたしたちの話題は直観的なものの見方や過去世のことに移っていった。それから数日してわたしは自分の内側から押し上げてくるものに動かされ、エレインに電話をかけた。翌週、わたしの義理の姉のサラが訪ねてくることになっていると告げ、彼女がタロットカードを使ってリーディングすることやサイキックであることも話し、エレインを誘ったのである。

サラに会って以来、エレインは毎週わたしたちの集まりに参加するようになった。初めのうち、わたしたちの話題の多くはエレインの体験とつながってはいかなかったが、彼女が熱い思いを持った人であることが分かると、ほどなく彼女の内なる世界は開花していった。エレインのまっすぐで正直な話しぶりは、わたしたちの興味を引きつけた。

三人目の参加者はドットの妹のヴィッキーだった。以前からドットはサラとわたしに会うことを彼女にすすめていた。ずっと抱えてきた体重の問題や極端なほどに繊細であることも含め、ヴィッキーは姉にひどく似ていた。

彼女は実際の年齢よりもずっと年上に見えたが、たぶんそれは彼女が十三歳の頃からずっと瞑想をしてきたためだったのだろう。彼女はすぐにわたしたちの絆のなかに溶け込み、楽しいユーモアを提供してくれた。

ドット、ロバート、アンナ――三角関係のはじまり

クライアントとしてだけのつき合いだったとき、ドットとわたしは彼女の体重の問題やスピリチュアルな成長に関わるさまざまな話題に触れ、わたしは彼女の感情のバランスをとり、極度に強い感受性と調和させることに努めていた。わたしたちのサークルに加わってから、ドットの毎日はますます驚きにあふれたスピリチュアルなものになり、わたしたちの関係もセラピストとクライアントから親しい友人のそれに変わっていった。

ドットのサイキックとしての潜在能力は大きく、彼女はゆっくりと注意深くチャネルしはじめた。ある日、変性意識（トランス）状態にあった彼女は、過去世でエナールという名のメディスン・ウーマンから訓練を受けたときに授けられた教えのいくつかにチャネルした。そのなかにはダイエットに関する指示もあった。それは、今生で何を食べればよいのかについて、サラがドットのガイドにチャネルして得た答えと同じだった。エナールはさらに、ドットの身体はインディアンのものであり、そのことを頭に入れて食べるものを選ぶようにと告げた。

ドットの夫、ロバートも過去世に興味を持っていた。これは彼の外見とはかけ離れたものだった。保守的な考え方をする彼の服装はたいてい三つ揃いのスーツで、いつも型にはまっていた。彼にとってのふだん着は、多少カジュアルという程度のぴしっとしたスラックスに襟つきのシャツだった。平均的な体格に後退した生え際、そして細縁の眼鏡が鼻の上にきっちり収まっていた。

保守的な生活態度とは対照的に、ロバートは何年ものあいだ瞑想を続け、退行療法を受けるためにわたしのところに来たときも、簡単に催眠のプロセスに入っていった。けれども、過去世に戻る代わりに彼が最初に感じたのは、自分が「学びの場」にいることだった。おそらく、魂がわけの分からない智恵にさらされることの多い中

間世の別名だったのだろう。この状態の彼にわたしが問いかけたときのやりとりは面白かった。

この頃、彼はマッサージを習いはじめ、アンナという女性と友人になった。ふだん、ドットはロバートの友達が一緒でも居心地悪くなることなどまったくなかった。それというのも、彼が忠実な夫であることに自信があったからだ。ところがアンナといると、ロバートがオープンでとても誠実であっても、自分が不安になることに気づいた。ロバートがドットと離れたところで友人をつくり、彼女と別行動をとりたがることが増えるにつれ、事態は混乱していった。

しだいに、ロバートとアンナは互いにひかれ合う気持ちが強くなり、ドットはますます追いつめられていった。ロバートがドットをなだめようとして、「きみは彼女を好きになれるはずだよ。きみによく似てるんだ。見た目だってきみみたいだし」と言ったとき、彼女は怒り狂った。彼は自分の感情と信念を相手に戦った。それまで不誠実だったことなどなかった彼は、アンナとの友情からわき起こった自分の気持ちで、思いもよらず混乱してしまったのだ。初めてわたしの退行療法を受けにきたとき、彼はアンナとともにいたことがあったのかどうか、それをいちばんに知りたがった。


ロバートが最初に見たものは、修道士となって庭にいる自分自身だった。若い娘が彼と話をしにひんぱんに庭にやってきて、やがて彼を愛するようになった。彼も彼女を愛していたかもしれない。だが、その愛を拒否し、神に身を捧げることを選んだのだ。スピリットに奥深く入っていくにつれ、彼は自分の愛を必要としているただ一人を愛することを拒絶し、他人が決めたルールのなかで生きるために自分自身をも愛することを拒んでしまったことに気づきはじめた。

二つ目の過去世でのロバートはネイティブ・アメリカンとなり、しかもメディスン・マンだった。ここにはドットとアンナの両方がいることが分かった。二人は双子で、彼の両親の養子になっていた。一族のため、三人は一緒にメディスン・ワークの修行をしていた。が、アンナが何よりも望んでいたのは子供をつくることであり、ロバートは彼女の子供の父親になった。彼の名は「スペックルド・エルク」だった。

ロバートは、自分がアンナにこれほどまでに強くひかれる理由がはっきりと分かった。わたしと彼は長い時間をかけてこの状況について話し合った。彼が友人としてわたしに電話をかけてくることもあったし、彼が自分の気持ちや目下の状況を話すうち、ときには昼食が三時間以上になってしまうこともあった。

彼の問題がパズルのもう一つのピースになりつつあることを、わたしたちは分かっていなかった。わたしたちの多くが、インディアンの一部族としての人生に気づきはじめたばかりだったが、同じ一族であったとは思ってもみなかったのだ。まもなく、わたしたちはこのつながりを知ることになる。

第4章　記憶に気づきはじめる――【一九八六、八七年】

結婚記念日の贈り物としてわたしの夫が注文したシルバー・イーグルの肖像画は、わたしたち一族に過去の記憶をもたらした。絵の包みをほどいて三日後、虐殺に対してシルバー・イーグルが抱えている心の痛みをサラがチャネルし、やがて少しずつ、わたしたちが思い出した記憶が同じときに、同じインディアンの集団のものであることに気づきはじめた。しかし、サラのチャネルのなかで、ある一点についてわたしは混乱していた。女性が酋長になることがしっくりこなかったのだ。しかし、サラにいえるのは、彼女がそれを受け取ったということだけだった。はっきりとしないことはあったが、共有していた人生が明らかになってくるにつれて、ますますわたしたちはその手がかりとなるものの存在に気づくようになっていった。

最初のきっかけ

最初のきっかけが現われたのは、わたしがディレインとマルダと一緒に朝食をとっていたときのことだった。サラがチャネルしてから数日が過ぎていた。ほとんど人気《ひとけ》のないレストランに入ってオーダーをすますと、わたしは二人に絵が届いたこととサラがチャネルしたメッセージのことを話した。二人は熱心に耳を傾けていた。

マルダのために読んでもらおうと、わたしは自分でタイプしたメッセージをディレインに渡したが、驚いたことに彼女は口に手をあてて泣きはじめた。彼女はあくまでも自分の感情をコントロールしつづけていたが、それを最後まで読むことができず、メッセージが書かれた紙をマルダに渡した。

「わたしは彼の妻だったんだと思う」と、落ち着きを取り戻そうとしながらディレインが言った。

何ですって？　ディレインとわたしが同じ過去世を生きていたってこと？　彼女がわたしの母親だった？ わたしは何年も聞かされてきた冗談を思い出した。わたしたちはよく似ていた。**彼女はこの絵のなかの酋長と結婚していたの？**

可能なときはいつも、わたしは自分のマインドが正確に機能しているかをチェックしているが、そのトリックに惑わされたくない。そこで、ディレインが言いきったわけではなかったが、しばらくしてからわたしはサラに手紙を書き、シルバー・イーグルの妻がだれだったのかが分かるかどうかをたずねた。サラの返事には、彼女の友人のマーガレット・オズボーンが彼の恋人であり、ディレインは彼の妻だったと書かれていた。

次の瞑想会はわたしの家で行われることになっていた。わたしはみんなに絵を見せ、チャネルされたメッセージを読みあげた。そして、たとえこのメッセージを理解できていなかったとしても、わたしはシルバー・イーグルの魂が癒しを必要としていることを感じており、その夜のわたしたちの瞑想を通じてヒーリングのプロセスを助けることができるだろうと話した。

瞑想が終わるとわたしは目を開け、向かいに座っていたドットを見た。彼女は「わたし、彼のせいにしてた」とすすり泣いた。それから、彼女が変性意識状態にあったとき、一族のメンバーが五、六人いるのを見たと言った。彼らは白い人間たちのルールに従って戦ったり生きていくことをよしとせず、洞穴に逃げ込んで死を選んでいた。

ドットはこの前の退行で見たインディアンだった〈時〉のことを話しているのかしら？　あのとき彼女は白い人間たちの毒を口にするより洞穴に逃げて死ぬことを選んでいたわ。 わたしのマインドは数日前から明らかになってきたことにからめ取られていった。シルバー・イーグルのもとにいた人びとが虐殺されたのは彼のせいだと責めてしまったと言って、ドットは泣いている。**ドットもあの〈時〉にいたの？　ディレインやわたしと一緒に？**

ドットの短い退行は何週間か前の出来事で、彼女が洞穴に逃げ込んだとき、人びとが死にさらされたことを酋長の責任にしてしまったと、いま彼女は泣いている。

「ロバートも彼を知ってるわ。彼もヒーリングが必要だと思う」とドットが言った。

数日後、ロバートにシルバー・イーグルの絵を見せたとき、彼は長いこと絵を見つめていた。そしてふたたび退行をする必要があると言い、わたしが一言投げかけただけで変性意識状態に入っていった。今回、彼は自分をもっとも傷つけた経験に戻らなくてはならなかったのだ。彼はすぐに前回の退行のときに見たものとよく似たインディアンの〈時〉に移行していった。


彼は、大地と偉大なる魂と一つになったスピリチュアルな人びとからなる一族の調和と平和の時代について話した。戦士たちが白い人間がやってくることについて口論をしているのがロバートに見えてくると、苦しみが生まれた。ロバートには自分だけのヴィジョンが見えていたが、彼はそれを信じていなかった。わたしが彼に酋長と口げんかになったのかとたずねると、彼は優しさと敬意のこもった笑みを浮かべ、「この酋長とは口論にならないよ」と言った。

悲しみとともに、彼は自分自身とほかの数人が戦いではなく立ち去ることを選んでいくのを眺めた。酋長が彼らに別れを告げ、祝福を与えた。彼はわたしたちが名づけた絵の名前を聞いていたが、それでもわたしはたずねた。「その酋長の名前を教えて」

愛を込めて優しく彼は答えた。「シルバー・イーグル」……。


わたしの心はぐるぐると回りはじめた。**インディアンだったときのロバートがドットやわたし、ディレイン、そしてシルバー・イーグルと一緒だったなんて、あり得るのだろうか?** それが可能なら、瞑想の輪のなかに静かに座ってパズルのピースを組み合わせたらどうだろう。この点では、起こったことは理屈を超えていた。わたしたちのメンバーが同じとき、同じ場所でともに生きていたことが明らかになりはじめたのだ。ともに瞑想するとき、またそれぞれの経験のなかで、わたしたちはより小さなことに注意を払うようになった。なかには、インディアンだったときの名前を調べたり、思い出す人もあった。サラは自分がシルバー・イーグルの姉だったことに気づいた。彼女は彼が酋長になるより前、若くして死んでいた。わたしたちは一族がオグララといい、今のダコタ州にあたる土地に暮らしていたことを知った。

ドットはこの一族のことをフィクションとして書きたいと言いだし、シルバー・イーグルの絵を表紙に使っていいかと聞いてきた。もちろんわたしは承諾した。一族の歴史はそれは面白い物語になるだろう。

絵を初めて見たある女性が、困惑したような顔でわたしを見ながら言った。「この人、スコットに似てるわね」。あとになって、スコットがシルバー・イーグルの父親だったことが分かった。わたしは「父親が子供の名前をつけるものよ」と言われた。スコットがすぐに自分の息子の名前に気づいたのは、あたり前である。

わたしたちは瞑想を通して愛と光を、そしてそれを必要とされた人びとは許しを、シルバー・イーグルの魂に送りつづけた。彼が自ら科した受刑の旅から自由になったことをわたしたちが感じ、理解するまでには、何カ月もの時間が必要だった。

グループ・リグレッション

グループで退行（リグレッション）を行い、みんなで一緒にあの〈時〉を体験できるかどうか見てみようとわたしが提案して、三カ月が過ぎた頃、さらに深い手がかりが現われた。セラピストがもっとも多くの人にぴったりくる質問や提案をしながら、それぞれが自分の記憶を再体験するのがグループ・セッションの一つの方法だが、このセッションは違った。わたしは参加している全員を同じ過去世に戻してみるつもりだったのだ。

通常、わたしはいくつかの理由からこのアプローチをすすめない。まず、一人の人間のその時点での経験が、同じ部屋にいるほかの人たちの言葉によってどれくらい影響を受けたり変化するか？　そして、感情を解き放ち、ヒーリングを行うためには、一人ひとりが心を傾ける必要があるし、七人もの人びとの反応を一度に引き受けることは、ヒプノセラピストにとってかなりの負担である。セラピストがその過去世体験に加わっているときは、状況がことに複雑となる。セラピスト自身が感情を強くゆさぶられる記憶に遭遇してしまうと、セラピストの役割を務めつづけることはさらに困難になってくるからだ。

しかし、この特別な状況でグループ・リグレッションを試してみたいと思う根拠は、こうしたマイナス面をしのいでいた。もっとも重要なのは、それぞれが別々の経験を通じ、ともに生きていたのをすでに知っていたことであり、また、その〈時〉の体験を個々に感じていたことである。さらには、メンバーの多くがわたしの退行セラピーを受けていたので、わたしの声や指示に慣れてきていた。仕事のうえでも、また個人的にも、わたしは全員を知っていたし、数年間、ともに瞑想してきたのだ。そして、いちばんそうせずにはいられない気持ちにさせたのは、わたしたちの全員があの〈時〉にトラウマを残したままで、癒しを必要としている事実だった。それに、一緒にやってみることの利点もあった。

一九八七年一月、グループ・セッションを控え、わたしは座って自分の準備を整えながら、みんなの到着を待った。変性意識状態になると、木の周りに後ろ手で縛られている少女の自分が見えた。わたしは一九八二年に初めて受けたサイキック・リーディングを思い出した。わたしには若いインディアンだった過去世があり、その場所でわたしは父、つまり酋長を呼び出すために使われたのだと、そのサイキックは言った。彼には酋長がやってきて、前を見すえて座るのが見えた。酋長は堂々としていた。「彼は神のようだ」とサイキックは言い、東洋的な風貌と長いヘッドドレスを細かに描写した。絵のなかのシルバー・イーグルが東洋的な容姿であることははっきりしていた。絵を受け取ったとき、わたしはすっかりあのリーディングのことを忘れていたのだ！　だが、グループ・セッションに備えながら、サイキックが乱暴なまでに頭を振ってその場面から抜け出し、「あそこにはいたくない」と言ったことも思い出した。

あれは少なくとも五年前に起きたことだ。不意にあの体験を思い出し、サイキックが説明した酋長の様子が絵と似ていると気づいたことに、わたしはショックを受けた。彼は酋長がわたしの父親だと言って、虐殺の場面から立ち去ったのだった。

グループ・リグレッションの準備をしながら、七人の女性たちはカーペットを敷いた床の上で輪になり、くつろいでいた。わたしは催眠状態へ誘導を始め、彼女たちがともにそこにいたのなら、わたしたちがシルバー・イーグルの〈時〉だと思っているものへ行くようにと指示した。わたしはそれ以上何かを暗示させるようなことは口にせず、代わりにインディアンの歌のテープをかけた。そして部屋の様子を観察しながら、それぞれがそのまリラックスし、個人個人で感じはじめるままにまかせた。

現在の、あるいはインディアンのときの名前を使いながら、わたしはその瞬間に何かを感じているのがもっともはっきりと現われた人に話しかけていった。

ジャネット　マルダ、今あなたに見えているものや感じていることを話して。

マルダ　男たちが踊っているのが見えるわ。あなたとわたしは小さな女の子で、足を組んで地面に座ってそれを見ている。あなたを妹のように愛しているのを感じるわ。

ジャネット　いいわ。男たちが踊っている……この場面でほかに何か見えるものがある？

マルダ　ティーピー（北米平原地方に住むインディアンのテント小屋）がいくつかだけ。それから火。火の周りで踊ってる。

ジャネット　それじゃあ、その場所にだれかいるかしら？　それとこの場面で、あなたがもっと詳しく説明できる人物はいる？　男たちが踊っていて、火があって？……。

エレイン　わたしも男たちが踊っているのが見える。何かにくるまれてだれかの背中にいるような感じがするわ。でも、わたしがいるのは男の背中のようで、それは正しいことではないみたい。彼は動いているけど、踊ってはいない。でも彼は……彼の身体は……。彼の身体が音楽に合わせて動いているのを感じるわ。

ジャネット　ほかには？

エレイン　わたしの身体の下で彼の身体が動いているのが感じられることだけ。わたしは彼の背中にいて、わたしをくるんでいるものが見える。平らで柔らかくて、動物の皮みたい。でも飾りがついてる。色がたくさんついていて、ビーズが……ビーズのついた皮ひものようなものがその上にかかってる。わたしは小さくて丸々としたほっぺたで、男たちは踊っている。見えるわ……何よりもそれがいちばん感じられるわ。

ジャネット　いいわ。ほかにだれかここにいる人は？　もっと詳しく話せる人は？

ディレイン　シルバー・イーグルは踊っていないわ。彼は見ているだけで、誇らしげだわ。

ジャネット　シルバー・イーグルの周りにはだれかいるの？

ディレイン　火が赤々と燃えてる。

ジャネット　ドット、あなたは何が見える？

ドット　赤ちゃんが背中にいる……わたしが男ならいいのに。

ジャネット　いいわ。

ドット　わたしは食事の支度をしているの。音楽が聞こえてきて、それに合わせて精いっぱい身体を動かしている。自分に許されているかぎりでね。

ジャネット　あなたは踊ることが許されていないの？
ドット　わたしは食事を作らなくてはいけないのよ。これは男たちのお祝いなの。
ジャネット　どうしてあなたは男になりたいの？
ドット　わたしから見れば、男たちは重要な仕事をするからよ。
ジャネット　その重要な仕事って、何？
ドット　狩り。一族をスピリチュアルな方向に導くこと。一族を守ること。
ジャネット　背負っているのはあなたの赤ちゃん？
ドット　いいえ。
ジャネット　背中にいるのはだれの子供なの？
ドット　わたしの兄と姉の子供……兄は乳きょうだいよ。
ジャネット　何をお祝いしているのかしら？　だれか分かる？　なぜこのお祝いが開かれているの？　何が起きているの？
デブ　狩りがうまくいったからだと思う。わたしは槍を持っていて、音楽に合わせている。足が揺れているわ。
ジャネット　踊っているの？
デブ　わたしは踊っていなかったわ。
ジャネット　いいわ。あなたの手には槍があるのね？
デブ　ええ。
ジャネット　もう少しあなた自身のことを話して。
デブ　自分の顔は見えないの。鹿の皮は見えるわ。房飾りも見える……バッファローの毛皮も。鹿のしっぽみたい。

ジャネット　いい狩りができたのね。ワイルドフラワーはそこにいる？

ヴィッキー　(首を横に振る)

ジャネット　自分がそこにいるのは感じられないのね？

ヴィッキー　いい狩りができたっていう幸せな感じがするだけよ。

デブ　わたしはずっと赤ちゃんをちらちら見ている。丸々した顔が見えるわ。覗き込んではからかっているの。

ディレイン　女たちが後ろの方に立っている気がする。ティーピーの近くよ。

ジャネット　女たちは何をしているの？

ディレイン　わたしたちは食事の準備に大わらわよ。準備しながらおしゃべりもね。こうして踊れることの喜び……でも忙しくて、休みなく動いてる。

ジャネット　だれでもいいわ。どんな食事を作ってるの？

エレイン　肉の焼けるにおいがする……鹿だと思う。

デブ　バッファローが見える。

エレイン　踊っている人たちの身体から暖かさが伝わってくる。火の暖かさも感じるわ。いいにおい……いつもわたしはお腹がすいているの。女たちが食事のことで話をしてる……何か黄色いものについて……。

デブ　トウモロコシよ。

ジャネット　赤ちゃんはフレイミング・アローが自分を見ていることに気づいているの？

エレイン　(うなずく)ほかにも人が見える。何が起こっているのか一緒に見ている感じだわ。彼の手がわたしの鼻か顔の近くにある。

ジャネット　ジョイス、あなたはいまレッド・ホークという名前でそこにいるけど、何か感じられる？

ジョイス　（首を横に振る）

ジャネット　いいわ。それじゃあ音楽をかけるわ。みんなそのままこの〈時〉にいて、自分にとって何らかの形で大切と思える出来事とか体験に移って欲しいの。ほかの人たちと同じものかもしれないし、まったく違うかもしれない。自分のヴィジョン、自分の思考にとどまっていて――ほかに話し声が聞こえたとしても。

わたしは音楽をかけた。そしてゆっくり時が過ぎるのを待ち、インディアンの歌を止めた。

ジャネット　エレイン、いま何を感じてる？

エレイン　地面の上にいる。さっきみたいにくるまれていないわ。

ジャネット　地面の上で何をしているの？

エレイン　岩がある……何が起きているのかは分からないけど、嫌な感じ。人がわたしの周りにいる。わたしの周りは赤い色だらけだわ。

ジャネット　いいわ。しばらくそのままそこにいて。マルダ、あなたは何を感じている？

マルダ　どこかで馬の声がする……みんな一緒よ。それだけだわ。

ジャネット　自分がいくつなのか分かる？

マルダ　十歳か十二歳よ、たぶん。

ジャネット　わたしたちだけ？　それともほかにだれかいるの？

マルダ　わたしたちだけ。
ジャネット　どんな感じ？
マルダ　幸せ。わたしたちが親密だってことをずっと感じているわ。
ジャネット　分かった。ジョイス、あなたは何か感じる？
ジョイス　（首を横に振る）でもすばらしい顔を見たわ。炎に照らされて、光り輝いていた。彼の肌は美しい褐色で、絵葉書のようだったわ……それにヘッドドレス……。
ジャネット　ワイルドフラワー、あなたは？　何か心に浮かんでいるものがあるかしら？
ヴィッキー　（首を横に振る）
エレイン　岩でできた円があるの。そのなかに大きな岩……きれいな円よ。わたしは岩の一つに寄りかかっている。
ジャネット　そばに人はいるの？
エレイン　ええ。みんな疲れてる。
ジャネット　何をしていたの？
エレイン　分からないわ。途方に暮れてるみたい。一人はわたしの隣りで横になっているか、座ってる。みんな、前にもここに来たことがあるわ……ここはそういう場所なのよ。
ジャネット　フレイミング・アロー、あなたはどんな感じ？
デブ　わたしたちは道しるべとなるものを求めているんだと思う。話し合いをしているんじゃないかしら。わたしにも岩が見える……絶対、メディスン・ホイールよ。シルバー・イーグルはパイプを動かして、みんなが移動するべきかどうかを聞いているわ。
ジャネット　どうして移動することを考えているのかしら？

デブ　白い男たちが侵入してきたから。口論している人たちもいるわ。「なぜ自分たちが移動しなくてはならないのか？　われわれは大地を守り、大地はわれわれを守ってくれる。この大地はだれのものでもない。だれも自分のものにすることはできない。われわれはどこで狩りをするのか？」って。

ジャネット　シルバー・イーグルはパイプを動かして聖なるお告げを聞こうとしている。〈偉大なる魂〉からのお告げを。

デブ　とても張りつめているわ。

ジャネット　フレイミング・アローは何を感じてるの？

デブ　口論。でもシルバー・イーグルとじゃない。

エレイン　何人かは、わたしたちが彼らを見捨てて行ってしまえば、彼らの方がわたしたちを見捨てると言ってる……わたしたち全員の場所なんだわ。わたしは赤いものから目を離せない。

ジャネット　一族全員がそこにいるの？　それとも一部の人たちだけ？

エレイン　全員じゃないわ。

デブ　ええ、わたしもそう思う。四人か五人……長老たちよ。

ジャネット　赤いものについて、何か感じる人はいるかしら？

エレイン　わたしの反対側にあるわ。パイプの一部のようだけど、パイプじゃないわ。［のちにわたしたちはそれが赤い羽根のついたパイプだと結論づけた］

ジャネット　ドット、あなたは何を感じる？

ドット　スタンディング・ツリーは自分のヴィジョンのなかに閉じこもってるわ。彼女は座って……ほとんど何も感じられなくなってるみたい。これからやってくる、避けることのできない何か、

ジャネット　そのヴィジョンのなかに閉じこもってるのよ。
ドット　彼女はこの場所にみんなと一緒にいるの？　それとも離れているの？　彼女はどこにいるの？
デブ　いいわ。分かった。
ジャネット　みんなと一緒よ。でも話し合いには加わっていないわ。
ジャネット　「われわれは食べなくてはならない。われわれが狩りを行う大地からわれわれを追い払うことを彼らに許してはならぬ」と言っているのが聞こえるわ。
ディレイン　ホワイト・ファーンはここにいる？
ジャネット　ホワイト・ファーンは後ろで食事を作っているわ。休みなく働いている。
ジャネット　この場所を離れる前に、あなたたちそれぞれが自分のいる場面で、何かほかに感じることはある？　次に移る前に言っておきたいことはあるかしら？
エレイン　いつもわたしに辛くあたる男がいるわ。彼はわたしの目の前に炎を突き出している。
ジャネット　この男についてもっと分かることは？
エレイン　彼は身体が大きく、髪が黒くて長い。それにとてもハンサムだわ。
ジャネット　どうして彼はそんなことをするんだと思う？
エレイン　分からない。でも彼のことは好きよ。
ジャネット　どうして？
エレイン　みんな彼を好きなの……。
ジャネット　どんなことでもいい、そこにいる人たちから何か感じることがある？
ディレイン　わたしは子供たち……子供たち全員の面倒を見ているわ。

デブ　自分が立ち去るのが見える。岩にもたれてる。話し合いの輪から離れていく。わたしたちはとどまり、耐え、自分のことは自分でやらなくてはいけないと言いながら。わたしたちがいちばんよく知っている場所で。

マルダ　緊張してる。苦しみから自由になろうとして、わたしたちは一緒に馬に乗っていると思うわ。

ジャネット　いいわ。

ヴィッキー　胸がとても痛い。

ジャネット　なぜか分かる？

ヴィッキー　（首を横に振る）

ジャネット　それじゃあ、もう少し先に行きましょう。ただ、リラックスして。この同じ生涯で時を先に進めて……。何か特別な出来事や場面、あるいは体験……ここでの意識に何らかの形で重要なものをもたらすところへ。自分の心をリラックスさせて。そしてわたしが三つ数えると、今、この輪のなかにいる自分の意識にとって重要な出来事が起きている時間に移行するわ。一つ、二つ、三つ。もうそこにいるのよ。そのまま感じていて。まず最初に、強く感じられることを話して。

部屋全体の波動が変わった。

ドット　もう話せない。

ジャネット　なぜスタンディング・ツリーはもう話せないの？

ドット　もう話さないわ。わたしは妹を失ってしまった。みんなが彼女を追い払ってしまった。

ジャネット　あなたの妹に何が起きたの？
ドット　白い戦士たちが連れ去っていったわ。
ジャネット　あなたはその場にいたの？
ドット　いいえ、でも見えたわ。わたしはあまりにも多くのことが見えすぎるのよ。
ジャネット　赤ちゃんのところに行きましょう。赤ちゃんは何を感じているのかしら？
エレイン　（下唇の動きが子供っぽくなり、泣きはじめる）
ジャネット　いいのよ……感じるままにまかせて……。
エレイン　（すすり泣きながら）わたしは……穴の……なかに……いる。
ジャネット　地面に掘られた穴のなかにいるの？
エレイン　（うなずく）
ジャネット　一人ぼっちで？
エレイン　（首を振る）でも……彼女は死にかけてる……（母親のアンナのことを話そうとしているが、すすり泣く）彼女は慰めようとしてる……でも、彼女はあまりにも……彼女には何もできない。彼らは決してわたしを傷つけない。彼女に行って欲しくない。ほかにはだれもいないの。
ジャネット　もし彼女がいいなら、エレインをこの場面から離れさせてあげたいの。ほかの人たちはこのままで、自分が受け取るものとともにいて。（指示をくり返す）
エレイン　（囁やいている）彼らは馬と一緒に歩きまわっているわ。彼女は行ってしまった……行ってしまった。彼女はあまりに弱く、ここにとどまることができなかった。彼らは向こうで忙しく動いている。何をすべきか話し合っているのよ。
ジャネット　（エレインに向かって指示をくり返しながら）ドットのところへ行くわね。あなたが受け取ったことを教えて。

ドット　彼女が男ならよかったのよ。

ジャネット　男ならどのように違う行動をとったのかしら？

ドット　こんなことが彼女に降りかかることはなかったはずよ。

ジャネット　それはどういう意味？

ドット　わたしたちは弱いわ。

ジャネット　どう弱いの？

ドット　肉体的に弱いのよ。

ジャネット　それが違いの原因なの？

ドット　（うなずく）戦ったり、仕返しするにはね。夢を見るだけじゃなく、行動するのよ。何が夢で、何が現実なのか分からない。ずっと分からなかったわ。

ジャネット　レッド・ホークに聞くわ。何か感じていることがある？

ジョイス　（首を横に振る）

デブ　わたしたちが自由を奪われて死にかかっていると言い募っているわ。

ジャネット　あなたはだれに話しかけているの？

デブ　シルバー・イーグルよ。わたしたちは決定を下さなければならないの。みんなはただ飢えているだけじゃない。病気なのよ。天然痘だと思う。顔が見える。あばたのある顔……怯えてる。子供を二人連れた女の人がわたしのそばにいるわ。彼女は病気よ。小さな子供たち。

ジャネット　フレイミング・アローはいま何を感じているの？

デブ　バラバラになってしまう。何人もの戦士が死んだわ。わたしたちはどこかに移動しなくては

ジャネット　ならないわ。どこか安全な場所が必要よ。
デブ　戦士たちはどんなふうに死んでいったの？
ジャネット　戦い、待ち伏せ。急がなくては。今すぐ動かなくちゃいけないわ。もうわたしたちは強い一族ではないのよ。全滅してしまう。生き残れるわ……持てるものを持って、行くのよ……脱出するのよ……（叫ぶ）わたしたちのことは放っておいて！
マルダ　リトル・フェザーは何を感じる？
ジャネット　女の人たちが荷造りをするのを手伝ってる（声が震えている）。みんな混乱しているわ。何が起こっているのか分からない。わたしたちはいつも一緒だったのよ。
マルダ　どんなものを詰めているの？
ジャネット　食べるもの。着るもの。あまりはっきりしないわ。
ヴィッキー　いいわ。ワイルドフラワーはどう？
ジャネット　気分が悪いわ。
ヴィッキー　なぜ？
ジャネット　胸が痛いの。重しが乗っているみたいに。
ヴィッキー　それは何かしら？
ジャネット　何も見えないわ。
ドット　分かった。みんなもっとくつろいで、自分を居心地よくさせてあげて。ドット、何が見える？
ジャネット　終わりが見える。
　その場面に入っていく前に、ホワイト・ファーンに聞きたいの……あなたはどこにいて、どんな感じがしてる？

ディレイン　男たちが馬に乗ってやってくるわ。みんな走ってる。
ジャネット　白い男たち？　それともインディアン？
ディレイン　（さらに怯えた声で）白い戦士よ。ティーピーが壊れていく。みんな走っているわ。（手を首に置いて）首が！
ジャネット　首がどうかしたの？
ディレイン　ええ。（彼女の顕在意識がつながって）ずっとわたしは首の周りに何かをきつく巻きつけるのが嫌いだったわ。
ジャネット　ドット、何が起きているの？
ドット　わたしはそこにいない……でも見えるわ。
ジャネット　じゃあ、それを話して。
ドット　わたしには……（涙が彼女の頬を伝い落ちる）わたしの愛した人びとと身体に何が起きているのかが見える。憎しみ……憎しみがわたしに襲いかかる……こんなの、知らなかった……毒よ……人間がほかの人間を殺すことができるなんて、わたしには理解できない……こんなふうに……ハートはどこにもない……死んだ方がましよ……こんなふうに生きているなら……こんな生き方はできない……彼らは〈偉大なる魂〉の役割を分かっていないのよ。
ジャネット　ワイルドフラワー、何を感じてる？
ヴィッキー　息をするのが苦しい。

わたしはヴィッキーがリラックスできるよう指示を出し、いつもの呼吸に戻って大丈夫だと言った。ヴィッキーの呼吸が安定したのを確認すると、わたしはほかの人たちに注意を移していった。

ジャネット　リトル・フェザー、何が起こっているの？
マルダ　怖い。（声が震えている）わたしたちは互いにきつく抱き合っているわ。ただもう恐ろしいの。
ジャネット　分かったわ。ホワイト・ファーンからもっと感じることはある？
ディレイン　子供たちのことが心配だわ……子供たちをつかまえて……これからあの子たちに何が起こるのかしら……でもわたしは一緒にいてやれない。
ジャネット　ホワイト・ファーンかスタンディング・ツリーのどちらか、シルバー・イーグルが今どこにいるか分かる？
ドット　真ん中にいる……まだ戦っているわ……まるで……特別な鎧《よろい》に守られているみたい……彼ともう一人の戦士が背中合わせになっている。

このとき、わたしには父が中央で戦っている姿がありありと見えた。わたしは感情が外に飛び出さないように自分の口に手を押しつけた。急いで自分の内に話しかけた。**コントロールするのよ、ジャネット。あなたはこのリグレッションを仕切るヒプノセラピストでしょ。七人も催眠状態になっているのよ……今はだめ！**　数秒のうちにわたしは普通の声で話していた。

ジャネット　この場面とこの生涯を去る前に、言っておきたいことがあるの。もし無意識の世界から意識の世界へ持ち帰るべき重要なことがあれば、何時間か、あるいは何日かして、自分にとってしっくりする形で現われるわ。今ここで何か持って帰った方がいいことを感じている人はいるかしら？
ディレイン　（声に深い悲しみと痛みを浮かべて）なぜ……彼らはこんなことをしたの？

ゆっくりと全員を部屋に連れ戻しはじめたとき、わたしはシルバー・イーグルがそこにいるのを感じ、ドットに彼のメッセージをチャネルできるかとたずねた。

酋長　ここで皆は非常に重要な目的をなし遂げたのだ。ふたたび生きるという辛い経験を通し、手放すことがいちばんであるにもかかわらず、魂がきつく抱え込んでいた記憶を浄化した。私がそうしなければならなかったように。なかには、愛の記憶や分かち合いの記憶、喜びにあふれたときの記憶もあるだろう。それらも今ふたたび生きることができるのだ。そのことをたいせつにしなさい。苦いものや辛いものは捨て、そして次へ進むのだ。今やわれわれはともに進むことができる。私は皆の輪に暖かく迎えられているのを感じる。皆も歓迎されているのだ……（涙が頬を伝い落ちる）心から、皆を誇りに思っている。

デブ　だからあなたは酋長なのよ。あなたのハートは数多くの集いやダンス、そしてたくさんの人びとを受け入れるだけの大きさがあるわ。

酋長　われわれはふたたび踊ることだろう。かつてのように祝福するだろう。母なる大地を取り戻すだろう。娘よ、これはすばらしいことなのだ。そして妻よ、私のハートはおまえのもとに届く。われわれはふたたび話をすることができるのだ。わたしは幸せだ。

わたしは全員が完全に今の時間と場所に戻ってくるまで指示を続けた。同時にわたしは大きな重しがわたしたちの肩、ハート、マインドから取り除かれたかのように癒されたのを感じていた。

その後の話し合いで、ヴィッキーの感覚が薄れてきたのは、あの〈時〉の彼女が年老いて老衰状態だったことによるものだったことが分かった。そしてヴィッキーは、最後に呼吸が重く困難になったのは、戦いの最中に馬が彼女の上に倒れたためだったことに気づいた。そのせいで彼女は死んだのだ。

ジョイスはあの時代、レッド・ホークという名前の年をとった男性だった。レッド・ホークはメディスン・ホイールの場には居合わせず、洞穴に行き、そこで死んだ。だからジョイスには虐殺の記憶がなかったのだ。

エレインは唯一生き残った人物だった。幼い彼女は一人の白い戦士に発見されて彼の自宅にいる妻のもとへと連れていかれた。けれども、この子供は自分の居場所から離れてしまったという思いと悲しみのあまり、食べるものを受けつけず死んでいったのだった。

第5章　トラウマ――【一九八七―八八年】

この人生が終わりを迎えるまでに、わたしたちの小さな一族のなかで現在人間の肉体を持って生まれた人たちがわたしの前に現われるだろう、と言われたことがあった。今やこれは現実のものとなり、ヒーリングが始まった。一九八五年から八八年にかけて、わたしたちは週に一度わたしの家に集まっていた。グループ・リグレッションでそれまでため込んでいた感情を外に出したわたしたちは、より具体的な問題へと移った。

変化

マルダは夫と別居して以来、すっかり打ちのめされていた。二十五年以上も結婚生活を送ってきた彼女が、ひとり暮らしをしようというのだ。初めのうちは泣いているだけだった。しかしやがて、自分自身を支えていくには長く続けていける仕事が必要だと感じ、学校に戻った。トップの成績をおさめて卒業した彼女は、敢然と戦う決意とともに仕事という戦場に入っていったが、自分の内側に受け身の性格があることに気づいていなかった。

デブは数年前に離婚しており、そのときはカルマ的ともいえる困難な愛情関係の真只中にあった。そのうえ、看護婦の仕事にひどくいらだちを感じていることに気づいた。ホリスティックな観点に立った健康に対する自分の信念と、すでに確立された医学による治療に対する自分の責任をなんとかすり合わせようと奮闘していくうち、怒りがわきあがってきたのだ。

わたしたちの瞑想会はしばしば、山積みの個人的な打ち明け話で始まり、締めくくられた。マルダがわたしたちの瞑想グループを「サークル・オブ・ラブ」と名づけたのは、必ずしもわたしたちが愛にあふれていたからではなく――最初はそう思っていたのだ――「愛」を学んでいるからだと冗談を言ったものだった。ヴィッキーはといえば、わたしたちの経験から得るものがあるだろうということで、意見は一致していた。結婚前のあの若さで、わたしたちと行動をともにしていた。

ディレインはトラウマを感じていた。病気知らずのエネルギッシュな「ワンダー・ウーマン」だった彼女が寒気やうっ血、咳をともなった病気に悩まされ、どうすることもできなかった。病院に行って抗生物質を使ってみたが、役に立たない。呼吸しにくい状態は二年も続いていた。家畜小屋と乳しぼりから離れると、うっ血は多少よくなった。身体が彼女に話しかけているかのようだった。なんでも自分でするタイプの彼女は、家畜小屋と距離をおき、農場の仕事を放棄してもいいと自分に許可することはとても困難になっていった。やがて彼女は自分の問題にはもっと別のヒーリングの方法が必要だという結論にいたり、それを探しはじめた。

何年か前に、たまたまわたしはケン・ダイクトウォルド博士の『ボディー・マインド』という本を見つけた。その本のなかでフット・リフレクソロジーに関する図を見たわたしは声をあげた。「この本はディレインに必要だわ」。それ以来、ディレインはリフレクソロジーや極性バランス、またさまざまなボディーヒーリングを勉強するようになった。こうした行動がもともと彼女の内側にあった智恵を呼びさます引き金となったようだった。彼女は農場で働くことがもはや不可能になり、自宅でボディーワークのクライアントをとるようになった。

占星術師のジョイスは、長年家族のアルコール依存症に悩んでいた。星のエネルギーと、いかにわたしたちの一人ひとりがその影響を受けているかについて、彼女はずっと伝えつづけてくれた。たとえば、ディレインには彼女が夫と競っているのだと言った。またマルダはジョイスから夫との問題が二年間は進展しないだろうと聞き、ひどくがっかりしたが、のちにその予言は正しかったことが証明されるのである。

くり返し

ドットはロバートとアンナがどうしようもなくひかれ合っていることを認めまいと抗っていたが、これは同時にそれが間違いないことであるという証明だった。時がたつにつれ、ロバートとアンナの気持ちはますます強くなっていった。結婚生活とはなんなのか、またこの状況が何を意味するのかについてドットとロバートがもがき苦しんでいるとき、わたしは二人と個別に、あるいは一緒に会っていた。彼らには子供がなかったが、結婚して二十三年を経ても互いに向かい合ってきた二人にとってこんな展開になろうとは思いもよらないことだったのである。

ドットはほとんど毎日のように電話をかけてきて、ロバートと自分のあいだで進行していることになんとか対処しようとしていた。彼女は、もしロバートがアンナと恋に落ちたのであれば、もはや彼には自分を愛することなどできないはずだと決めてかかっていた。彼女の考えるものだけが愛の形ではないことを、わたしは彼女に分からせようとした。一人以上の人を愛することは可能なのだ、と。彼女の理解力が社会にプログラミングされた概念を飛び超えることができるのは分かっていた。そうでなければ、こんなふうに彼女に言わなかったはずだ。「彼がだれを愛するか、あなたがそれをどうにかすることはできないのよ、ドット」とわたしは言った。「あなたに言えることは何もないわ。自分以外の人間がだれを好きになろうと、それを制限することは所有欲から生まれるものなの。わたしたちの魂はほかの人の自由を束縛することはできないわ、ことに愛に関してはね」

ついにドットは、ロバートが何を求めているのかをさぐる必要があると、出張に出かけようとしている彼に向かって言った。彼女は自宅に一人でいることができず、空き家になっている友人の家に行き、そこで三カ月を過ごした。自分のエネルギーや思考、あるいは自分自身を完全に分けることはできなかったが、ドットはロバートと離れているあいだ毎日彼に手紙を書き、一日に二回瞑想してエネルギーを送った。同時に彼女は自分が何者なのか、また自分が何をしたいのかを発見しようとがんばった。毎週わたしの家にもやってきて、瞑想した。友人たちの輪のなかにいる居心地のよさと彼女自身の霊性の目ざめ、そしてスピリチュアルな道が彼女が完全にバラバラになるのを防いだ。

ドットはロバートに心理学者のところに行って彼の耽溺をぶち壊してもらうようすすめたが、こうしたやり方は効果的でないことに気づいてきた。ロバートとアンナは元のさやに収まっていた。まもなくドットとロバートは家を売り、別居した。くり返しドットはわたしに言った。「彼がアンナと行けば、ここには決して来ないわ」。ロバートとアンナに子供が生まれたとき、一族にいた頃の自分の信念を思い出した。「二人いたら、メディスン・パワーはだめになる」。さらにドットはその頃の記憶を取り戻し、自分には双子の妹がいて、それが現在のアンナであることを思い出した。「彼のスピリチュアルな道が影響を受けてしまうわ」。彼女は警告するようにわたしに言った。だれが何をしていようと、それぞれが自分だけのスピリチュアルな道にいるということをわたしたちが完全に理解するまでには、それからまだ何年もかかるのである。

人生のレッスン

エレインはビジネスのうえでも、サイキックな感覚の面でも急激な成長を遂げている真っ最中だった。理性と直観を使い、彼女は周りの人びとにとっての役割モデルを務めた――みんなは彼女がどうやってそういったことすべてをこなすのか、不思議に思っていた。同じ頃、彼女は自分自身の子供の一人と、三度目の結婚で縁続きとなった子供たちのことで悩んでいた。

そしてわたし？　ある晩、瞑想を始める前にマルダが言った。「ジャネット、ほかの人たちはみんな人生のレッスンに取り組んでいるのよ。あなたの番はいつにするつもりなの？」。わたしはマルダの一言に驚いた。彼女はわたしの個人的な生活がどんな状況なのかを知っていた。数年前から、部屋数が十七にもなる大きなヴィクトリア朝の家にわたしの年老いた両親が同居するようになった。父の最後の二年間はアルツハイマー症で、わたしたちのことも、自分がどこにいるのかも分からなかった。父の死後、母は何度か脳卒中の発作を起こし、二年後に亡くなっていた。**いつわたしの番がくるのかしら？** とりあえずすでにやり終えたはずのわたしは、完璧なイメージだけを見せつづけていた。依然として、わたしはすべてのことを何の問題もなくさばいているような印象をほかの人に与えていたのである。

仲間たちはヒーリングのそれぞれの段階で互いに助け合った。愛とサポート、耳と心を傾け合った年月はわたしたちに与えられた時間であり、計り知れないものだった。一人が成長すれば、わたしたち全員が成長した。だれかが人生の「レッスン」――わたしたちはこう呼ぶようになっていた――に出合い、新たな視野を得てそれをくぐり抜けると、その人自身の霊性が広がり、わたしたちも学んだ。スピリチュアルな自分につながることで大きな違いが生まれた。わたしたちは同情し合うのではなく、互いに手を差し延べ合ったのだ。サークルのメンバーであろうと、だれかの夫であろうと、あるいは上司であろうと、関わりのあるどんな人であっても、非難することはなかった。わたしたちは愛とスピリチュアルな気づきのなかで、ともに成長しようとしたのである。わたしたちは目ざましい成長を遂げ、レッスンも次から次へとやってくるようになった。

一九八七年と八八年の夏は、健康問題をホリスティックに扱う専門家チームとの週末の瞑想会を開催することがわたしのビジネスとなった。参加者にとってもスタッフにとっても、小人数のグループが内に持つ力がワクワクするもので、価値あるものだということが明らかになっていった。ディレインとドット、常勤のスタッフというわけではなかったが、ときおり手伝いにきてくれた。

マリリン

最後の瞑想会は九月で、ディレインとドットもいたし、久しぶりにサラも参加していた。その会でわたしたちはマリリン・ターウィリンガーに出会った。彼女は三十代後半で、のちに彼女が語ったところでは、まさにそのとき生きるか死ぬかの決断を迫られていた（彼女は以前に自殺しようとしたことがあった）。わたしが彼女を見たとき、彼女には人生から得た厳しさと子供のようなあどけなさが混ざり合っていた。ウエーブのある赤味がかったブロンドの髪は背中まで届き、彼女の自由なイメージをよくあらわしていた。

「わたしがここに来たのは、ジャネット、あなたに会うためなの」と言って彼女は続けた。「ヒプノセラピストを探していたんだけど、あなたに会ってピンときたわ」。マリリンは何年間か、ごく一般的なセラピーを受けていた。彼女にはサイキックとしての高い能力が備わっていたものの、子供時代の悲惨な思い出とため込んだ感情のせいでそれが表に現われていなかった。だが、再体験が必要な子供時代の記憶があることには気づいていた。初めてのセッションで変性意識状態に入りはじめると、彼女は目を開けてわたしにたずねた。「怖い？」。わたしは彼女に微笑みかけ、自信を持って答えた。「大丈夫、まかせといて」

最初の数週間、マリリンは不安定な状態で、ドットがそれを助けた。わたしはドットに感謝したが、マリリンがスピリチュアルな次元でヒーリングと成長を続けるには、だれも頼ることができないのは分かっていた。マリリンが言った。「わたしは何年も自分の身体を癒そうとしてきたわ。それからマインドも。そして今はわたしのスピリットを癒すのに助けが必要なの」

マリリンとセッションを始めて最初の週が終わろうとしていたとき、ドットがわたしに言った。「エナールに会ったわ」。わたしは驚いた。**エナール？　インディアン時代のメディスン・ウーマンってこと？　ドットはマリリンがエナールだったと言っているの？**　わたしはいつものようにそれを自分の記憶にファイルして、様子を見てみることにした。

ビジネスをやめてから一年が過ぎ、この頃にはすっかり隠遁していたにもかかわらず、わたしはマリリンを唯一のクライアントにとった。それから一年半かけて彼女のヒーリングを行ったが、その一歩一歩がわたしにとってのチャレンジだった。ドットやみんながしたように、わたしは自分が学んだことの限界を超えてゆかねばならず、自分自身と自分が受け取った情報を信頼しなくてはならなかった。

ここ数年で、何人かのサイキックがわたしにはマスター・ガイドがついていることに気づいていたが、最初はあまりはっきりしなかった。けれども今は、強くわたしのエネルギーとつながっていた。みんなは彼を「マインド・マスター」と呼んだ。

> マインド・マスターはマインドの主人である……マインドには支配されない。あなたは超えていくのだ。

マインドのプログラミングを超越することに尻ごみしてしまうことは何度もあったが、結局のところ、ほかに選択肢がない場合が多かった。わたしの生活や仕事に起こりはじめたことに、これまで学んできたことは何ひとつ役に立たなかった。疑問を挟む余地はなく、わたしのもとにやってくる人びとを助けるためには、わたし自身が自分のマインドを超越しなくてはならなかった。まもなく、自分自身がそれまでの道を外れる必要があり、外れたところに道しるべがあることをわたしは知った。

わたしはマリリンとドット、そしてサークルとともにワークを続けた。わたしたちは順にヒーリングし合った。マリリンがドットのヒーリングを助けている様子を見たとき、わたしはドットが一瞬で感じた印象――マリリンはメディスン・ウーマンだった――は正しかったと思った。マリリンはエナールだったのだ。

第6章　キャビン──ヴィジョン・クエスト──【一九八八年八月─八九年八月】

「ミス・パーフェクト」が完璧ではないことが明らかになるときがやってきた。一九八八年八月、スコットとわたしはばかでかい自宅を売り払い、一年間別れて暮らすことにした。引っ越しのため、家にあるあらゆるものを荷造りし、片づけているとき、わたしはシルバーのヘッドドレスを見つけた。以前、勤め先の社長からもらったお守りだったが、捨ててしまったと思っていた。それがいま自分の手のなかにあり、わたしはそれに込められている象徴的な意味にひどく混乱してしまった──七年も前にもらったものだ。

わたしの人生にとって新たな時代の幕開けとなったこの時期、わたしはそれまでのビジネスをやめて別の町に移り、木造のキャビンに一人で暮らしていた。電話番号は電話帳に載せず、家族とサークルの友人たちが知っているだけだった。みんなには訪ねてこないで欲しいと頼んだ。何年もわたしの自宅は回転ドアのようだった。たくさんの人びと、地域の活動、ビジネス……人を喜ばせ、にこやかに笑う毎日だった。自分だけの時間が必要になったのだ。いま振り返ってみると、あの当時は分からなかったが、わたしにとっての「ヴィジョン・クエスト」の期間だったのだと思う。

仕事の名称を変え、新しいロゴを作るときだと強烈に感じた。名前を変えることについては以前から葛藤があり、ある日サークルで瞑想をしていたとき、不意に浮かんだ。「ブレイクスルー・トゥ・ジ・アンコンシャス」(Breakthroughs to the Unconscious＝無意識の世界をくぐり抜ける)が新しい名前だ。そして、人を癒す手伝いをするうえで新たなステップに進む前に、わたし自身が無意識の領域をさぐらなくてはならないことも分かっていた。自分の両手を差し上げ、巻きついたロープを引きちぎっているのが見えた。その後、わたしのロゴは、わたしの手を使ってデザインされた。それはわたしの手を縛っていた三つの過去——オグララの一族で少女だったときのことを含めて——をあらわしていた。

わたしは自分の修養の場として、内面の状態を反映している環境を選んだ。自分自身に働きかけ、無意識の領域を深くさぐることのできる人里離れた場所だ。大きな敷石が小さなキャビンまで続き、キャビンの周囲を手つかずの木々と野生の花々が取り囲んでいた。壁がマツ材でできているため家のなかはかなり暗かったが、リビングにある二つのガラスのスライドドアから入る光が戸外の美しい自然を楽しませてくれた。スコットと離れて暮らすことになり、わたしは素朴な丸太造りの家具をいくつか持ち出し、スコットはヴィクトリア朝の家具を引き取っていた。

隠遁生活の最初の二カ月間、サークルの集まりはエレインの自宅で行われた。ロバートもペン-ヨーク・ヴァレーからコーニングまでの道を車でやってきたし、ヴィッキーもイサカから車を走らせてきた。しかしやがて、わたしたち全員が自分のエネルギーだけを必要とする状況へと進んできたようだった。互いに連絡を取り合い、ときには数人で朝食や昼食をともにすることはあっても、サークルとして瞑想するために集まることはなかった。

マッサージをしてもらうため、ときおりディレインを訪ねた。彼女のマッサージの腕とサイキックとしての感覚は研ぎ澄まされてきた。わたしの身体をマッサージしながら彼女は、わたしの手にはほとんどエネルギーがな

自由になることを拒むものが無意識の世界にある——両手がロープで縛られてしまった
（ジャネット・カニンガム）

いと言った。これは、以前に友人が見てくれたわたしのオーラとも一致していた。そのときは光のエネルギーがオーラとなって、わたしの手を除いた身体全体を取り巻いているのが見えた。

ドットとディレインと一緒にワークすると、わたしが感情を表に出さないのでいらいらする、と言われることが多かった。感情を閉ざしているというのだ。わたし自身はそんなつもりはなかった……しかし、自分の感情を表に出さないという二人の言い分は正しかった。ディレインが言うには、体内に感情のエネルギーが欠如しているせいで、わたしの声はロボットのようだという。自分の理性が感情の多くに鍵をかけてしまっていることも、それを打破することが今回のひとり暮らしを通じての課題の一つであることも、自分で分かっていた。

一年間のひとり暮らしで、わたしは自分の感情の部分を癒すことができた。キャビンでひとり過ごす時間は、それまでの生活とは対照的で、楽しいものだった。いつも生活の一部となっていた外の世界のわずらわしさもなく、ひたすら味わい、自分に対する発見があり、そしてとてつもない混乱が内側で起こった。自分にも感情があることを受け入れる必要があると理解したわたしは、しだいに感情を感じるようになっている自分自身に気づいた。以前は自動的に押し隠し、目もくれず、あるいは感情から逃れるために理屈をつけていた。こうした内面での自分自身との戦いは、一人でなければできないことだった。

一年におよんだ修養の期間が終わる頃、わたしはスコットのもとに戻った。わたしはさまざまな分野の専門家ばかりが入っているビルの小さなスペースにオフィスを開き、ふたたびクライアントをとるようになった。それはあくまでパートタイムの仕事であり、基本的には自分の内側をさぐる作業や、意識と肥満のさまざまな段階に関する研究を続けていた。

もう一度クライアントをとるようになって、そろそろ隠れ家を出るときが来たと思った。しかしもし、また外側の状況（新しいオフィス）がわたしのインナー・セルフに影響を与えるようであれば、自分の基盤となるところで深く沈静するつもりだった。わたしのオフィスが入ったビルは、サスキアナ川と一七C号線に沿った絶好の場所にあった。サイドドアを入り一階を歩いて行くと、片側の壁の全面が鏡張りで、かわいらしいキチネットがついたエアロビクスのためのスペースとなる。資格を持ったマッサージの専門家とわたしは、予約のためのオフィスを借りていた。わたしの小さな部屋は、催眠療法を行うための椅子とわたしが座るカエデ材の椅子、そしてステレオセットを置くには十分な広さだった。窓はなく、何枚かの資格証明書と絵で装飾は完璧。何かに妨げられることなくセッションができる。

わたしはスコットとともにエルミラに住まい、ニューヨーク州オウェゴまで車で出かけていた。フルタイムで仕事はせず、エネルギーの大部分をスコットとの関係に向けた。

秋になって、わたしはいつも理性からのメッセージが聞こえてくるようになった。ドットがくれたシルバーのブレスレットにあのインディアンのヘッドドレスをつけるべきだ、と。わたしは「あなたが酋長の地位に就くときである」というメッセージに自分のエゴが流されそうになっていると思い、苦笑した。それでも、わたしはお守りをブレスレットにつけ、一族を呼び寄せることにした。わたしたちのサークルが定期的に集まることをやめてから、少なくとも一年はたっていた。もはやわたしが無視できないようになるまで、メッセージはやってくるのをやめなかったのだ。

わたしはドットに電話をかけた。「また集まることになるって、ずっと感じてた。酋長様の召集ね」と、彼女は言った。わたしは瞑想の儀式のようなものをするべきだと感じてはいるけれど、なぜわたしたちが集まろうとしているのか分からない、とドットに話した。ドットは、ヒーリングの儀式の様子が見えていたと言い、さらにその儀式ではロバートがくれた手造りの太鼓を使うことになるだろうと言った。

久しぶりにみんなで集まろうという案に、だれもが心躍らせた。それぞれが夕食用の料理を持ってマリリンの家に集まった。食事を始める前にリビングで輪になって座ると、わたしはお守りのことについて話し、ふたたび集まることになった理由ははっきりとは分からない、でも一族にいた二人のメディスン・ウーマンに導かれて瞑想をすることになっていると説明し、何度もくり返した。「きょうは酋長もいなければ、メディスン・ウーマンもいないわ。わたしたち全員が酋長であり、メディスン・ウーマンなのよ」

マリリンから、燃えさしのロウソクを持ってくるようにと言われていた。火を焚くときにみんなで持ち寄っていた薪を意味するものだ。マリリンは部屋の中央に置いた金属製の皿の上にロウソクを集め、一つひとつに火をつけた。わたしたちは口々に、ロウソクの色がいつもと違う、と言い合った。わたしたちが持ってきたロウソクはふだん使っている白や薄紫、ピンクといったものでなく、緑やオレンジ、茶色——秋の色——だった。わたしが何気なく選んだその日が秋分にあたっていたことにヴィッキーが気づき、ジョイスは集まるにはぴったりの日だと言った。それはわたしたちを驚かせたもう一つの偶然の一致だった。

わたしたちは目を閉じ、瞑想を始めた。しばらくするとドットが太鼓を叩きはじめ、マリリンは贈り物でもらったガラガラを鳴らした。何ひとつ打ち合わせていたわけではなく、すべてが自然に起こったのだ。音の響きがわたしたちをはるか昔に連れ戻してくれるかのようだった——美しく、シンプルだった時代に。

音が止まった。何人かは目を閉じたまま動かずにいたが、わたしは目を開けることにした。マリリンが儀式を取り仕切っている。白いエルク（北米産の大鹿）の皮を身にまとったマリリンはそのとき、輪の周りを回って一人の女性のところに向かっていた。彼女はふたたびメディスン・ウーマンになったのだ。わたしは彼女の両手の動きに見入った。ほかの人の手や足に触れたり、オーラを清めながら、彼女の頬には涙が伝っていた。わたしのところに来たときには、マリリンはすすり泣いていた。彼女はエルクの皮を小さく引きちぎると、それをわたしの手に置いた。エレインの前に行くと、彼女は着ていたエルクの皮をぬいでエレインの身体を包んだ。まるで赤ちゃんを柔らかく、安全な場所に包み込むかのようだった。ドットには、彼女がエレインのパワーを引き継ぐ者であることをあらわすシンボルを与えた——あの〈時〉にはできなかったことだった。

瞑想を終えたあと、わたしたちは語り合った。マリリンは変性意識状態になっていて、自分がやっていることを完全に理解していたわけではなかったが、輪の周囲を回りながら、一人ひとりの悲しみや痛みを感じていた。

「ジャネットのところに行ったとき、ひどくいらいらしちゃうだろうって思ったわ」と彼女は言った。

サークル全体がそれぞれに離れて修養すべきときがやってきたのだ。ともにあった苦痛のときを知る深い場所へと戻るときが。

第7章 新しい友人たち――【一九八九年十二月―九〇年七月】

それからまもなく、わたしたち一族のことが分かってきた。うれしい進歩だった。ある日、イタリア生まれだという男性からアポイントをとりたいという電話があった。オラジオ・サラティと名乗った彼は、わたしの退行セラピーを受けて子供時代に戻ってみることを友人がすすめてくれたのだと言った。彼の友人は修道女で、かつてわたしのクライアントだった。

オラジオ（ロズ）・サラティは四十代はじめの魅力的な男性で、身長は一七二センチほど、ほどよい体格で、鼻の下と顎に鳶《とび》色のひげを生やし、生え際は後退していた。態度は親しみのこもった人好きのするもので、笑顔が明るかった。彼はアーティストで、地元のハイスクールで教師をしているということだった。一九八九年十二月、彼は友人二人とやってきた。一緒に部屋に入ってもいいかと彼がたずねたので、わたしは三人を招き入れて自己紹介し、催眠療法と子供時代へさかのぼる退行セラピーについて説明した。退行をしているときは外に出ていられるから、とロズの友人たちには言ったものの、三人がとても親しい関係で、ロズが彼らの助けを必要としていることは理解できた。

ロズの友人の一人は、ケイト・ポールといい、キリスト教教育団体で責任者を務めている修道女だった。彼女はロズの友人として、彼がわたしに電話をかけるにいたった事情を了解ずみだった。ケイトは四十代半ば、長身で滑らかな肌をしており、ショートにしたシルバーグレイのおしゃれな髪を両サイドになでつけていた。物静かで明るい人だったが、自分に関してははっきりとした考えを持っていた。

三人目と握手したとき、この若い男性がほかの二人とあまりにも違うことに驚いた。彼は二十九歳だったが、それよりずっと若く見えた。マイケル・ラヌッキは髪と肌が褐色で、それが濃い茶色の瞳とよく合っていた。身長は一八〇センチあまりあり、痩せ型だった。

ロズが話していた通り、彼が友人たちに心を許していることはわたしにもよく分かったので、退行を始めても二人に出て行って欲しいと言う必要性を感じなかったし、ロズが子供時代の記憶に戻っていったときも二人はただ静かに座っていた。セッションのあいだ中、わたしはマイケルの方が本人よりもロズの感情の高まりを感じていることに気づいていた。やがて、わたしもケイトのうなずく様子を見ながら話しかけていた。セッションが終わってから話をしたが、ロズは友人たちからのサポートを喜んでいた。

マイケルの問いに、わたしのガードが外れた。「催眠をするとき、どれくらい霊能力を使っているの?」。わたしは霊能力を持つ人びとと仲間であるとは思っていたが、自分がそういう力を持っているとは思っていなかった。わたしは部屋の向こう側にいるこの若い男性を見て微笑んだ。どうあっても彼を軽くあしらうことなどできないと思った。彼は問題の核心を突くことができる人だ……しかも実にすばやく。気がつくと、わたしはオフィスで出会ったばかりのこの三人にとてもオープンになっていて、過去世についてケイトに熱心にたずねられ、一瞬躊躇したものの、彼らに隠す必要はないんだと思いなおした。

催眠用の椅子に座るロズに目をやると、まだ彼が使っていない、強い創造力が見えた。それまで彼が続けてきたたゆまぬ努力をはるかに超えるものが、わたしには見えたのだ。同時に恐れも見えた。ほかのクライアントと同じように、彼が恐れを乗り越え、自分を解き放ち、創造力をはばたかせることができるかどうか、わたしには分からなかった。彼は休暇後の予約を入れ、さらにワークを続けることにした。わたしたちは互いに抱き合って彼の変化のきざしを喜び、次のセッションを心待ちにした。

さよならを言いながらマイケルの前を通り過ぎたとき、質問が自然に口をついて出た。「それで、あなたはどれくらい霊能力があるのかしら？」。びっくりしたように、あいまいな答えが返ってきた。

ロズの次のセッションにケイトが来ないことは分かっていたが、わたしはまた会いたいと思った。彼女はこの日起きたことを喜んでいる様子で、感謝のこもった抱擁をくれた。

翌日、マイケルは住まいのあるフロリダに戻ることになっていた。なぜまた彼に会えると思っているのかは分からなかった。けれど抱き合いながら、わたしは彼を見て言った。「また会いましょう」

ロズ

ロズは定期的にやってくるようになり、わたしたちはさまざまな問題に取り組んだ。その一つは、彼が十六年ものあいだ苦しんでいる頭痛の原因についてだった。彼は医学で考え得るあらゆる検査を受けていたが、答えはただ一つ、「何も異常はありません」だった。心理学者や精神科医と行ったセッションでも、それ以上の答えを得ることはできなかった。彼の肉体的な問題はすべて解決ずみだった。わたしは彼の問題が「幻想や霊視」に関わる領域のものであると感じた。すでに彼は芸術的な才能を使っていたが、彼の持つ力はそれをはるかに超えたものになっていたのだ。わたしは、彼が何年ものあいだ第三の目をブロックしてきたことに気づいた。

彼の問題の原因になっているものを見つけるため、とりあえず過去世回帰をやってみることにした。彼が最初に思い出したのは、植民地時代に弁護士をしていた男性の自分で、場所は合衆国かフランスだった。あとで彼は、自分がそれをでっちあげてしまったのではないかと考えた。

二回目、彼は何の疑問も持たなかったし、何も言わなかった。今度はネイティブ・アメリカンの女性だった自分自身が見えた。


彼女はとても高い岩の上に立ち、生まれたばかりの赤ん坊を高々と差し上げている。彼女は偉大なる魂に感謝を捧げているのだ。「わたしの腕は赤ちゃんを空に向かって高く差し上げています」。彼女は自分の赤ん坊を代わるがわる四方に差し出し、木々や動物たち、そして岩に見せた。

しかし、少し時間を下り、村に戻った彼女が目にしたものはめちゃめちゃに破壊された村のありさまだった。戦士だった彼女の夫は殺されていた。

次に見えた彼女は、ひざまずき、狂ったように手で穴を掘っていた。「わたしたちはこんなことをしない。わたしたち一族は地中に埋められたりしないわ。わたしたちの魂は自由なんだから」

彼女と息子は別の一族に引き取られ、彼女はそこで最期を迎えた。わたしたちが彼女の最期のときに移行すると、いとおしそうに息子のことを語る声が聞こえた。息子は十三歳になっていた。

「あの子の名前はランニング・ディアーというの……あの子のなかに父親が生きているわ。父親にそっくりなの」

わたしが彼女に名前が言えるかとたずねると、ロズはためらいながらもうなずいた。「エンジェル……」。そのとき、彼は変性意識状態を離れてしまった。「インディアンの名前らしくない」

わたしは「それが重要なことなら、いずれ分かるわ」と答えた。変性意識状態を意識で混乱させたくなかった。

彼女は十分な年月を生き、準備を整えてその生を終えたのだ。

この退行で、ロズは自分と深い関連性のあるいくつかのことについて気づいた。彼はずっとネイティブ・アメリカンの文化に興味を持っていたと言い、さまざまな形――インディアン・ジュエリー、ネイティブ・アメリカンの焼き物、タペストリー――で、その興味を作品にしていた。彼が初めて作ったタペストリーはナバホのデザインによるものだった。

ロズはあの〈時〉の息子がマイケルであったのだと気づいた。自分自身の名前には納得がいかなかったが、マイケルの名前がランニング・ディアーだということには、何の疑いもなかった。

多くのわたしのクライアントたちが、インディアンとして生きた生涯を思い出した。たいていの場合、彼らとシルバー・イーグルの一族とを結びつけて考えることはなかった。けれど、ロズは違った。彼があの一族の一員であると感じた。だが、彼の退行で見たものは、わたしが知っているものとは違っていた……一人の赤ん坊を除いて生存者はなかったし、しかも、その赤ん坊は白い人間たちに連れて行かれたとき、肉体を離れることを選んでいた。ロズの退行では、彼は破壊行為を目撃し、別の一族に引き取られている。

こういうことがシルバー・イーグルの〈時〉には可能なのだと感じながらも、わたしは確信できなかった。わたしは退行を通して明らかになった事実だけに目を向けていた。一族のことについて、わたしはあえてロズに何も言わなかった。彼の退行は彼にとって価値のある情報をもたらした。それでいいのだ。

ケイト

ロズの友人のケイトは勤めていた宗教団体をやめることを決めてから、何度かカウンセリングに来ていた。わたしはディレインのボディーワークに何か役立つものがあるかもしれないと感じ、ケイトにディレインの名刺を渡した。ケイトとの初めてのセッションを終えると、ディレインが興奮した様子で電話をかけてきた。「ジャネット。ケイトはわたしたち一族のメンバーだと思う」と彼女は言った。あの三人のだれであったとしても、わたしは信じることができた。彼らに会った瞬間に親近感をおぼえたからだ。しかし、わたしはふたたび成り行きを見守る態度に出た。

ケイトが過去世回帰をやってみようと感じるようになるまで、わたしたちは何度かカウンセリングを行った。やがて、わたしは彼女に影響を与えている出来事や経験に彼女の無意識を向かわせた。自分でも意識しないまま、

わたしは彼女を催眠状態に誘導していた。

ケイトは自分が二十歳ぐらいのネイティブ・アメリカンであるのを感じていた。丈の長いスカートに、足には白いモカシンをはいていた。彼女は不思議そうに言った。「見渡すかぎり、大草原が広がっているわ」

次にケイトが見たのは、自分が「歩きまわったり、地面に座ったり、子供たちに物語を話したりしている」ところだった。「子供たちが笑ってる。みんなが幸福なの。傷つけられることなく、自分たちだけで平和のうちに暮らしたいんだわ」

わたしは彼女を「現在のあなたに影響をおよぼしている重要な出来事」へと促した。

ケイト　だれもわたしに耳を貸してくれない気がする。わたしには悲劇が迫っていることが分かっているのに。やがて破壊されるのよ。父に話しているけれど、父は年をとっていて、きっと何もできない。父は贈り物に鷲の羽根を手渡してくれた。女の人たちにも話しているわ。でもだれも聞かない。危険が迫っているのが分からないのよ。わたしには分かっているのに。

ジャネット　あなたには家族がいるのかしら？　分かち合える人はいる？　あなたの人生にはだれかいるのかしら？

ケイト　ええ、分かち合える人がいるわ。恋人なの。わたしは彼の腕のなかにいるの。とても暖かくて、愛に包まれている。彼には理解できるのよ。彼はある意味でのリーダーだから。

わたしはふたたび、彼女をさらに先へと進ませた。

ケイト　わたしはキャンプファイアーの前に立って、炎が人びとの顔に映し出されるのを見つめている。男たちが輪になって話していて、わたしの恋人もそのなかにいるわ。彼らのなかに亀裂が走った。戦う人もいれば、戦わない人もいる。わたしは怒ってる。だめ！　ここはわたしたちの大地よ。戦うのよ！

さらに彼女を次の出来事へと向かわせた。

ケイト　手が燃えるように熱い。男がわたしの手をひどく強く握りしめているの。逃げられない。わたしは抵抗し、足をばたばたさせているわ。叫びたい。わたしはキャンプから引きずり出されてしまうわ。この男の顔に嚙みついてやりたい。

ケイトは催眠用の椅子で身もだえしながら、その状況を再体験していた。彼女は怒り、激しく泣いていた。

ケイト　わたしは大地の上にいて、戦っている。でもあまりに疲れていて、もう抵抗できない。

その先の体験へと彼女を誘導した。

ケイト　男がズボンのボタンをかけているのが見える。何も感じない……ただ地面の上で横たわって

いるだけ。わたしは岩に腰かけ、髪に風が吹きつけているわ。寒い。今度は村に戻ったわ。みんなが逃げまわりながら叫んでいる。たくさんの馬。煙のきついにおい。剣がいくつもの身体を貫いている。わたしは走り、隠れ、すすり泣いている。

閉じ込めていた感情が吹き出すと、ケイトの顔を涙が激しく流れ落ちた。わたしは彼女に声をかけた。

ジャネット　全部外に出してしまっていいのよ。あふれるままに。抑えちゃだめ。

ケイト　わたしは戻ってきた……周り中を死が取り囲んでいる。彼らはまた剣をとってわたしの心臓をえぐり出すんだわ。

ケイトが催眠状態での生々しい体験から回復するには、少し時間がかかった。わたしたちは彼女の感じたことについて話し合った。「わたしはちょくちょく自然と話しに出かけていたの」。彼女が言った。「わたしはある種の予言者だったみたい。ほかの大多数の人には見えないものが見えたのね……それはそれはもどかしかった。マイケルはわたしの仲間だった。彼にも見えたから」

村に戻り、そこがめちゃめちゃに破壊されているのを見たところでケイトの退行は終わったが、彼女が思い出したものはシルバー・イーグルの一族にいたときの人生だったのだと、わたしは感じていた。けれど、マイケルが彼女の仲間だったのであれば、彼が息子だったというロズの退行とは一致しない。赤ちゃんだったマイケルの父親は、大虐殺の際に殺されていたのだから。

もちろん、ほとんどのインディアンの一族が不意打ちや殺戮、死といった歴史を持っている。おそらくわたしは誤解していたのだろう。なんらかのつながりがあると感じていたこの三人は、ただの友人だったのかもしれな

い。しかし、それは問題ではない。どんな目的であれ、わたしが一族のメンバーを見つけ出す必要性はないのだ。もし人生を終えるまでにだれかが現われてわたしを癒してくれるというのが本当でも、わたし――あるいは彼ら――がその過去世について知っているかどうかは重要ではないはずだ。重要なのはヒーリングのプロセスにあるのだから。

だから、この新しい友人たちがシルバー・イーグルの〈時〉に存在していたのかどうかは突き止めなかった。治療的な見地に立てば、どちらの退行も深いレベルでの信念や感情、問題についての情報をもたらしたわけで、ヒーリングはすでに始まっていた。無意識の領域に閉じ込められてきたあらゆる怒りや悲しみを手放すことは、二人を自由にし、今生において目下起こっている問題にもっとうまく対処できるようになるはずだ。

マイケル

このあとまもなくして、マイケルがずっと辛い時期にあり、わたしとともに自分の深いレベルをさぐりたがっているとケイトから聞いた。マイケルがこちらにいるあいだ、わたしは彼とのアポイントを目いっぱい入れた。カウンセリングを通じ、彼はしばしば自分自身を二つに切り離すような答え方をした。「頭では……と言っている。でもハートは……と言う」。数カ月後、わたしは彼が話すときのこの癖を思い出すことになる。

わたしたちのワークはいくつかの催眠療法を組み合わせたもので、過去世回帰も含まれていた。わたしたちはいくつかのレベルで結びついたが、わたしが彼に向かっていくと彼の反応がよく、内側から答えを探し出すことに気づいた。そして彼の方でもわたしに挑んできたのである。

それはこんなふうだった。ある催眠療法によるセッションで、彼は無意識の領域から答えを引き出すプロセスをブロックしているように見えた。それはそれでよかった。わたしには彼がまだその情報を引き出せないことが分かっていた。しかしそのとき、彼は声をあげて笑いながら言った。「ただ流れ星が見えるだけだ」

流れ星（フォーリング・スター）⁉　マイケルも、そしてロズもケイトも知らなかった。わたしのソウル・ネームはフォーリング・スターだ。

わたしは都合よく考えることにした。これはただの偶然。セッションを続けよう。つまるところ、流れ星なんてだれにでも見えるものだ。わたしは続けた。現在置かれている人間関係に関わる過去世や魂の情報を得たいという意志が無意識の内にあるかをもう一度確認しようとすると、マイケルはまた笑いながら言った。「もう一つ見える。流れ星だ！」

彼は自分が何を言っているのか、分かっていなかった——でもわたしには分かっていた。彼のマインドがそこに行けるはずがない。おそらく、わたしが彼に代わってその情報を得たに違いない。なんてこと！　わたしにそんなことができるのだろうか？　クライアントとするようなことじゃない。しかもこんな知覚的なことを！

わたしは正直になることにした。マイケルについてわたしが感じていたことを彼に話し、これからは何か自分にもたらされるものがあるかどうか見ていくつもりだ、と言った。そしてそういうことがあれば、いずれケイトやロズと集まったときに彼に話すから、とも言った。かつてはしていた自動書記も、もうしていないことも説明した。無意識のうちにブロックしている何かを突き抜けるプロセスにわたし自身がいるのだ、と。

この数カ月前、休暇中のわたしは二週間のドリームワークをしてそのことに気づいていた。ドリームワークを通じて深くさぐることで、自分が「わたしが言わなくてはならないことを人は聞きたがらない」という深い思い込みにとらわれていることが分かった。自分の仕事をやっていくにはその思い込みを通り抜けねばならないことに気づいたのだ。

わたしの向かい側に座っているこの青年は、人の魂を深いところで見ることができるようだった。座りなおした彼の目には涙が浮かび、椅子に座ったまま前のめりになって言った。「ジャネット、お願いだからあなたが与えるべきものを隠さないで。まだ準備ができてない人もいるかもしれない。でも、あなたの言葉を必要とし、聞きたがっている人は大勢いるんだから」。教師は生徒になり、生徒は教師になるのだ。

それからしばらくして、わたしはマイケルとケイト、そしてロズとともにミニ・セミナーを開いた。それは楽しく、くつろいだものだった。仕事を終え、わたしは手書きの地図を見ながらロズのアパートまで車を走らせた。マイケルはロズのところに滞在していて、夕食を作って待っていた。おいしい料理にテーブルクロス、麻のナプキン、花、キャンドル、そしてワイン……。もてなしというものがどんなものなのか、わたしは忘れていた。ピザとファースト・フードばかりの食生活になっていたから。

ケイトはフロリダに引っ越すことに決め、マイケルと一緒に住む場所を探しに行くことになっていた。とりあえずは二人のエネルギーが互いにいい影響を与え合ったことが、わたしには分かった。

わたしが話し終えると、マイケルが言った。「それじゃあ、ジャネット、本当のところ、ぼくたちがどんなふうに見えていたのか、話してよ」。彼はどんぴしゃり痛いところを突いてきた。マイケルは見ていたのだ、相手がわたしの言うことをどれくらい聞き入れることができるか、わたしがときどき逡巡しているのを。その夜、ケイトとマイケルとは何を話しても楽しかったが、ことロズとなると、何をどう話すかにひどく気をつかった。依然として、強い恐れが彼の創造力をブロックしているのが見えていた。その恐れを大きくしたくなかったし、そうした恐れが何と関わりがあるのか、わたし自身の考えを話したいともまったく思わなかった。わたしはこう言ったはずだ。「ロズ、わたしには分かってる――そう、分かっているのだ――退行をしているとき、あなたがどこに行こうとわたしはそばにいるわ。わたしが行けないような遠いところへあなたが行くことはないの。自分で証明ずみよ」

わたしはマイケルをうまくかわすことができたと思っていた。しかし彼はわたしを勘弁するつもりはないようだった。「その人間関係で何か感じたことはあるのかな?」と彼が聞いた。わたしのガイドがマイケルを通して接触してきたような感じだった。「いいわ。降参よ」とわたしは言った。ここ何年ものあいだで初めて、しかもあのサークル以外のグループでチャネルしようとしていた。〈この人たちとだけよ〉と思いながらわたしは変性意識状態に入り、やってきたマイケルの問いに対する答えを伝えた。

その夜からまもなく、マイケルはフロリダに戻り、ケイトと自分のためのアパートを見つけた。彼女は勤めていたキリスト教団体を離れて住まいを移し、恵まれない子供たちのために活動するクリニックで新しいプログラムを立ち上げる仕事に就いた。

ディレインはケイトとマイケルとの別れを心から残念がった。「もう一度知り合いになれたような、そんな気がするの」と彼女は言った。ディレインに会ったときから、マイケルとケイトは彼女のことを「お母さん」と呼ばずにいられないような気持ちだった。

ディレインとわたしはそれぞれのワークが互いを補い合い、クライアントがマインドと身体に働きかけるワークをわたしたち両方と行うと、しばしば急速な改善が見られることに気がついた。そこでロズはわたしたちのアプローチを組み合わせるようになった。彼とのボディーワークでディレインが映像やメッセージを受け取ると、彼はわたしのところに来てその意味をさぐるのである。

ある金曜日の晩に力の入ったセッションがすむと、ロズはその週末をどっぷりと落ち込んで過ごした。その次に会ったとき、彼が言った。「ジャネット、ぼくは……ぼくはこの問題がどんなものだとしても、見てみたいんだ」とうとうそのときが来たのだ。「それはぞっとするものなんだろうね？」と彼が聞いた。自分に見えそうないくつかの情景について彼が語った。何を見る必要があろうと、ともかく彼は頭痛と身体の辛さにうんざりしていた。医者に行き、考えられるあらゆる検査を受けることに、彼は何年も時間を費やしてきたのだ。ただ「何も異常はありません」とだけ言われるために。何を失うというのだ？「やろう」と彼は言った。

催眠状態への誘導が始まっても、彼はわずかに振れただけだった。目を開けて彼は言った。「ぼくがどこへ行ってもあなたは一緒にいてくれるんだよね？」

「そうよ」とわたしは答えた。そして、わたしたちはきつい痛みをともなう過去世のトラウマに入り、ヴィジョンや記憶を見ようとする彼をブロックしているものを解放していった。

内側に入っていくには、それが必要なステップだったのだ。ようやくロズは外に向けて行動を開始する準備ができた。彼は広いスタジオを借りた。それは彼が何年も語りつづけていたものであり、絵を描くようになってからの十八年で初めてのものだった。

わたしもまた、外に向かって歩きはじめた。一九九〇年七月、ニューヨーク州オウェゴに引っ越した。スコットと一緒ではなかった。しばらくのあいだ、自分がひとり立ちしようとしている少女のような気分だった。少女？わたしは四十九歳だった。スコットはずっとわたしの心配をしてきてくれたし、わたしもそれにすっかり満足し、馴れきっていった。なぜその状態を続けられないのだろう？　それがわたしの問題であることは分かっていた。彼との関係を変えたいと思うエネルギーがあるとは思えなかったし、自分のことが嫌になった。

自分の外側には一緒のイメージが現われてきていても、内側ではあまりそれを感じていなかった。わたしの世界は変わりつつあり、わたしは恐れていた。わたしの恐れがどれほどのものか、それはだれにも分からなかった。

第8章　かけらが一つになる――【一九九〇年八月】

ロズが絵を描きはじめる

マイケルとケイトはフロリダに来るようにと誘ってくれていたが、ぜいたくすぎるような気がして、なかなか行く気にはなれなかった。けれども、ロズが友人たちをとても恋しがっていたので、ある日彼と電話で話しているとき、何人かでお金を出し合えば、フロリダまで車で行けるのではないかと言ってみた。休みがとれれば、ディレインも行きたがるだろう。マルダも休暇のことについて話していたので、彼女も誘ってみた。

ロズとディレインに「いや」はなかった。ロズが手ごろな値段の航空券を見つけてきて、ディレインが計画をまとめてくれた。マルダはケイトにもマイケルにも会ったことはなかった。わたしは笑ってうなずいた。本当にわたしたち四人で出かけるんだと思えてきた。

出発前にマルダとロズを会わせておいた方がいいだろうと思い、昼食を一緒にすることにした。わたしを訪ねてきていた大学生の息子D・スコット（スコッティ）も同席した。食事を終えると、ロズが仕上げたばかりの絵を見に彼のスタジオに向かった。

ロズは映画館の隣りの、どちらかといえば目立たないドアの鍵を開け、狭い階段を三階まで案内した。「天国まで昇って」と彼は言った。さらにもう一つのドアの鍵を開けると、そこは巨大な空間だった。床は古い木材でできており、天井は高く、そして二方向に大きく広がる窓からはニューヨーク州エンディコットの繁華街が見渡せた。

わたしたちは椅子を引っぱり出して腰かけ、絵を眺めた。わたしは彼がとりかかったばかりの絵がどうしても見たくなった。ロズは裏返して壁に立てかけてある大きなフレームのところまで行き、それを引っくり返した。何かに打たれたように、わたしたち全員の目が一・八メートル四方のカンヴァスに釘づけになった。彼はそれを「抽象表現主義」と説明した。わたしたちはアーティストではないが、目前にあるパワーを感じずにはいられなかった。わたしたちは別の言葉を使った……それはまるで「天国と地球」「地球と空」「隠されたスピリット」「戦いと平和」を描いているように見えた。

「この線を見て」と、ロズが絵の中の三角形を指さしながら言った。「つい夕べ、この線を入れたばかりなんだ――ティーピーだよ。きょう見せる絵のどれにもティーピーが描かれてるんだ」

ティーピー？ わたしは疑問に思った。**どうして彼は自分の絵にティーピーを入れたのかしら？ インディアン時代への退行は、あれ以来彼とやってきたもっと深く内面をさぐる作業に比べて、ことさら意味のあるものでもなかったのに。彼の選択にわたしは何も感じなかったけれど、たいして深く考えもせずに彼の言うことにうなずいていたんだわ。**

帰りの車のなかで、スコッティがわたしの思いを言いあらわした。「ワォ！」。そして、以前にロズと会ったことがあるような気がする、と言った。前世で彼を知っていたに違いない。スコッティの言葉は予言めいていたが、それがはっきりするまで、あまり時間はかからなかった。

出発の二週間前、マルダがやってきて過去世回帰を行った。長いこと病気を抱え、精神的にも参っていた彼女は、自分の内面で起きている葛藤の原因を見つける必要があると決心したのだ。わたしたちの退行はパワフルで、彼女は今生の多くの問題を引き起こしているそもそもの原因を発見した。

ナポリの休暇

わたしたち四人がフロリダに向けて出発する日、先日の退行からずっとわきでている感情に、依然としてマルダはくらくらしていた。「自分の真ん中に穴がぱっくり開いていて、もろくなっている感じなの」。飛行機のシートに収まると、彼女は言った。一方、ディレインはかなりの興奮状態に達していた。それでもカメラ、フィルム、スナック菓子は忘れなかった……しっかり母親だった。

わたしはといえば、自動制御状態になっていた。オウェゴに行くことと友人たちとの再会にうきうきしていた。友人には、すっかりエネルギーが減退している感じだった。一方、ロズは友人たちとの再会にうきうきスコットと離ればなれになるせいで、六年前に彼が教えていたヘザー・カーティスも含まれていた。彼女はフロリダに住み、ケイトやマイケルとも連絡をとっていた。

ヘザーとケイトとは空港で会った。ケイトはのびのびとして幸せそうで、いつもきっちりとしていた身なりも、白いスラックスにピンクと白のコットンブラウスという、くつろいだものになっていた。ヘザーとは初対面だったにもかかわらず、すぐに親しみをおぼえた。彼女はあけっぴろげな性格で、わたしたちを暖かく迎えてくれた。ヘザーは二十代後半の大柄な女性だった。堂々とした外見からは、肉体的にも精神的にも強靱な様子がうかがえた。美しい笑顔と茶色の瞳、そして若々しさと責任感の強さにあふれた態度がユーモアのセンスとあいまって一つにとけ合っていた。服装はカジュアルで、花模様のショーツにTシャツ、それにサンダルといういでたちだった。ほどよく茶色に染められた髪は後ろで完璧にまとめ上げられて、一七二センチあまりの身長をさらに高く見せていた。ケイトとマイケルが住むタウンハウスまで、ヘザーが車を運転していった。

マイケルはパティオの熱帯植物に水をやりながらわたしたちの到着を待っていた。わたしたちの全員が一カ所に居合わせることに多少のためらいがあったとしても、それはドアをくぐったとたんになくなっていたに違いない。心地よく広々とした雰囲気がわたしたちを歓迎してくれていた。わたしたちは太陽を浴び、休暇中で、友人と一緒なのだ。マルダはケイトとマイケルに初めて会って言った。「うちに帰ってきたような気がするわ」

ディレインとヘザーが台所仕事のほとんどを引き受けた。ディレインが「ヘザーはあの〈時〉にいたと思う」と言った。ヘザーはずっと輪廻転生を信じてきたし、たちまちわたしたちに親近感を抱いたが、退行のようなものをやってみたいとはまったく思っていなかった。

その晩、わたしたちは一緒に瞑想した。パワーストーンの展示会で、わたしは小さな石、「アパッチの涙」を使うといいと言われていた。そこで、わたしは自分のクライアントだった人たち、内側に悲しみを多く抱えている人たちの数をかぞえはじめた。ヘザーとは初対面だったので、彼女のことは除外した。しかしかぞえているうちに、ヘザーにも一つ選ぶようにという強い導きを感じた。わたしは輪になった人びとに一つずつ石を渡し、瞑想を始めた。それが終わると、わたしはマイケルを見やった。彼はわたしの向かい側に座り、笑っていた……わたしたちのエネルギーは強くつながっているのだ。瞑想しているあいだに彼は一人ひとりの思いを受け取り、終わってから自分が見たものについて話をした。会ったばかりのマルダのことを話す段になって彼は少しためらっていたが、こう言った。「うそだぁ！」。マルダが声をあげて笑った。彼女には彼が何を言っているか、きっちり理解できたのだ。

ナポリへの旅では、うれしいことがたくさんあった。ロズが自分のスタジオや作品を撮影したビデオを持ってきていたので、まだ彼の絵を見たことがなかったフロリダの友人やディレインに見せることができた。こうしたワクワクする段階をロズと一緒に踏んでいくことは、わたしたち全員にとってとても楽しいことだった。癒されていくのを全員が感じていた――エネルギーの融合、ビーチと太陽、奥深い会話、涙、笑い――たくさんの笑いを通して……。

この旅行の荷物のなかに、シルバー・イーグルの絵が届いてからのグループ・リグレッションについてわたしが専門誌に書いた八ページの記事を入れてきた。ケイトはインディアン時代への退行を終えたあとにこれを読んでおり、またマイケルはフロリダに戻る直前に読んでいたが、ロズはまだだったので、わたしは彼にこの記事を渡した。彼は床に置いたいくつかの枕のあいだに気持ちよく収まり、わたしは近くのカウチに寝そべった。

ロズは二言三言意見を述べ、インディアンの絵がどのように記憶を呼び起こすのかに興味を持った。スコットが画家にどのくらい指示を出したのかと彼はたずね、わたしは「インディアンの絵を描く以外、スコットは何の注文も出さなかった」と答えた。スコットは男性か女性かも言わなかったし、「酋長」とも言わなかった。部族も特定しなかった。「面白いのは、ミセス・Dがインディアンについて調べに図書館に行ったときのことなの」と言い、わたしは続けた。「彼女が選んだのはシオ族だったのよ」。最近まで、わたしはオグララの地がシオ族と結びついていたことを知らなかった。

その後、ロズとわたしは彼のインディアン時代への退行について話し合った。わたしは心の内で思った。「彼はわたしたち一族の記憶にピンときていないみたいだったわ。彼（彼女）は長生きで、あの大虐殺を経験することもなかったのだから。それにもしマイケルがランニング・ディアーだったとして、マイケルはあの〈時〉に現われたのかしら？　ケイトが考えていたように彼女はマイケルに連れ添っていたのかしら？　でも彼女には虐殺の記憶があったし、生きぬいたはず。だめ、かけらは一つにまとまらなかったじゃない？　わたしたちがまったく違う時代について話していたのは明らかだわ」

翌日の午後、プールでディレインはロズと向かい合い、彼の足をマッサージしはじめた。ロズにはじめて会ったときから、彼があまり自分の身体をかまわないことやきちんとした食事をとらないといったことについて、彼女は口やかましく言ってきた。「彼は聞かないわ」。彼女は続けた。「あの一族にいたときも聞かなかったでしょうよ」

マイケルのヒーリング

一方、マイケルは自分自身のヒーリングが必要になっていた。ある日、仕事から帰宅した彼は、自分がもうどうにもならなくなっていることに気づいた。彼は自分の無意識に目を向ける必要があると感じていたが、この感覚は強い恐れからくるものだった。二日間、彼の感情は高まる一方だったが、彼はすぐにそれを押し戻したので、なんとか仕事を続けていられたのだ。

リラックスできるようにひと泳ぎしてから、マイケルとわたしは二階に上がった。彼がベッドに横たわると、わたしは催眠状態への誘導を始めた。マイケルは深い変性意識状態に入ると、平和と愛に満ちた場所――別の次元――にいた。しばらくして、違う場所に移行させると、彼には熱帯の地、おそらくポリネシアにいる自分が見えた。以前にも、わたしたちはその一生を見たことがあった。現在の彼にネガティブな影響を与えている過去世に行く前に、彼の無意識にはこうした平和と愛にあふれた二つの時を思い出す必要があるのだと、わたしは思った。

マイケルは一人だった。バックスキンかディアースキンのズボンをはいていたが、胸はむき出しで、森のなかを歩いていた。彼は小さな動物たち――リスやウサギ――と戯れた。彼は十六歳くらい、男性で、ネイティブ・アメリカンだった。

インディアンの人生が出てくるとは思っていなかった。**彼もシルバー・イーグルの一族のところに行ったのかしら？　彼もそこにいたの？**　もしいたとすれば、彼のマインドが虐殺の場面に行くはず。**やっぱりこれは別の一族での人生よ。**

わたしは彼を先に進めた。すると、彼はインディアンの少女と一緒にいることに気づいた。「彼女には分かっているわ」とわたしは言い、彼と彼女が同じ一族で、ときどき彼女が彼を探しにいっていたのだろうかとたずねた。彼はよく、集落のはずれに立ってみんなのティーピーを眺めていた。だれもが彼を愛し、受け入れてくれていたと彼は言った。「ぼくに名前をつけるときだって、みんなぼくがどんな人間かよく分かってたよ。ぴったりの名前をくれたんだ。ランニング・ディアーっていうんだ」。彼は笑いながら言った。「みんなぼくがいつも逃げ出す(ラン・アウェイ)のを知っていたんだ」

次の大きな出来事に彼を移行させた。すると突然、彼の下半身が感情と分離してしまったように見えてきた。ベッドに横たわっている身体は手足が動かず、凍っているかのようだった。けれど、不意に感情が彼の肉体を圧倒した。マインドに浮かんだ情景を目にした彼はすすり泣き、嗚咽をあげはじめた。わたしはもがき苦しむ彼をじっと見つめた。彼は「いけない! 剣が! やつらがみんなに斬りつけている! 腕が! 頭が!」と言う以外、ほとんどしゃべることもできず、想像を絶する恐怖にふたたびあえいでいた。

だれもこんなことになるとは予想していなかったのだ。わたしは彼が苦しみのあまり叫び声をあげるだろうと思い、階下にいる人たちがどんな反応をするだろうと考えた。

その情景を消そうとするかのように、彼は頭をきつく振ったが、どうしても消えなかった。「ここから出してくれ!」。彼はあえぎ、懇願した。

彼のマインドがそこから彼を出したり入れたりした。わたしは彼と一緒に移行しつづけた。彼にはそこから出してあげると請け合ったが、わたしには分かっていた。彼の魂とマインドを完全に解放するには、十分に見て、思い出す必要があるのだ。ここではどんな間違いも犯したくなかった。彼にさらに質問を投げかけ、彼がどこにいて、何を目撃しているのかをたずねた。

藪のなかから、マイケルは戦士たちが彼の仲間を残酷に殺すのを見ていた。背後に一人の戦士がやってくるまで、彼は想像を絶する恐怖に凍りついていた……ランニング・ディアーの首が切り落とされた。

マイケルはふたたび体験していた。そしてわたしもまた、彼をここから連れ出したいという思いを感じていた。その場を去り、身体を抜け出してスピリットに入るようにと彼に指示した。自由へ逃れてと彼に言いつづけながら、わたしは彼がその場を立ち去ろうとしていないことに気づいていた。

わたしの問いに、スピリットのなかにいるものの、まだ立ち去ることはできないと彼が答えた。彼は死んでしまった人たちと一緒に大地にくくりつけられているように感じていた。「動けないんだ。光がぼくたちを招いている。だけど、行けないんだ」。わたしはそのとき、スピリットで目にしつづけているものに対する激しい怒りがマイケルの内側で込みあげているのを感じた。マイケルはほかの人びとともに仲間が悲惨な死を迎える様子を最後まで見届け、ゆっくりと光に向かっていった。「時間が必要だ。たくさんの時間が……」と言いながら。

わたしたちの双方を揺さぶった体験から立ち直ると、マイケルとわたしは食事のため階下に降りた。メニューは中華料理——わたしは「ヒーリング・フード」と呼んでいる——だった。みんなはマイケルの退行についてやどこに行ったのかを聞きたがったが、あくまで彼に話す気があればということで、彼がまだそういう状態ではないことを見て取った。食事の合間は軽い話題や笑い話をし、わたしたちがふたたびグラウンディングする助けになってくれた。

全員が床に座り、マイケルが退行の話を始めた。無意識の領域から突然現われた記憶について彼が話すあいだ、だれもが黙り込んでいた。ケイト、ディレイン、マイケル、そしてわたしの目に涙が浮かんだ。マルダは「ここに来る前、二週間も泣きつづけていたから……すっかり涙がなくなっちゃったみたい」と言いながらも、彼女の感覚と感情はしっかりとわたしたちに寄り添っていた。

クライアントであり、無意識の領域にあった記憶を再体験した人たちと一緒にいると、わたしはごく自然に部屋を看視していた。マイケルが話をしているあいだ、わたしはロズを見つめた。ロズは座ったまま、隅の方に身体を縮こまらせていた。わたしは彼に近づいたが、その場のエネルギーの動きを乱すことはすまいと思った。マイケルがランニング・ディアーの記憶を語るあいだ、ロズは膝を身体に引き寄せ、うつ向いていた。まもなく、彼はすすり泣きしはじめた。「ぼくは反対側のスピリットにいたんだ」と彼が言った。「ぼくはきみをこっちに引っ張ってこようとしていたんだ。それはひどいものだった……でも、きみは向こうにとどまったまま、こちらに来ようとはしなかった。ぼくはずっときみを反対側に引っ張ってこようとしてたんだ！」

なんてこと！　それが事実だったなんて！　あの〈時〉のロズの仲間は別の一族が虐殺されたときに殺され、ロズはわたしたちの一族に引き取られていたんだわ。その息子がマイケル——ランニング・ディアー——だった。ランニング・ディアーはわたしたちの一族のなかで成長して、ケイトの夫になったんだわ。ロズはあの大虐殺以前に死んでいた。だから退行で見た彼は長生きだった。前には分からなかったけれど、今はぴったりくる。そし

て「エンジェル」（わたしが聞いたときに戸惑いながら言った名前）として、彼はわたしたちを光のもとへ連れて行ってくれたんだわ。

わたしは「その時点では魂がひどく混乱したに違いないわ」と言い、さらに続けた。「マイケルはただ動けなかっただけ。わたしは彼のなかで大きな怒りがわきあがっているのを感じたわ」

マイケルは二階に行くと、一枚の紙を手に戻ってきてそれをわたしに手渡した。五カ月前に彼が書いたものだった。

　　怒り以外のすべて

ぼくの感覚はすべてが麻痺している——怒りのほかは。
　おぼろげな記憶がぼくを刺激する。
だが、ぼくにはほとんど分からない。
　まるで思い出すことができない——怒りのほかは。
どう感じたいのだろうか？——怒り以外のすべてを。
　暖かく、優しい波がぼくの好奇心をくすぐる。
手さぐりで、すがりつこうとする
　だが、ぼくは本当に何も思い出すことができない——怒りのほかは。
人生のヴィジョンが見たい——怒り以外のすべてを。
　ぼくの前でたくさんの色が深みをもってぼんやりときらめく
現在の目まぐるしさのように無秩序ではなかったときだ。
　だが、ぼくは本当に何も思い出すことができない——怒りのほかは。

「ジャネット、これは信じられないような話だわ」とケイトが言った。「絶対にあなたは書くべきだと思う。いったい、何人がインディアンの一族が虐殺された記憶を意識の内にため込んでいたか、考えてみて。わたしたちの経験を読めば、ヒーリングになるはずよ」

「分からない。わたしはずっとドットが書くと思ってたの」と言いながら、何年も前にわたしの大きな家に集まったときのことを思い出していた。部屋にいた全員がわたしに書くようにとすすめ、自分たちの名前を知りたがった。

「ぼくが挿絵を描くよ」とロズが言った。

黒いインクで描かれたスケッチを思いながら、わたしは言った。「きっとすばらしいものになるわ、ロズ。あなたにイラストを書いてもらえるなんて。実際にあなたは情景を記憶しているのよ」。わたしに話してくれたように、ロズのヴィジョンには今もインディアンのときの一つひとつの情景が見えていた。

「たぶん、来週ここにいるあいだ、少しスケッチできると思うよ」と言って彼は続けた。「でも戻ったら、スタジオでやりかけた絵を先に仕上げなくちゃならない」

マルダ、ディレイン、そしてわたしが帰宅する前にみんなで集まった最後の夜だった。ロズは学校が始まるまで、もう少し滞在して友人たちと過ごすつもりだった。わたしたちはそれぞれにとってこの旅が意味したものを分かち合ったあと、立ち上がり、愛と癒しのエネルギーとともに互いを抱きしめ合った。

翌日、帰りの飛行機のなかでディレインはマルダとわたしのあいだに座り、自分がこれから直面することになると分かっている緊張感に、早くも不安を感じていた。わたしたちは楽しかった休暇について語り合った。マルダがロズの絵について触れたとき、ディレインが言った。「どうして彼がイラストと絵を同時に描けないと言ったのか、分からないわ。もう、描いてるじゃない。彼は去っていった魂を描いているのよ」

わたしはぽかんと口を開けた。マルダと同じように。「ディレイン！　あなたの言う通りよ！　それがロズの絵なのよ！」。彼はもう三カ月前に描きはじめていた――わたしたちは天国や地獄、魂といった言葉を使っていた……彼は線を指さしてティーピーだと言い、どの絵にもティーピーがあるんだと話していた。あのときは何も感じなかった。でも、彼は自分が見たものを描いていたのだ！

第9章　ヒーリング・アート——【一九九〇年九月―十二月】

わたしは気持ちがあまりにも高ぶってしまい、ロズが休暇から戻ってくるのを待っていられなかった。そこで、フロリダにいる彼に手紙を書き、彼の描きかけの絵について、わたしたちの見解は間違っていないかと聞いてみた。彼はその通りだと返事をくれた。

帰宅して数日後、わたしはドット、マリリンと一緒に昼食をとった。フロリダでの出来事を話し、みんながわたしに一族について何か書くようにとすすめてくれたと二人に話した。わたしはドットが今でも一族のことをフィクションとして書くつもりでいるのかどうかを知りたかった。もう何年も口にしてはいなかったが、もし彼女にそのつもりがあるのなら、私は書くつもりはなかった。自分のビジネスとウエイト・コントロールに関連するテープを作る仕事にエネルギーを注げばいい。ドットは「いいえ、そのつもりはないわ。あなたがその話を書くべきよ。話すべき人物は酋長なんだから」

しかし、わたしは書きはじめなかった。その代わりにカセットテープづくりを続け、時間とエネルギーのほとんどをそれに費やした。そうこうするうちに、思いもよらない形で、わたしたちの多くが変化とヒーリングを体験することになったのである。

ロズが去りゆく魂を描く

ロズは絵を描きつづけていた。「ぼくのなかからたったいま出てきたばかり、って感じなんだ」と、彼は自分の絵を評して言った。わたしたちがフロリダに旅立つ前に、彼は二枚目の絵の下半分を仕上げていた。ロズはこの絵を「色が強すぎる」と言っていた。完成前にわたしが見たときは、それほどとは思わなかった。「赤を使いすぎたんだ。赤をこすり落とさないと。カンヴァスにのせすぎちゃったからね」とロズは言った。

この二枚目の絵は、最初のものと同じように去りゆく魂を表現しているようだった。しかしこの絵には、混乱と高ぶる痛みとが表現され、左下の隅には、ほかの絵よりもはっきりと顔が浮かびあがっていた。わたしは言った。「ロズ、あなた、シルバー・イーグルの顔を描いたのよ」

「ぼくが？　そうかな？」と彼は言った。「分からない。ぼくは浮かんできたものを描いているだけなんだ」。ロズの絵は抽象的で、わたしのアパートにかけてあるシルバー・イーグルの絵のようにリアルなものではなかったが、同じ顔のつくりや特徴をとらえていた。

ロズがまだ一度もミセス・Dの描いたシルバー・イーグルを見たことがなかったので、わたしはマルダとディレイン、そして彼をわが家へ招いてピザをごちそうすることにした。彼は自分の絵――さらにもう一点増えていた――を録画したビデオを持参し、みんなにそれを見せた。ディレインはロズの絵のなかの顔を見て息をのんだ。「シルバー・イーグルじゃない！」。マルダもうなずき、ロズは驚きのあまり黙りこくって座っていた。ロズの作品が映し出されているあいだ、わたしの顔は前を向いたり振り向いたりして、テレビの画面と壁にかかった絵のあいだを行ったり来たりした。たしかにロズは同じ鼻と同じようにまぶたを伏せた目、そして同じ頬を描いていたのだ。

シルバー・イーグルの顔はロズの作品に出てきただけではなかった。数日後、一日中スタジオで過ごしたロズが電話をかけてきた。「ジャネット。ある顔がちらついてしょうがないんだ。小さな女の子で、だれかを探してるみたいなんだよ」と彼は言った。**わたしは自分が小さな女の子であったのを知っていたが、そのときは何も言わなかった。絵を見るまでは、彼の思考を無視したかった。**

わたしが彼のスタジオを訪ねたときには、三つのパネルが完成していて、それを合計した大きさは高さが一メートル八〇センチ以上、幅は五メートル五〇センチ近くにもなっていた。彼のイメージは強力だった。「この絵のなかには小さな女の子もいる。彼女が目の前にものすごくちらちらしたんだ」とロズが言った。

わたしは下がって座り、絵を見つめた——が、**少女の顔を見つけることはできなかった。**ロズが虐殺の際の魂たちを抽象的に表現した部分に近づいて、その少女の顔や目、そしてその子が覗き込んでいる方向を指さした。指の先の左下の隅には、男性の顔があった。わたしたちがシルバー・イーグルに違いないと思ったあの顔だ——**それでもまだわたしには彼女が見えない。**まるでマインドがこの**記憶**をブロックしてしまったみたい。わたしは頭を振った。自分が混乱しているのはよく分かっていた。**たぶん、この顔はもっとはっきりしてくるはず——わたしは自分のマインドと記憶が戦うのを静観した。それは、わたしがいまだにはっきりと見ようとはしなかった記憶だったのだ。**

もっと深く見ることができなかったり、見ようとしなかったのはわたしだけではなかった。一年前、ディレインは子供の頃からため込んだ怒りが頂点に達し、もはや我慢の限界だった。夫に向かって噴出した怒りに、彼女は自分でもショックを受けた。フロリダから戻ってからは、今度は夫がため込んだ感情を吐き出す番だった。わたしたちの体験が、だれかを癒すために表に現われたに違いない。彼の怒りを受け止めるため、ディレインはヒーラーとして独立した女性から、家族のことだけに専念する妻、母となった。家をあけることもめったになくなった。彼女のこの反応に、わたしたちはひどく驚いた。

マルダもまた、辛い変化のさなかにあった。十五歳の誕生日プレゼントとして、彼女は歯列矯正のための器具をとりつけていた。本人は気づいていなかったが、わたしたち全員を当惑させることになる彼女の肉体的・精神的な問題は、このときから始まっていた。しつこい痛みには歯科医も首をかしげ、その本当の原因を彼女が知るまでには数カ月を要するのであった。

もう一方では、さまざまなことが速度を上げたかのように、情報の断片がわたしたちのもとで明らかになっていた。それはしばしば予期せぬ形をとった。ある日、うつ病に悩んでわたしのもとを訪れた新しいクライアントの話を聞いていた。彼女がわたしの前に座り、自分の身体のあらゆる部分を嫌悪していると語っていたとき、**突然、わたしは彼女が戦士であったことを悟った――わたしたちが虐殺されたときの司令官だったのだ。わたしは自分が二つの場所にいるのに気づいた――表情を変えず、静かに耳を傾けたまま、同時にわたしたちの虐殺に手を下した戦士の存在を感じていたのである。**それは、不気味な体験だった。

間違いなくこのクライアントは、わたしがこれまで会ったなかでもっともネガティブな一人だった。たとえ彼女が過去世の存在を信じていたとしても、わたしは彼女に催眠療法をすすめなかったし、試してみようともしなかった。彼女が言うには、無意識の領域で自己を嫌悪するあまり、この点に関する自分の記憶にオープンになれないということだった。わたしは彼女と同感だった。**わたしはインディアンの生涯について、自分自身の見解に言及しなかった。**彼女は、わたしが彼女を助けられないということに同意して欲しいと思っていた。だから、わたしはそうした。その晩、わたしは家に戻ると、彼女をわたしの祈りの箱に入れ、白い光と癒しのエネルギーが彼女の魂を満たすように願いながら瞑想をした。

カレン

さらに、別の女性が電話でカウンセリングを予約してきた。彼女は自分の創造力にオープンになりたいと言い、ロズ・サラティがわたしに会うようすすめてくれたとのことだった。ロズの絵を見たことがあり、強い衝撃を受けたと言った。彼女との話のなかで、ロズが「きみがここで見ているものは、ジャネット・カニンガムなしでは完成できなかった」と言ったのだという。わたしたちは会う約束をした。彼女はカレン・キムという名前だった。

カレンはわたしのオフィスにあわてて入ってきた。互いに自己紹介がすむと、彼女は腰をおろし、わたしは驚いたような大きな青い目をした美しい女性を見つめた。彼女はゆったりした服をアーティスト風に着こなし、大きくて高価な宝石を身につけていた。明るい茶色の長い髪はしゃれたカールにして、緩やかになびいていた。

カレンは自分の忙しい生活について語った。彼女は町の近くで工芸品のギャラリーを経営していた。一点物の品物を扱っていて、商品にはネイティブ・アメリカンの彫刻や陶芸、アクセサリー、織物なども含まれていた。カウンセリングをしているあいだ、わたしは話をしているクライアントから感じるため、ときおり自分の受け取る感覚を開くことがある。彼女が自分の家族や子供の頃の話を続けるのを聞きながら、気がつくとわたしはオープンになっていて、ほとんど彼女をさえぎるようにして言った。「あなたからとても悲しみを感じるわ」

すると、すぐに彼女の目には涙が込みあげてきた。「ええ。分かってるの。でも、なぜなのかは分からない。わたしはこんなにいい人生を送っているのよ」

わたしたちは話を続け、わたしは退行療法のプロセスと通常それがどう機能するかについて説明した。彼女は次の予約を入れた。彼女が帰ったあと、わたしはつぶやいていた。「カレン、わたしはこのドアをくぐって来てくれた人にとても感謝するときがあるの——あなたが来てくれて、本当にうれしいわ」

なぜあんなことを言ったのかしら！　どんなクライアントだって、会えたらうれしいのに——カレンが来てくれたことが、どうしてこんなにうれしいの？　それまで一度もクライアントに対して発したことのない言葉に、わたしはすっかり考え込んでしまった。ふいに直観がひらめいた。カレンはあの一族にいたことがあったのだ。**ジャネット、あなた、どうかしてるわ。**そう思い、このことはだれにも話さなかった。

カレンの退行はいくつかの記憶が絡み合い、複数のインディアンの生涯が存在する可能性があった。そして、非常に強い恐れが彼女のクリアな知覚を妨害していた。彼女はある生涯に移行し、そこでネイティブ・アメリカンと結婚した白人になっている自分を見た。

彼女の夫がみんなと一緒に殺されたとき、彼女はほかの女性たちと森のなかに逃げ込んでいたが、彼女はそれ以上みんなについていくことができなかった。小さな息子を確実に生き延びさせるため、彼女は夫の母親のアドバイスに従って息子を母親に預けていた……彼女が息子に会うことは二度となかった。それを知ったカレンの目から涙があふれ出した。

このセッションのあいだずっと、彼女は煙のにおいをかいでいた。ふたたび感情が高ぶり、鼻と喉が乾くのを感じた。

退行から戻り、わたしたちは今の退行について話し合った。彼女はすべて自分がでっちあげたのではないかと、いぶかしく思っていた。「ごくあたりまえの感覚よ」とわたしは言い、さらに続けた。「あなたはどう思う?」。「もし感情的なものでなかったら、みんな自分がでっちあげたんだって言うと思う——でもそんなことしてないの。それに、ネイティブ・アメリカンと自分のあいだには強い結びつきがあるって子供の頃から感じてきたことにも説明がつくわ」。彼女は退行の結果分かったさまざまな感情やつながり、軍隊やインディアンにまつわる思い、またネイティブ・アメリカンの作品で一杯にしたいと思いながらも、バランスを考えてそれ以外の売れ筋の作品を置いている自分の工芸品ギャラリーについて語った。

とりわけ、インディアンの子供用カバーボードには目がなかった。最近も一点、数千ドルの値段をつけて店に出したばかりだった。「わたしはうちで働いてくれる女性に言ったの。〈ただもうカバーボードが必要なの〉って。ほとんど強迫観念みたいなものね」

途中、カレンの顕在意識が現われて、戦いを挑むことがあったものの、退行はうまくいった。彼女が思い出した情報はごくわずかなものだったが、感情に働きかけ、その効果のほどを実感するには十分だった。それがいちばん重要なことなのだ。**いいえ、わたしはこれがオグララの一族のものだったとは感じなかったわ。忘れてしま**

っていたもの。

翌日、カレンはロズに会いに行き、退行のあいだ、自分で何もかもでっちあげているように感じることがあるものかどうか聞いた。「うん、とくに最初のときは、ぼくもそんなふうに感じたよ」とロズは答えた。

ふたたびロズの絵を見に行ったカレンは、その一週間後に電話をかけてきた。「あなたに会ってから、ひどく混乱してて……もう一度、始めからやりたいの」

次のセッションでカレンは同じ生涯に戻り、さらなる情報を受け取った。しかし、わたしも彼女も深い恐れとトラウマがそのプロセスを阻んでいるような気がしていた。彼女はまた煙のにおいをかぎ、鼻と喉が乾燥するのを感じた。彼女に会うのはまだこれで二回目だというのに、わたしは今度もまたオープンな状態で彼女と話している自分に驚いた。わたしは、義理の姉のサラがサイキックで、次の週末に訪ねてくることになっている、と言った。彼女は結婚式に出席する予定なので時間は限られるが、もしカレンに興味があれば、彼女がサラのリーディングから得られるものがあるに違いないと感じたのだ。退行にもそれなりの意味はあったが、わたしには彼女が無意識の領域で何らかの深いトラウマを抱え込んでいて、この方法ではそれをまだ解放できずにいるように思えた。彼女はぜひサラにリーディングしてもらいたいと言い、それが可能なら電話を欲しいと言って帰って行った。

あわただしい週末だった。上の息子のダンが友人のブライアン・コクレインの結婚式で帰省したが、サラがうちに来ることになっていたため、ドットが空港にダンを迎えに行った。ドットの方でもダンと少し話がしたかったのだ。わたしたちの「大きくなった輪」のメンバーは、それぞれに共通する能力を互いのヒーリングに役立ててきた。ドットとダンも、何年ものあいだ助け合っていた。

サラも結婚式に参列することになっていた。彼女とはあまりひんぱんに会っているわけではなかったこともあり、予約の合間をぬってのあわただしいものではあったが、おしゃべりを楽しんだ。しかし、わたしたちはシルバー・イーグルの一族については触れず、その日はじめて彼女が会うことになる人たちについても、わたしは何ひとつ言わなかった。サラがわたしのクライアントをリーディングするあいだ、わたしはお茶を入れて様子をうかがった。リーディングが終わると、急いで結婚式の贈り物を買い、車で二十分のカレンのギャラリーに向かった。

わたしたちはコーヒーを飲みに外に出た。ブースに入り、サラはカレンの向かいの席に座るとすぐに「ジャネット、カレンはあの虐殺のときにいたわ」と優しく言った。事実だと分かっていたことをあらためて確認し、わたしの目に涙が浮かんだ。続けてサラが言った。「彼女はひどい殺され方をしたの……火あぶりよ」

カレンはウェイトレスに紙ナプキンの追加を頼んだ。わたしたちにはそれが必要になりそうだった。インディアンだったとき、カレンには子供が一人いて、今生ではその子がジンジャー・ザック、つまりサラの娘であることをわたしたちは知った。それからサラのリーディングは軽い調子になり、サラがカレンに二人のインディアンのガイドを紹介した。

次のステップは、ロズのスタジオに出かけることだった。サラもわたしの息子ダンも、初めてロズに会うことになっていた。ダンは二十五歳、身長は一八〇センチあまりで、髪は薄い茶色だった。自然でくつろいだ態度からは彼の力強いエネルギーがあふれている。おおらかな性格の彼は、楽しくユーモアのセンスもあり、人をひきつけずにはおかなかった。

わたしは部屋のなかでロズの絵を見つめる人びとの目に注目した。ダンはすぐに変性意識状態に移行した。絵に描かれた去りゆく魂を見つめながら、彼は自分が平常心でいられるようにしなければならなかった。ロズはシルバー・イーグルの顔を描きはじめたばかりで、ドットはその様子から目を離すことができなかった。

サラは自分が目にしたものに驚いていた。彼女は、ロズがシルバー・イーグルに強い同情を寄せており、それは彼がずっと以前、別のアメリカ・インディアンの一族で酋長だったからにほかならない、と言った。その昔、彼の一族の人びとは生存のための基本的な手段——食料や雨風をしのぐための住処《すみか》といったこと——を心配していた。サラによれば、ロズは働き手の女性として現われ、光に向かって立ち去ろうとする魂たちに手を貸していたのだということだった。そして今生で、彼は自分の絵を通してこうした魂を癒すためにふたたび戻ってきたのだった。

カレンが一族にいたことを知って、ロズはわたしに言った。「ジャネット、これってできすぎじゃないかな？　カレンがぼくの絵を見にきて、彼女は一族にいたという。ぼくらが会う人はみんな一族のメンバーなの？」

わたしにはロズの質問が完璧に理解できた。わたしも同じ疑問を持ちつづけていたのだ。しかしそれでも、気がつくとわたしは微笑みながら言っていた。「保証する、ロズ。わたしにはあの〈時〉にいなかったたくさんのクライアントがいる。それに一族にいなかった友人もたくさんいるわ」。それまでに、わたしは数多くの異なる過去世回帰をやってきていた。その頃まで、わたしが書こうとしていたのはそのうちのシルバー・イーグルの一族に関わるわずか二十ほどのセッションと一つのグループセッションにすぎなかった。

わたしはまだ何ひとつ一族について書きはじめてはいなかった。その代わり、自分のビジネスに必要なカセットテープづくりに励んでいた。ロズはそのカバーのデザインをしている最中だった。彼はデッサンを仕上げて印刷所に持っていきたいので、ハイスクールの美術室に見にきて欲しいと言ってきた。

エンディコットへ車で向かいながら、わたしは自分の呼吸が深くなっていることに気づいた。肺に空気が送れないような気がした。ときおりダンが同じようなことをして——意識して空気を取り入れなければならなくなって——いるのを見たことはあったが、わたしにとっては異常な体験だった。わたしは生きるための力——空気、プラーナ、気、酸素——を自分の肉体のなかで抑え込んできていたことに気づいた。浅い呼吸をしていたということではなく、必要なだけの呼吸しかしていなかったのだ……必要なだけ、だ。だから、ロズに会いに行くため車を運転していたときの身体の反応に困惑し、驚いた。わたしはただ肺に空気を送り込むだけのことに苦労していた。

デザインの打ち合わせを終えると、ロズとわたしは食事をして彼のスタジオに行った。彼は新しい照明をいくつか入れていて、しきりに絵を見てもらいたがっていたのだ。

ロズがシルバー・イーグルの最期の苦悶を描く

スタジオに入り、イーゼルの上に置かれたシルバー・イーグルの描かれたカンヴァスを見たわたしは振り返った。わたしは口をあんぐりと開け、しばしのあいだ呆然となった。ロズの絵はシルバー・イーグルの魂が最期の苦しみにのたうつ様子をとらえていた。わたしはふらふらとしゃがみ込んだ。

ロズはわたしのために椅子を引いて言った。「これはまだ下塗りしただけなんだ」

下塗りしただけですって？ わたしは思った。**下塗りだけ？ なんてこと！**

ロズは頬骨についてしゃべりつづけ、つぎは鼻と肌について話しはじめるだろう。彼はわたしの隣りに椅子を引っ張ってくると、ひと呼吸して言った。「彼がどんなふうに死んだか、何か知ってる？ 知らなくちゃならないような気がするんだ。夕べ、それが分かるんじゃないかって思いながらここに座ってたんだ。何かが目のなかに浮かんだような気がしたけど、それが何か分からないんだよ」

わたしは自分が知っていることを話した。シルバー・イーグルは最後まで生かされ、自分の一族の人びとが根絶やしにされるのを見せられてから逝った。ディレインとマーガレット、そしてわたしは最後まで残され、わたしは彼の目の前で死んだのだと言った。「死ぬ前に最後に見たのは、彼の顔だったわ」。わたしは自分の前にある絵を見つめつづけていた。わたしの目は彼の顔に釘づけになったままだった。あたかもわたしのマインドが記憶を現実のものにしはじめるかのようでもあり、同時に強く抵抗もしていた。「彼は自分が死ぬ直前にわたしが殺されるのを見ていたの」とわたしはつけ加えた。

わたしたちはさらに話を続け、わたしはマイケルの退行の様子と彼が見たものについて話した。「彼は手足を切断されていたんだ」と彼は考え込みながら言った。

「あなたの絵はわたしのヒーリングのプロセスの一部だわ、ロズ」と、彼に言ってわたしは続けた。「何が起きたのか、わたしに見えるかどうか分からない。わたしの内側の深いところにある何かが、人間にそんなことができるわけがないって信じ込んでいるのよ」

ロズが明かりの方へ歩いて行った。彼がスイッチを操作して明るさを落としたとき、わたしは自分の目が信じられなかった。自在に輝く色彩のなかに、あたかも彼が魂を描いたように見えたのだ。光の存在あるいはカンヴァスの上のたくさんの輪が、まるで地獄から解き放たれたかのように光り輝いていた。

「これを見て。へんな感じがしない？」ロズが叫んだ。

「すごいわ！　こんなこと、信じられない！　自分が何をしてるか、あなた分かってたの？」。わたしは絶叫していた。もう答えは分かっていた。わずか数日前に新しい照明を取りつけるまで、彼は何ひとつ気づいていなかったのだ。

その夜、わたしは寝つけないままに考えた。**もっとはっきり見なくてはいけないわ。**過去世のことを言っているのではなかった——現在のことだった。だがそれにもかかわらず、数時間するとまた思い出した。

午前二時半、わたしは深い眠りから目ざめた。さらに眠ることにして、わたしは丸くなり、マインドをわざと楽しいことへ移行させようとした。だが、ロズの絵が視界から消えない。わたしはもう一度、一族の人びとが死んだときのことを思い返した……**何が実際にわたしに起きたことだったのかしら。分かるはずだったの？　わたしは知らなくてはいけなかったの？**

マインドが身体に移動し、わたしは左手のことを考えた。この二週間、左手が麻痺していることに気づいていた。わたしの論理的なマインドがあれこれさぐり出した。**手の上に寝てたのかしら？　いいえ、そんなことはな**

いわ。昼間のうちはよくなったような感じがするので、朝起きて手がしびれているのに気づいたとき以外、考えることもない。**何かわたしの手に起こったの？　子供の頃から結婚するまで、目がさめると手を自分の頭の上の方で交差させて寝ていたことに気づくことがよくあったっけ。まるで縛られてぶら下げられていたみたいに。今でも一人で寝るときにかぎって、その姿勢で目がさめることが多かった。**

最後のとき、シルバー・イーグルとわたしに何が起こったのかしら？　細胞が記憶している手がかりを頭のなかで探しつづけながら、わたしは考えていた。ボディーワークをしていたとき、変性意識状態にあったサイキックの友人がディレインに指示したことを思い出した。「彼女の後ろにあるものと一つにしてあげるのよ。ジャネットは自分自身と分離しているわ」。はっきりと目に見える結果は何も出ず、二年が過ぎた。**おそらく、わたしは自分自身を治療しなくてはならない人間なんだわ。自分を思い出し、顕在意識でつなぎなおすつもりなのかもしれない。**わたしはチャネルされたもののなかに真実があることに気づいた。人はセンタリングについて話すとき、太陽神経叢のことを口にする……わたしのセンタリングは頭に近いところで起きた。わたしの直観は頭脳的で、一方、ほかの人たちは太陽神経叢で反応や信号を受け取るのだ。それはめったにないことだった。わたしの腹の反応や認識はハート・センターよりも上の部分で起こった。**わたしは身体を切断されて殺されたの？……父はそれを見ていたのかしら？**

あの時点では分かっていたのだ。わたしが死んだとき、シルバー・イーグルの魂が身体から離れていったことを……魂の叫びとともに。

二時間ものあいだ、わたしは寝返りをうっていた。とうとうベッドから出て、鍋にミルクとはちみつを入れて暖め、コンピューターのスイッチを入れた。朝の四時半になっていた。

シルバー・イーグルの死に関連して、その夜のあいだ中考えたことについて書き記した。くしゃみが出はじめていた。**いま風邪をひくわけにはいかない。自分に命じた。きょうからテープの録音が始まるのよ。声がはっき**

り出るようにしておかないと。風邪をひくのは録音が終わってから。それまで何度もやってきたように、マインドを使って自分の身体をコントロールした。**この方法でいまだにうまくいくのかしら？**　わたしはそうであって欲しいと願った。その日から三日間ぶっつづけで録音をすることになっていた。風邪をひくわけにはいかなかった。以前、なかなか風邪が治らなかったとき、エレインが言っていたことを思い出した。「まるでわたしの身体が泣き声をあげているのに、わたしの身体がそうなるのを許せないみたいなの」。わたしの内側にある何かが、わたしがそういう涙を流すようになるのを恐れていた。そうなったら、わたしには止めることができないだろうから。

お祝いの計画

マイケルが家族と休暇を過ごすため、こちらに来ることになっていた。電話で彼にいつ来るのかと聞くと、まだ飛行機の予約をしていないとのことだった。「でもぼくのマインドでは、十二月二十一日って感じなんだ。なぜかは分からないけど」

「どうして十二月二十一日が大事なのか分からないの？」とわたしはたずねた。

「うん、そうなんだ」と言ってから彼がふいに叫んだ。「ああ、そうだ。去年、ジャネットに会った日だ……あなたの誕生日だった」

数週間後、友人たちという確かな一族に手紙を送り、十二月二十一日のお祝いに招待するようにという導きを得た。招待状には、ネイティブ・アメリカンとしてシルバー・イーグルの一族で生きた人たちだけの集まりで、久しぶりの人もいるので、楽しい再会になるだろう、と書いた。さらに、以前受けた退行を録音している人はいないかについてもたずねた。それを借りれば、わたしの記憶を引き出す糸口になるだろうから。

ロバートはわたしの頼みに応じてくれたが、ある意味で期待はずれだった。彼は自分の退行の様子を聞いたと言い、それが感情をかきたてる体験だったと語った。「それで、このテープは他人に聞かせたくないって思ったんだ」

「分かったわ。でもこれからもときどき会ってあなたの記憶を確認させて欲しいの」とわたしが言うと、彼は同意してくれた。退行を行った頃、彼は涙を流したことがなかった……その人生での感情に到達するまで、四年もかかったのである。

マイケルとは一緒にワークをして以来、ずっと手紙のやりとりを続けており、わたしたちの結びつきは強くなっていた。パワフルな退行のあと、サイキックとしての彼の能力が開きはじめていた。わたしがワークをした人のほとんどが、エネルギーをブロックするものを手放し、いっそうの才能や能力をあらわしはじめた。マイケルは数百マイルも離れたところにいるにもかかわらず、グループのあいだで起こるいろいろな出来事をはっきりと分かっていることもあった。

彼の感性はパワフルになっていた。ほかの人のエネルギーをとらえ、その人たちに何が起こっているかを感じることができた。このことについて、わたしたちは手紙で話し合った。魂の成長、愛、そして関係性が話題になった。わたしの頼みに応じて、彼はストレス軽減のためのテープに吹き込まれたわたしの声のバックに使う音楽を作曲してくれ、わたしはその曲に「フォーリング・スター・ミュージック」(流れ星の音楽)と名づけた。彼は歌声もすばらしかった。マイケルは創造力に満ちみちていた。しかしながら、このずばぬけて才能にあふれた青年は、何にもまして人びとから一定の距離を置くことを求め、またそれが必要だった。

ある晩、彼が電話をかけてきて、わたしたちは長々と話し込んだ。話の最中に彼が言った。「ジャネット、そこじゃあ何も書けないよ。あなたの仕事と役割だと、どうしても左脳的になるからね。何か書くには、自由にならなくちゃ。それにシルバー・イーグルの一族にいたときのあなた自身の記憶を思い出す必要があるよ。そのためには、安全でくつろげる場所にいないと。ねえ、ナポリに来ない?」

わたしは考えてみると言った。彼が正しいのは分かっていた。わたしには思い出す必要があった……そして、どうすればいいのか自分では分からなかった。さらには、それまでたくさんの人を案内してきた過去を自分で再体験することが恐ろしかったのだ。

わたしの心を読んだかのように、マイケルが優しく言った。「ジャネット、今はまだやってこないから。大丈夫……大丈夫だよ」。電話を通してともにいてくれる友のやさしさに触れて、わたしの目に涙がわきあがってきた。

マルダも電話をくれた。「ジャネット、わたしの甥のティモシーもパーティーに出席するべきだと思うの」。パーティーが開かれるにあたり、わたしたちの記憶はいっそうクリアになりつつあった。マルダのことは信頼していたが、わたしはたしかめてみたいと言った。彼女は心から賛成してくれた。ティモシーには何年か前、マルダの家で行われたサークルの瞑想会で会っていた。そのとき、わたしは彼とつながりがあることを実感していた。そのことをディレインかドットに聞いてみようと思ったが、結局、そうしないことにした。自分自身が知ることを信頼するときだった。わたしは変性意識状態に入り、次のようなメッセージを得た。

ティモシーという人間に聞いてみるといい。そう、シルバー・イーグルの一族には、ほかに二つの家族がいた。年若い少年のティモシーはランニング・ディアーの小さな友人だった。彼はランニング・ディアーを戦士として尊敬していた。ランニング・ディアーは生まれながらに戦士のハートを持っていた……自らの強さを知り、訪れるヴィジョンが見えた。わたしにとって戦士のハートとは、守ろうとする心、一族という強さ、そして戦う者であり狩る者であるということだ。ランニング・ディアーつまりマイケルは戦う者だった……彼が自分のことをそんなふうに見ていないとしても。彼の好戦的な性質こそが、どんな能力にもまして、わたしの娘を助けているのである。

わたしはマルダに電話をかけ、わたしが受け取ったものは間違っていないと感じるかとたずねた。「その通りよ」と彼女は言った。

ディレインの家庭では、着実に緊張感が高まっていた。夫は否定したが、長いあいだ彼女は長女のリネットが死んだことで彼が自分を責めていると感じていた。マルダに電話をかけて話をしている彼女の声や話題が、夫がドアを通ってくるたびにあたりさわりのないものに変わることが何度もあった。心の平安と健康を得るために何をするべきかについて、いつもだれかに話しかけている女性がこんなことをするはずがなかった。わたしたちにできることは、見守ることだけだった。ディレインが彼女自身のレッスンをやりおおすあいだ、ただそこにいて、サポートと愛を差し出すだけだ。

しかし、マルダは自分がさらに成長し、ディレインに対していらだちを感じていることに気づいた。「わたしが何を言っても彼女は耳を貸さないの。わたしが話しているときはまるで無視してるみたい。わたしはそのことで頭にきてしまって、なぜそんなに自分がいらいらするのかも分からないのよ。ディレインがこれを通り抜けなくてはならないのは分かってるわ。彼女が自分自身のために行動することができなくなっていることも、単純に何かを学ぶ必要があることも分かってる。でも彼女にとてもいらだってしまうのよ！　あなたの方がうまくやれると思う……わたしは本当に怒ってしまうから」

数週間後、マルダはロズのスタジオに向かう途中の車内ですすり泣きはじめた。車を運転しながら無意識のうちに退行していた彼女は、一族の記憶に戻り、ホワイト・ファーン（ディレイン）が自分の言うことを聞こうとしなかったことを思い出したのだ。リトル・フェザー（マルダ）は一人ぼっちで遊んでいて、一人の戦士があたりをうかがっているのを見た。彼女は走って村に帰り、自分の見たものを興奮しながらホワイト・ファーンに話した。しかしホワイト・ファーンはほかの子供たちの面倒を見たりするのに忙しく、リトル・フェザーを無視し、戦士を見たというのは子供の想像だろうと思ってしまったのだ。

「話を聞いてもらえなかったことにひどく怒りを感じたのは間違いないわ」と言って彼女は続けた。「あのときも聞いてくれなかった。次に一人で外に出たとき、もうわたしは戻らなかった」

今度はロズからの電話がわたしを驚かせた。彼はやさしく言った。「ジャネット。きみが次の指導者になるんだって、長老たちが言ったんだ。彼らは未来を見ていたんだよ……きみが一族を〈ここ〉につれてくるのが見えたんだ」

そして彼は、できあがったシルバー・イーグルの絵をスタジオに見にきて欲しいと言った。「ぼくの最高傑作だと思う」と彼は言った。わたしは腰をおろし、彼が照明をつけカンヴァスの方に向けるのを待った。わたしは言葉もなくそこに座っていた。彼は終末を描いていたのだった。わたしは長いこと黙ったままで、やがて涙が浮かんできた。ロズが背後で音楽を鳴らした……わたしは話そうとさえしなかった。それまで、彼の描いたすばらしい作品を前にしたとき、わたしは感激や興奮をあらわしてきた。だがこの絵に対しては、言葉を失ったままだった。ようやく彼を振り返って言った。「ロズ……ただもう言葉がない……この絵はすごいわ。この絵がわたしに語りかけてくるものをぴったり言いあらわせる言葉はどこにもないわ」

パーティーが近づくにつれて、わたしは自分の頭がおかしくなっていたのではないかと思いはじめた。わたしたちが戻ってきたことをお祝いするパーティー？　それが本当のことではないとしたら？　たぶん、何ひとつ起こらなかったのかもしれない。たぶん、わたしたちはただ互いの妄想にうんざりしてしまったのだ。わたしは座り、あの〈時〉にいたことを分かっている人たちのリストを作った。互いに会ったことのない人もいた。自分の記憶を信頼する人びと……わたしなど比べものにならないほどに。リストには二十三人の名前があがっていた……さらに多くの人がやってくる！

第10章　お祝い――【一九九〇年十二月二十一日】

十二月二十一日。わたしはアパートを飾りつけ、クリスマスツリーも手づくりの飾りでおおった。カエデ材のダイニングテーブルと天板が大理石のコーヒーテーブルの真ん中には、マツの飾りとキャンドルを置いた。わたしはキャンドル全部に火をともし、その柔らかな光と休暇の気分にひたった。このパーティーは、出席するだれにとっても、これまでもっとも風変わりなパーティーになるはずだった……帰還を祝うパーティー。過去世の記憶を共有する人びとが、ヒーリングのため、一つのグループとなって戻ってきたのだ。

わたしは自分の支度にも時間をかけ、絞り染めになったシルクのツーピースのドレスを身につけた。薄い紫と青の色合いが美しかった。ワインレッドの膝までのブーツをはくと、服装は完璧だった。わたしは濃霧が立ち込める戸外を眺めて車や飛行機でやってくる人たちのことが心配になり、全員無事に到着できるよう願った。

この日はわたしの誕生日でもあった。マイケルは「フォーリング・スターがふたたび生を享けたことを祝福できてうれしい」と書き送ってくれた。彼とケイトはフロリダからニューヨークに向かう機上にあった。

さらにこの日は冬至だった。占星術師の友人ジョイスは、わたしの天宮図とこの集まりの行われる場所がともに「地上にもたらされた古代の智恵」を暗示している、と言った。

思いにふけっていたわたしだったが、最初のゲストのマルダと彼女の甥のティモシーが到着してわれに返った。ティモシーと会ったのは、もう何年も前のことだ。しばらくのあいだ再会を喜んだあと、わたしは彼の礼儀正しく親しみのこもった態度を思い出した。彼は二十二歳、身長は一七二センチほどで、明るいブロンドの髪、青い目は刺すように鋭かった。彼はわたしを強く抱きしめた。たいてい、わたしは人の言うことに注意して耳を傾ける。というのも、言葉はときに無意識の領域からやってくることがあるからだ。開口いちばん、ティモシーが言った。「ぼくらには一年あるから」。**わたしたちがそれぞれの道を歩きはじめるときが来るまで、あと一年あるってことなのかしら？　わたしの直観はイエスと言った。**

まもなく、ゲストが次々に到着し、アパートはわたしの気のおけない親しい友人たちで一杯になった。夫と末の息子、スコッティも一緒だった。そこにいる何人かは、五年あるいはそれ以上のつき合いの友達同士だったし、今夜が初対面という人たちもいた。わたしの周り中で興奮と笑い、そしてハグが広がった。そのあいだ、わたしは居合わせた人びとを眺めた。ここに初めて来た人たちは、互いに以前に会ったこともなかったが、わたしにはとてもそうは見えなかった。

外から見れば、この場にいる人びとは二十二歳から六十三歳までのごく普通に見える男女のグループだっただろう。しかし、もっと近づいて彼らの会話に耳を傾ければ、軽いユーモアを交えて自己紹介し合ったり、過去世での関係について説明するのを聞くことができたはずだ。

「とってもぐちゃぐちゃしてるわ。今の名前を思い出すのが大変よ」と言ってカレンが笑った。彼女がみんなに会うのはこれがまさに初めてで、あとで彼女が明かしたところによれば、自分が場違いだという気持ちになるのではと思っていたという。が、そんなことにはならなかった。彼女は「わたしは仲間なんだわ」と感じただけでなく、家族と一緒にいるような気がしたのである。彼女とデブはたちまち意気投合し、それぞれの十代の娘たちについて話を始めた。さらに、いまデブが勤めているのは、かつて看護婦だった頃にカレンが働いていた病院だった。

マルダはティモシーにマイケルとロズを会わせたがっていた。ティモシーはマイケルと握手すると彼を抱きしめ、思いもよらず涙をあふれさせた。わたしは彼らに近づき、二人に腕をまわした。魂の結びつきがこの場で実現したことは、だれの目にも明らかだった。

占星術師のジョイスはみんなの周りを駈けずりまわって誕生日と生まれた場所の情報を集めた。このお祝いの席にスコットとスコッティが出席していてよかったと思う。スコッティは休暇に入る前にちょっとした足の手術を受けていた。

マイケルと話していたわたしは、ふいに彼の気持ちが動いたことに気づいた。「どうしたの?」とわたしはたずねた。

「ぼくの足が痛むんだ。だれかの痛みを引き取ったんだと思う」と彼が言った。

わたしは彼をスコッティが立っている場所に連れて行った。「スコッティ、マイケルがあなたの痛みを引き取ったみたい。まだ足が痛む?」

「ああ、うん、まだ痛いよ。でも、ふくらはぎのところで痛みを止めたから、もう感じないと思う」と彼は言った。

わたしたちは声をあげて笑った……スコッティは彼のマインドで痛みを止め、マイケルがそのエネルギーを受け取ったのだ。「彼は確かにきみの息子だよ!」とマイケルが叫んだ。

わたしはマイケルにあの〈時〉のスコッティの名前が分かるかと聞いた。わたしはスコッティが幼い子供だったと決めつけていた。マイケルが答えた。「スコッティが見えるよ。彼は年をとっていて、子供なんかじゃなかった。でも、名前は分からない。彼の周りに何頭もの馬がいるのが感じられるだけだ」

食べ物がのったテーブルを囲んでの歓談の時間が終わり、わたしは全員に大きな輪になるよう呼びかけた。ダイエット・ソーダを白ワインに取り替えてリビングに入ると、わたしはグラスを差しあげた。

**

みなさんの多くがご存じのように、わたしは自分の内なる導きから来るものや外側からの指示を実行したり口にしたりすることがあります。今夜みなさんを集め、お祝いをするようにとの導きを得ました。わたしはみなさんのそれぞれをさまざまな形でよく知っています……本当にさまざまな形で……わたしはみなさんが戻ってくれた勇気に乾杯したいと思います。戻ってきてくれた智恵に、そして戻ってきてくれた愛に。みなさんとともにあることを祝いたいと思います。そして、みなさんがわたしとともに戻ってきてくれたことに感謝します。

デブ・ネルソンはいつもインディアンの儀式に従って冬至のお祝いを行っていて、もしそうしたければここでお祝いをしたらいいと言ってあった。デブが典型的でない白人のアメリカ人だとしても、いまや彼女の生活を大きく占めているインディアンに連なる儀式に驚く人がいることは分かっていた。

デブが輪の真ん中に進むと、全員が静まり返った。椅子やカウチに腰かけている人もあれば、床に座っている人もあった。彼女はアメリカワシミミズクの羽根を取り出し、持ってきたアワビの貝殻に入れたセージに火をつけた。彼女は輪の周りを歩きながらみんなのオーラから出ているあらゆるネガティブなエネルギーを浄化したのち、四方に向かってそれを捧げた。長い黒髪が彼女のウエストまで流れ落ちていた。デブは中央にひざまずき、力強く美しい声でチャントを歌いはじめた。

デブは部屋にいるだれよりもインディアンの儀式に集中していた。わたしが彼女に出会うずっと前から、彼女は個人的にネイティブ・アメリカンの教えに従ってきた。サン・ベアの集まりが北東部で開催されるときは、ちょくちょく参加もしていた。わたしは心の内で微笑み、今夜彼女に初めて会った人たちは、彼女が「インディアン」に見えることにさぞ驚くだろうと考えた。困惑したように彼女はわたしを見たが、わたしは彼女がこの場にわたしたちとともにいてくれることに感謝した。

一族それぞれの自己紹介

わたしは一人ひとりを出席者に紹介し、一族にいたときの記憶について軽く触れ、このパーティーに参加することになったいきさつを説明した。わたしは自分の右側にいるスコッティを見つめた。スコッティはその晩、大学から車を運転してきていた。彼は学年末試験を終えたばかりで、休暇でのんびりするのを楽しみに待っているところだった。わたしは自分の脇で床に座っている一八五センチの彼を、母親としての誇らしい気持ちで眺めた。わたしやほかの人たちの目に明らかな以上に、スコッティは二十二歳という年齢のわりに静かな強さをたたえていた。

「ぼくがここにいるのは、母がこういうおかしなことをやっちゃう人だからなんです」と冗談を言ってから、彼は真顔になった。「ストレスいっぱいの大学生活のあとでヒーリングが必要になったからだと思います。先週、学士号取得試験を終えたばかりなものだから」

スコッティがインディアンのことについて何も言わなかったので、わたしがつけ加えた。「現時点で分かってるのは、スコッティがあの〈時〉にいたということだけなの。もしかしたら今夜、だれかから何か聞けるかもしれないわ」

わたしは次にジョイスに話をするよう目で促した。彼女はわたしたちのグループの最年長者の一人であったが、見た目も行動もとてもそうは見えなかった。わたしたちのなかには「ジョイスの年になったら、わたしも彼女みたいになれたらいいいな」とだれかが言うのを何度も聞いたことがある人もいた。彼女は見かけのみならず振る舞いも若々しく、とくにこの夜は生きいきとしていた。

わたしがこのグループの人たちにジャネットを通じて出会ったのは、もう数年前のことになるわ。初めて瞑想のサークルに参加したとき、わたしは思ったの。あの人たち、おかしいんじゃない？って。でも、分かってきた。ううん、おかしくなんかないって。わたしは占星術師だから、みんなの天宮図に興味があった……誕生日と天宮図を調べてみて、びっくりしたわ。全員の天宮図が、過去世で結びついていたことを示していたんだもの。わたしのともつながってた。わたしたちは、新たな時代のために戻ってきたヒーラーの一団なのよ。でも、洞穴に逃げて死んでいった小さな一族の一員であったということ以外、あまりわたしは憶えていないの。

次に話をしたのは、ケイト・ポールだった。ほとんどの人はそれまで彼女に会ったことがなかった。彼女はわずか九カ月前に、ある宗教団体をやめたばかりだった。ケイトの髪は美しいシルバーグレーで、それが彼女のスリムで長身の魅力的な姿を引き立てていた。

ケイト・ポールといいます。フロリダのナポリに住んでいます。二十八年間を過ごした修道会を脱会して、九カ月前にそちらに移りました。フロリダに行き、知り合って数年にすぎないマイケルと暮らしていることはへんに思われるかもしれないけれど、わたしにとっては当然のことでした。マイケルとはロズを通じて出会い、以来、わたしたち三人は親友です。ここ二年ほどで、わたしたちの友情はさらに深まっています。

わたしはジャネットのところでカウンセリングを受けたり、ときおり、みなさんご存じのインディアンの過去世への退行をしてもらっていました。あの〈時〉、マイケルはわたしの仲間で、デイレインは母親のようにわたしの面倒を見てくれていました。最近になって、わたしの母であった人にもフロリダで出会いましたが、とてもパワフルな体験でした。あの〈時〉のわたしの名前はリトル・スター。村に戻り、ティーピーが燃やされ、破壊される様子を見ていたことを憶えています。

あの退行を受けたことで、現在の人生でわたしがインディアンの人びとと密接に関わり合い、彼らを手助けしたいと思う気持ちの説明がつきました。わたしは三年間、ノース・ダコタにあるシオ・インディアンの居住地で活動しています。退行を行ってから、わたしたちの一族がオグララ族であり、ラコタ・シオにつながっていることが分かってきました。

ケイトは、リビングの壁にかかっているミセス・Dが描いたシルバー・イーグルの絵に目をやり、さらに続けた。

退行を受けるためにジャネットのオフィスに行ったとき、ビーズのネックレスをしていました。修道会を去るときに子供たちからもらったもので、真ん中が銀の鷲になっています。

続いて、マルダが話した。初めて会ったとき、マルダはケイトよりもっと修道女らしく見えていたかもしれない。彼女の受け身でのんびりとした態度は、内側にある強い人格を隠してきた。歯につけた歯列矯正器が何カ月も彼女を苦しめていて、再三にわたり、彼女は一五〇センチほどの身体から力を振りしぼり耐えつづけていた。

約七年前、わたしは女性ばかりのグループを知り、週に一度うちに集まるようになったの。わたしは瞑想のグループか祈りを捧げる人たちのサークルだと考えていて、「サークル・オブ・ラブ」

と名づけたわ。今日という日は、ここから始まったのよ。
一族では、わたしは女の子だった。虐殺が起こったときは十三歳だったわ。あの〈時〉に関するわたしの記憶は、大地が美しかったこと、それに人びとのスピリットがほとんどなの。わたしの両親はすでに亡くなっていて、ディレインが育ててくれたわ。ジャネットとわたしは遊び友達で、姉妹のようだった。わたしは早くに死んでしまったの。いちばん悲惨だった虐殺が起こる前のことよ。わたしの名前はリトル・フェザーといったの。

それぞれが自分の記憶について話していくにつれ、部屋のなかは静かで穏やかな空気に包まれた。淡々と話される呼び起こされた記憶に一人ひとりが耳を傾けているそこには、敬意と理解があった。
マイケルは三十歳になっていた。彼はもともと色黒だった肌をフロリダの太陽でさらに日焼けさせていて、ニューヨーク州で過ごす一週間のあいだ、隠れていることなどできないだろう。彼はヴィクトリア朝の小さな長椅子の上でマルダとディレインに挟まれ、スリムな身体を縮こまらせていた。

ぼくの名前はランニング・ディアーです。まだ知らない人たちのために説明すると、よくいろいろなことから逃げ出していたから。ぼくは森で小さな動物たちと遊ぶのが好きだった。あの〈時〉のことをいくつか詩に書いたこともあります。あとでケイトが読んでくれると思います。
ぼくの退行では……。

ここでマイケルは深く息を吸い込み、無意識のうちに高ぶってきた感情をコントロールしようとした。ほかの人たちも彼と同じように深呼吸したようだった。わたしが輪の周りに置いておいたティッシュの箱に手を伸ばす人もあった。

……あの虐殺があったとき、ぼくは森にいて、首を切り落とされるまで、その様子を見ていました。

両方の目から涙があふれた。マイケルはそれ以上続けようとはせず、代わりにディレインにティッシュの箱を渡し、笑いながら言った。「ほら、母さん」

ディレインは箱からティッシュを引き出して笑った。

わたしはみんなのお母さんだったんだわ！

ディレインが笑うと、全員が声をあげて笑った。彼女の内側から込みあげてきた心からの笑いにつられたのだ。部屋にいる人の多くが、今でもディレインが「母親」であるような気がしていた。彼女はいつも指を振りながら、十分食べていないのではないか、何を食べているのか、あるいは運動や休息が足りないと、だれからなしに小言を浴びせていた。ディレインの炎のようなエネルギーは、彼女自身の生活のなかでその真価を問われている真っ最中だった。過去数カ月、彼女の毎日は決して楽なものではなく、わたしたちは彼女をこの場に迎えられたことをうれしく思っていた。

わたしはシルバー・イーグルの仲間の一人だったの。ホワイト・ファーンという名前だった。いつも料理をしたり、子供たちの世話をしていたことを憶えているわ。今と同じようなものよ……料理と子供たちの世話。最近になって初めて、シルバー・イーグルに対する大きな怒りを今でも抱えていることに、ジャネットと退行をしていて気づいたの。

次はティモシーの番だった。彼は大学四年生で、ほとんどの人が彼に会うのは初めてだった。

ティモシー・ガードナーといいます。マルダの甥です。今日ここに来たのは、奇妙な出来事がいくつか重なって、ぼくがこの一族の一員だったことに気づくようになったからなんです。明日、ジャネットと退行をすることになっているので、自分がだれだったのかとか名前といったことはあまり分かりません。もしどなたか知っている人がいたら、ぜひ教えてください。何人かの方とはマルダの家でやっている瞑想の会でお目にかかっています。今夜は、生まれてからずっと探してきた人たちがいる家に帰ってきたような感じです。

ティッシュの箱がバトンになっていた。輪の中で話す人を示すインディアン・シンボルだった。ティモシーはティッシュをロズに渡すと、カレンとわたしは冗談めかして別の箱に手を伸ばしながら、ロズが話すあいだ二人で一箱必要だと言った。ロズは微笑み、考え込んだ様子で箱を取り上げた。

わたしはこの一年、ロズが髪をポニーテールにしたり耳にピアスをつけたりして、いっそうアーティストらしくなっていくのを見てきた。こうしたものは、彼が手に入れた内面の自由をあらわすシンボルだった。彼はカレンから贈られたシオ・インディアンの首飾りをしていた。

オラジオ・サラティです。みんな、ロズって呼んでます。イタリア生まれで、七歳のときにこの国に来ました。ぼくはアーティストで、デッサンや彫刻、デザイン、アクセサリーの作り方、陶芸、それに織物などを教えています。陶芸や織物の作品のなかには、ネイティブ・アメリカンのアートになっているものもあります。マイケルは何年も前にぼくの生徒だった人で、十三年来の友人であるケイトを紹介しました。アーティストとして、シオ・インディアンの居留地に招かれたこともあります。

ちょうど一年前の今日、ジャネットに出会いました。十六年間、ぼくはひどい頭痛に悩まされ、自分では何なのかよく分からないものが見えていました。ジャネットのことは、彼女のところに行ったことのある人から聞いていたんです。予約を入れるかどうかはジャネットの声を聞けば分かるはずだと、ケイトとマイケルに言いました。電話でジャネットと話し、予約を入れ、それからマイケルとケイトの方を見たぼくは「彼女こそ、その人だよ」と言いました。でも最初の退行のとき、ぼくはマイケルとケイトを連れて行ったんです。

「きみの名前はゴールデン・チキンじゃなかったっけ?」とマイケルが冗談を言うと、わたしたちはどっと笑った。「そうそう、ホーク……ホークだった」

わたしたちはみな、悲しみや涙にむせぶといった深い感覚から、笑ったり互いに冗談を言ったりといった状態に即座に移行することにすっかり慣れていた。たくさんの場面で、笑いが緊張をほぐしてきたのだ。笑い声が引くと、ロズは続けた。

その後、何カ月かかけて、ぼくはさまざまなワークをジャネットと行いました。ぼくが戻った過去世の一つは、インディアンのものでした。そのときの、ぼくは女性で、ランニング・ディアーという名前の息子がいました。彼はマイケルでした。ぼくのいた一族の人びとが殺されたあと、ぼくはみなさんの一族に引き取られたんです。ぼくの名前はゴールデン・ホークといい、夫はマン・オブ・ザ・レインボーといいましたが、彼とはこれから出会うはずだと言われました。もしみなさんのなかでだれか彼に会ったことがある人がいたら、彼に家に戻るように言ってください。

ふたたび、わたしたちは軽い雰囲気に戻り、ロズのいなくなった夫を見つけようという話で笑った。

七月、ぼくはスタジオを構え、カンヴァスに向かうようになりました。十八年間手がけたことのなかった抽象表現主義の絵を一・八メートル四方のカンヴァスに描きはじめたんです……これまでとはまるで違う何かがぼくに絵を描かせていましたが、それはぼくの内側からきているもののようでした。

八月にはディレインとマルダ、そしてジャネットと一緒にフロリダに住むマイケルとケイトを訪ねました。マイケルは自分の退行について語り、ぼくには情景が見えはじめていると言いました。ぼくはあの虐殺の二カ月ほど前に死んでおり、スピリットとなって魂たちを別の側に引っぱる手助けをしていました。魂たちが混乱し、動揺している様子や、みなさん全員を助けようと自分が奮闘したことを思い出しました。ディレインに励まされ、そのとき初めてぼくは、自分が三カ月のあいだ巨大なカンヴァスに描いていた絵が虐殺で去っていった魂たちのイメージであることに気づいたのです。

今では、ぼくの描く絵はぼくの内側からやってくるもののようです。絵が仕上がり、後ろに下がって見てみるまで、いつもぼくには自分が何を描いているのか分かりません。いま描いている絵ができたら、展覧会を開くつもりですが、オープニング前夜、一族のみなさんだけを招いてお見せしようと思っています。今まで描いた絵を見た人たちにとっては、ヒーリングになっているそうです。ぼくはいま、シルバー・イーグルの絵を描き終えたばかりです。

ロズは深く息をつくと、目をぬぐった。

すごい絵なんです。

床に座ったロズからロバートにティッシュの箱が渡った。彼はケイ、ヴィッキー、それにマリリンとカウチに座っていた。めがねの位置をなおし、片手をケイの手のなかに滑り込ませながら、彼はしばらく考えていた。ケイはいまロバートが一緒に暮らしている女性である。二十三年間、彼の妻だったドットは、カウチの隣りの椅子にくつろいだ様子で収まっていた。二人の関係は、心の通い合った友情へと変わっていた。ロバートが話を引き継いだ。

わたしがシルバー・イーグルの一族にいたという記憶は、生まれて初めて参加したグループ・リグレッションで蘇ったんだ。一九八六年の九月三日のことだった。最近、そのときのテープを聞いたんだが、それぞれの退行は別々のもので、わたしのさまざまな感情をいま一度呼び起こしてくれた。わたしの名はスペックルド・エルクといい、メディスン・マンのもとで修行をする身だった。メディスン・マンはわたしの父親で、彼はケイだ。わたしと一族の女性とのあいだには子供が生まれたが、それはエレインだった。

エレインは部屋の反対側に座っており、ロバートに向かって微笑んでいた。彼はさらに続けた。

わたしには白い男たちのことも、未来のことも見えていた。一族のうちで論争が起こったとき、われわれ少数派は洞穴へと去り、戦いよりも死を選んだのだ。

彼はケイを見て、いま彼が愛しているのは彼女であり、あの〈時〉、彼女は彼の愛する賢明な父親であったことをはっきりと悟った。ケイとロバートが出会ったのは一年ほど前のことで、彼がドットと正式に別れてからは、何度もデートを重ねるようになっていた。アンナとの関係もすでに終わっていた。愛や結婚に関してカウンセリングしたり、話し合ったりした数年間のことが、わたしのマインドにちらついた。彼の赤ちゃんの母親だったアンナに出会ったとき、彼の世界は一八〇度違うものになっていた。

このグループの内で、どれほど多くのヒーリングがあったことだろう。ケイが話しはじめたとき、わたしは驚いていた。

わたしにはまったく初めてのことばかりです。ロバートとみなさんが話してくれた、わたしが一族のメディスン・マンだったという記憶が唯一のものなのですから。ジャネットと退行をしたことはありますが、このインディアンのときの生涯に戻ったのではありませんでした。わたしの名前はホワイト・クラウドです。

続いてヴィッキーが話した。彼女の明るさや笑い声は、身体の重さに相反するものだった。彼女は二十四歳だった。

あの〈時〉、ケイはわたしの仲間だった……たった今、気づいたわ！

初めて会ったときから、ヴィッキーとケイは気のおけない友人だったのだ。ヴィッキーはそのことに気づき、声をあげて笑った。

ジャネットに出会ったとき、わたしは十九歳だった。ドットが体重を落とすためにジャネットのところに行ってすっかり感激して、熱心にわたしにすすめてくれたのよ。「彼女は催眠のことを話しているんじゃないわよね？」って思ったのを思い出すわ。わたしはジャネットと彼女の義理のお姉さんのサラに会い、瞑想のグループの一員になったの。毎週、イサカから車を走らせてやってきたわ。

虐殺があったとき、わたしはとても年をとっていて、アルツハイマー症か何かだったみたい。ひどく混乱していたから。

わたしは人の周りにスピリットがいるのが見えるときがあるの。今はみんなの顔にたくさんの顔が重なって見えているわ。この部屋はすし詰め状態よ！　「ホワイト・オウル」という名前がずっと聞こえてるけど、それがだれかの名前なのか、それともだれかのガイドなのかは分からない。

「ティモシーの名前よ！」とマルダが興奮して叫んだ。それからあわてて口に手をあてて、「だと思うわ」と囁いた。

彼女が叫ぶのを聞いて、全員がどっと笑った。「ずっと〈ホワイト……、ホワイト……〉ってティモシーの名前が浮かんでたんだけど、続きが出てこなかったの。ヴィッキーが〈ホワイト・オウル〉って言ったとき、それが彼の名前だって分かったのよ」とマルダが言った。

マリリンにティッシュの箱が渡ると、彼女は安堵のため息をついた。「神様、あなたがこっちに来てくれるのを待っているあいだに緊張してしまったわ！」。マリリンは若く見える人だったが、イチゴのような赤味がかったブロンドの長い髪が白い革のジャケットに流れ落ち、黒いブラウスとパンツをまとったこの晩はことに魅力的だった。感情が高まってくるにつれ、彼女は涙ぐみながら天井を見上げて待っていた。

この部屋にいる人たちの何人かがいなかったら、わたしはここにいなかったはずなの。

わたしはほんの二年前に出会ったばかりのマリリンの変貌ぶりを思い起こし、涙があふれてきた。彼女は静かに、しかし感きわまった様子で語った。

わたしの生活は薬でハイになることと、男の人と寝ることだけだったの。自殺しようとしたことも一度はあったし、しょっちゅう考えてた。でも、ジャネットとディレイン、それにドット――わたしにとってはそれまで会ったことのないたぐいの人たちだったわ――のおかげで、いまは完全に違う生活を送ってるの。ジャネットとたくさんの子供時代や過去世に行ったし、彼女のアイデアで作品に自分の感情を盛り込むようになったわ。そんなことやここにいる人たちの何人かが信じる強い思いを知ったことで、最近、初めての個展を開くことができたの。たくさんの人が来てくれて、作品の八割以上が売れたのよ。今、わたしはずっと夢見ていた毎日を実際に暮らしてる。すべての人に感謝しているわ。

インディアンだったとき、わたしはエナールという名前だった。年配のメディスン・ウーマンで、ドットはわたしの弟子だったの。わたしはあの虐殺より前に死んでしまったけれど、一族に何が起きようとしているのかは分かっていた。

ドットはリクライニング・チェアにゆったりと座っていた。彼女は体重を三〇キロ落としていたが、それでもまだ大柄だった。カールさせた濃いブラウンの短い髪が、彼女の顔の周りをきれいに縁どっていた。わたしは五年以上もともに奮闘を続けてきた友人を眺め、彼女が話しはじめるのを見て微笑んだ。

ジャネットに会ったときの話を通じて、みんなに知ってもらいたいことがあるの。ジャネットとは顔見知り程度だったんだけど、彼女がスーパーウーマンだっていう評判はよく知っていたわ。フルタイムで働いて、息子が二人いて、地域や教会、それにガールスカウトで活動して、パンを焼き、ついでに自分のグラノーラも作るって具合にね。

ある日、スコットのオフィスに行こうとしている彼女に出くわしたの。ビジネススーツを着た彼女がさっそうとオフィスに姿をあらわして、気持ちをすべて夫に集中させてた。それから、二人は昼食に出かけて行ったわ。そのとき、彼女とわたしに共通するものは何もないって、わたしは確信したのよ。一九八五年の五月になって、わたしはジャネットのところに予約を入れたの。体重を落としたかったの。そのとき二時間以上も話し込んだあげく、今もそれがほとんどそのままってわけ。

あの一族では、マリリンが言った通り、わたしはメディスン・ウーマンになるための修行をしていたわ。名前はスタンディング・ツリー。メディスン・マンがつけてくれたの。

わたしは二十八年来の夫、スコットを見た。わたしたちは別々に暮らし、物理的には離れていたが、愛とサポートは変わっていなかった。彼はふざけて「きみはこうなるのをずっと待ってたんだね？」と言った。

「わたしは好奇心旺盛なのよ」。わたしは笑みを浮かべながら言った。

「ぼくはこの女性に一九五五年に出会ったんだ」

「あら、そんな昔を振り返ろうってわけ？」

「もともと、ぼくはウエスト・ヴァージニア出身の田舎者なんだ。そして彼女は……」

「名家のお嬢さま」とドットが言い、スコットとわたしは彼女がかつてわたしたちがあまりにも違うことに首をかしげながら、ニックネームをつけてくれたことを思い出した。

「それで、どういうわけで結婚したの？」とマイケルが茶化した。

「運命……神の思し召しね」がわたしの返事だった。

「カルマよ」とマリリンの答えが聞こえた。

笑いの波が引き、わたしはスコットを見た。夫として知っているのはもちろんだが、この一族について彼には彼の物語があり、わたしたちがこうして集まるにあたって彼が大きな役割を果たしたこともよく分かっていた。


もしかすると、ダンとスコッティをこの世に送り出すことなのかもしれない……みんなのなかにも知ってる人の多い、二人のすばらしい青年だよ。面白いよ、今までの年月や自分の決断や選択、暮らした場所、ここに来るように導いてくれた決断を振り返ってみると。ぼくはほかの人たちのために口火を切るんだと言われたことがあってね。ある日、ぼくは友人のミセス・Dに電話をかけて、インディアンの絵を描いて欲しいと頼んだんだよ。

「そして、それがすべての口火を切ったんだ」。わたしの脇で、スコッティがそっと囁いた。

スコットが話すのをやめると、みんなの目がエレインに移った。彼女は四十代のピクシー（小妖精。とんがり帽子をかぶり、自分の耳を指さしている）のようだった。エレインはエネルギーにあふれ、楽々とそのエネルギーを忙しいビジネスや家庭生活に注いでいた。黒いヴェルヴェットのジャケットの下を休日仕様のおしゃれな服装にまとめている。


わたしもジャネットがスーパーウーマンだってことは知ってたわ。教会で会ってたのよ。彼女の息子のスコッティとわたしの息子が友達だったから、何度か話をしたこともあったし。ある日、そういう話がすんだあとだったわ、彼女が電話をしてきて言ったの。「義理の姉のサラが来ることになってるんだけど、あなたも彼女に会いたいんじゃないかと思って」って。

まず最初に思ったのは「どうしてわたしがそんなことをしたいってわけ？」ってこと。サラがサイキックで、リーディングをすることは知っていたわ。少し考えてから、サラに会いに行くことにして、実際に会ってみると、彼女がわたしの人生に関するたくさんのことに答えをくれたの。

ロバートが話していたように、シルバー・イーグルの時代、わたしは赤ちゃんだった。わたしは生き残ったわ。一人の戦士がわたしを家に連れて帰り、彼や彼の妻と一緒に暮らすようにしたの。でも、わたしは悲しさと白い人たちと暮らす違和感に耐えられなかった。食事を拒んで死んだのよ。

ジャネットが瞑想の会に呼んでくれて、わたしは毎週出かけたわ。生まれて初めて、自分の仲間なんだって思える人たちだった。サークルのみんながわたしのためにしてくれたことに本当に感謝してる。そして、一族に不名誉をもたらすようなどんなこともわたしがしないよう、祈っているの。

一族に不名誉をもたらす？　いったい、どんなつもりで彼女は最後の一言を言ったのかしら？　エレインの性格からはかけ離れていた。たしかにもうわたしたちは一人ひとり独立した人間のグループだったが、不名誉とか恥辱といった言葉を思いつくなんて、エレインらしくなかった。**あれはなんのことだったの？**　わたしの目はすぐにデブの目をとらえたが、そこに言葉はまったくなかった。ティッシュの箱がデブの手に渡った。

このグループもわたしとたくさんのことをくぐり抜けてきたわ。みんな、本当に辛いときを経てきたのよ。あの〈時〉、わたしの名前はフレイミング・アローだった。今日、わたしはしばしば自分のことをブラック・ホーク・ウーマンと呼んだの。わたしにはそれはたくさんのインディアンの生涯があったんだと思う。そのせいで、自分たちの大地、そして自分たちを取り巻くものにわたしたちが何をしているのか、わたしには見えにくくなっているのよ……わたしたちは恥じるべきなのよ、恥じなくちゃならないんだわ！

彼女の強い言葉が笑い声に変わった。

わたしは危険なろくでもないやつなんじゃないかしら。ときどき、わたしの娘もそう思うのよ。今夜初めてカレンに会ったばかりだけど、あんまりたくさん共通することがあって信じられないくらい。二人でしばらく娘を取り代えっこしようって冗談を言ったのよ。

退行したとき、一族のなかで争いがあったことを思い出したの。わたしは大地のために立ちあがり、戦いたくてならなかったのよ。

わたしがカレンと出会ったのはわずか二カ月前のことだった。今夜、彼女は少し前に買った本物のシオのオーバーシャツを着ていた。身につけているものすべてが、彼女の大きく深いブルーの目を引き立てているようだった。デブが彼女にティッシュの箱を渡すと、わたしは彼女が今夜のことをどう思っているのか、不思議になった。彼女にとっては、初めてのことなのだ。

ロズに会ったのは、わたしの店でした。わたしの店ではさまざまなネイティブ・アメリカンのアートを扱っています。実は、ロズに会う前に彼が織ったものを買っていたんです。ある日、彼はふらっとわたしの店に入ってきて彼の作品を撮った写真を見せてくれました。わたしは自分が買った作品を指さして言ったんです。「これ、わたし持ってるわ!」。彼は微笑みながら手を差し出し、言いました。「そのアーティストと握手してよ」

その頃、わたしは辛い時期にありました。それで、ロズがジャネットのことを話してくれたんです。彼は自分の過去世回帰について触れました。今、わたしは自分のマインドがとてもオープンになっていると思うけれど、そのときは、そりゃあ、あなたにとってはいいものでしょうよ、でもわたしにはそうじゃないの、って思ったんです。ある日、彼が自分の絵を見にくるようにとわたしを誘ってくれました。わたしは彼の作品に心を奪われ、忘れることができませんでした。彼の創造力は心打つものでした。彼は言ったんです。「もしジャネットがいなかったら、ぼくはこんなふうに描くことはできなかったんだ」。翌日、わたしはジャネットに電話をかけました。

わたしの退行では、たぶん違うインディアンの生涯に行きました。そのとき浮かんだ感情以外は、自分ででっちあげたんだと思いました……うまく説明することができなかったんです。それに、鼻が焼けるような感じがしつこく、ずっと喉がからからに乾いていました。

最近、サラがこちらに週末を利用してくることがあり、彼女やジャネットとコーヒーを飲みに出かけました。サラはわたしの正面に座ると囁きました。「ジャネット、彼女はあの虐殺のときにいたのよ！」って。わたしたちはウェイトレスにナプキンの追加を頼まなければならなかったわ。彼女が言うには、わたしの名前はリトル・ブルー・マウンテンといい、焼き殺されたということでした。

わたしのマインドでは、論理的なところで、ずっとその考えにたてついていました。でも、わたしが何者であるのか、それから小さい頃からずっと感じてきてうまく説明がつかなかったことすべてに対する答えになっているんです。このことを知り、またロズの絵を見たことで、わたしは深く癒されていきました。

カレンがわたしに箱を手渡した。わたしは深く息をした。

虐殺があったとき、わたしは十四歳くらいの女の子だったわ。おじいさんはわたしが次の酋長になるだろうって……そのときはそのあと別の人生がいくつもあるなんて知らなかったのね……酋長としてのわたしの目的は、ふたたび一族を一つにまとめ、凄じい記憶で傷ついたみんなを癒すのに手を貸すことだと言ったの。

わたしはずっとこの話を書くようにってすすめられてきたし、そのための準備も始めたわ。そのためには、わたし自身が自分の記憶を認める必要があるのは分かってた。それに（涙を浮かべた目でわたしは部屋にいる人びとを眺め、息をついた）、みんなも知っているように、わたしは自分のよりもみんなの記憶の方を優先し、信頼してきたの。いま、書くにあたって、わたしはあの〈時〉のわたし自身の体験とそれがわたしにとって何だったのか、直面しなくてはならないのよ。この物語がどうなるのか、わたしには分からない。ただ単に、みんなで回し見たり、共感できる数枚の写真なのかもしれない……あるいはリンダ・エヴァンスが映画のなかでわたしを演じるのかもね。

涙に暮れていたわたしがふいに冗談を言ったので、みんなが驚いた。笑いの渦のなか、マイケルとスコッティが同時に言った。「シャーリー・マクレーンの方がもっといいよ」。わたしは続けた。

わたしの物語になると思う。プライバシーを守りたいと思う人がいれば、仮名にするわ。自分の本名を使うか、それとも仮名にするか、みんなに決めて欲しいの。ロズの絵も少し使いたいし、マイケルの詩も引用したいわ。マイケルの詩はこのあと休憩してからケイトに読んでもらいましょう。

みんながもう一度集合すると、わたしはスコッティに、休憩のあいだにわたしにしてくれた話をみんなに話して欲しいと頼んだ。

あの絵がうちに届いて初めて見たときのぼくの反応が怒りだったこと、それから「なんでこんなにドキドキしてるんだ？　自分が何をしたか、わざわざあと追いしてるわけじゃないだろ？」

って思ったのを思い出したんです。ここに座ってみなさんの話を聞いているあいだ中、ぼくはずっと怒りがわきあがってくるのを感じていました。顎が締めつけられるような感じだし、今は頭痛もしています。うちに帰ったら、母と退行をしようと思います。

ケイトが話を始めると、彼女の優しく流れるような声が部屋を満たした。「わたしたちがここにふたたび集まったお祝いに加えて、今日はジャネットの誕生日でもあるんです。そこで、彼女の誕生日を祝って、最初にジャネットについて書かれた詩を読みたいと思います」。三カ月前、マイケルがわたしに送ってくれた詩をケイトが読んでいるあいだ、わたしは涙が頬を流れ落ちるのをどうすることもできなかった。

第11章　記憶が噴出する――【一九九〇年暮れ―九一年一月】

翌朝、マイケルが電話をかけてきた。「目がさめたら、きみの質問の答えが分かったんだ。どんな感じか聞いてみてよ。スコッティの名前はウォークス・アロング・ホースというんだ。馬にかけちゃあ、彼は一族のなかで栄誉ある特別の地位にあったんだよ」

一族に関する新しい情報とともに、あとで確認できるようにこの名前をファイルした。スコッティとの退行は翌日の予定で、まずはマルダの甥のティモシーとセッションをすることになっていた。

ティモシー

わたしは軽い朝食をとり、身支度を整えた。彼の初めての退行はわたしのオフィスで行うことになっていたが、ふだん着ているビジネス仕様の服装ではなく、ジーンズと赤いウールのセーターというカジュアルなものでもティモシーは気にしないだろうと思った。前の晩、彼に聞かれた。「こういう退行をするときって、あなたはどんな感じがするのかな?」

「すばらしいわ」といういつもの答えが口をついて出た。実際は、過去世回帰をするときはいつでも、その人がどこに行くのかまるで分からなかった。しかしながら、わたしが自分自身の感情につながればつながるほど、わたしの個人的な反応は一族の記憶に結びつくものになっていた。そして、わたしの反応はますます激しくなってきていた。

ティモシーは前夜のお祝いのパーティーに参加していたが、そのときの彼の存在は彼の無意識の領域が自動的にあの〈時〉に移行できることを暗示してはいなかった――そうした移行が彼にとって最優先されるものでないかぎり。個人的な思考やサイキック・リーディングをもとにクライアントが特定の生涯を見たいと思っても、そうはならないことにその人は驚くはずだ。そういうわけで、ティモシーのマインドによって彼に目下影響を与えている別の体験に導かれる可能性もあった。

オフィスへ車を走らせながら、この退行にマルダが同席している様子を思い描き、そういう方法でうまくいくだろうかと考えた。が、実際はうまくいったのだ。ティモシーがマルダに同席を求めると、彼女は喜んでそれに応じた。わたしはうれしかった。マルダのエネルギーがティモシーを邪魔することはないし、退行に続く話し合いの際、彼女の存在がありがたいものになることは分かっていたのだ。そこには常に親密で前向きな甥と叔母の関係があった。万が一の場合に備えて、たとえインディアンだった自分の生涯を見ることができなくてもがっかりすることはないと、マルダはずっとティモシーに話していた。

誘導を始めると、ティモシーのマインドが葛藤している様子が見て取れた。わたしには彼が前夜の体験を離れ、自分だけではっきりと感じようとしているのが分かった。自分の退行がほかの人たちから聞いた話で色づけされたくなかったのだ。ティモシーは「分からない」とくり返した。まるで自分の記憶が蘇えるのを抑えようとするかのようだった。

ジャネット　あなたはどこにいて、何が起きているの？

ティモシー　影が見えてるだけ。火だ。ぼくは悲しみだけを感じている。分からない、影が見える……悲しくて、でもなぜだか分からない。ぼくは動きまわっているみたいだ。

ジャネット　火とはどういう位置関係にあるのかしら？

ティモシー　影のあいだに炎があるんだ。

わたしは彼に、もっとエネルギーをその時と空間にある自分の身体に集中させるよう、指示を出した。

ティモシー　動いている……踊っているんだ……夜だ。ぼくは……何も見えない……。

ジャネット　踊りながらどんな感じがしているか、教えて。

ティモシー　激しい感情の波に押し流されている……流されているんだ。

わたしはブランケットをかけて椅子に座る彼の身体を見た。両足はリクライニング・チェアの足台の上にあり、完璧な拍子でリズミカルに動いている。マルダにこれを指摘すると、彼女は微笑みながら目を向けた。

ジャネット　あなたはどうして踊っているの？

ティモシー　分からない……何も分からないんだ。何かを手放そうとしているのに、それができない。手放そうとぼくの内側で戦っているのを感じるだけだ。でも、できないんだ。ただ考えてる……ぼくにはそれができないんだって。ぼくはそれを手放したいんだ。だけど、もう二度とそんなふうに感じたくない。顔がひりひり痛む。乾いて、ひりひりするんだ。とても暗い……何もかも真っ黒だ。これは悪夢だ。

突然、感情が形になりはじめ、ティモシーのエネルギーそのものが変わった。愛すべき物静かな青年だった彼が、パワフルで強靭な勇ましい男になったのだ。

ティモシー　みんな、何が起きているのか分かっている。すべてがあまりに早く起こりすぎる！
ジャネット　何が起きているの？

深まる感情とともにティモシーは叫び声をあげた。

ティモシー　分からないんだ！

今やティモシーの男性的なエネルギーが部屋に満ちあふれていた。彼は顎を上げ、胸を張った。声が低くなり、無理やり大声で話しはじめた。

ティモシー　おれはやつらを止めた……われわれはやつらの襲来を防いだんだ。おれたちの権利なんだ！立ち去れ！　これはおれたちの権利だ！　おれたちには偉大なる魂が味方についてる。これはおれたちの権利なんだ！　立ち去れ！　離れろ！　ああ……。
ジャネット　だれなの？　だれが来るの？
ティモシー　分からない。でも、おれたちの仲間じゃない！

彼の苦悩にあふれた声が変化し、穏かになった。

ジャネット　どうしたの？
ティモシー　ぼくは正しいと感じられるものとともに行く。ぼくは移動している。それが正しいことだと

ジャネット　感じられるから。ぼくにあるのはただ……ぼくにあるのはただ、ダンスだけなんだ。
ティモシー　いま、何が起きているの？
ぼくの両手は温かく、顔は冷たい。移動するのをやめた。友人たちが一緒にいて、ぼくらはひとかたまりになって立っている、正義のために。ぼくは恐れていない。感じない……炎がつくる影のほかは、何も見えない。

ティモシーにそのままその〈時〉にとどまり、次の大きな出来事に移行するようにと言った。彼はひたすら穏やかで、わたしは驚いた。

ティモシー　とても穏やかで、平和だ……ぼくの周りを取り巻く空気を感じてる……問題なしだ。ぼくはとても冷たい、本当に冷たいんだ……だれも、何も見えない……終わったって感じがする……あそこから逃れたんだ。手放す以外、できることは何もない。ぼくは死んだんだと思う。ぼくは上の方にいるみたいだ。たぶん、ぼくはマイケルのガイドなんだろう。たぶん、ぼくはあそこにはいないんだ……。

ティモシーの無意識の領域で、再体験しようとする思いと、この記憶全体から逃げ出したいと思う気持ちとが戦っているようだった。わたしはこのまま黙って待つことにした。次に話しはじめたのは彼だった。

ティモシー　ぼくは逃れることができないんだ。ぼくはこの苦しみにはまり込み、天国と地獄のはざまに宙ぶらりんになって、そこから逃げ出すこともできず、にっちもさっちもいかずにいるんだ。

わたしは彼をその時と空間にある肉体のエネルギーをふたたび感じるようにと促した。ふいに彼は自分があの体験に逆戻りしていることに気づいた。

ティモシー　おれたちは戦わねばならない……戦わねばならないんだ。やつらがこんなことをするのを許しちゃいけない。やつらには何の正義もない！

男性的な戦士のエネルギーが怒りとともに爆発し、彼は叫んだ。

ティモシー　あんたはどうしてそこに座っていられるんだ……あんたはおれたちのリーダーじゃないか！どうして「そのままで彼のやり方を受け入れるんだ」なんて言えるんだ？（彼は怒り狂っていた）。おれたちに選択肢はないんだ！　一つに固まって立ちつくしているか、それともたぶん一緒に死ぬか、それ以外にないんだ。でもそのとき、おれたちは偉大なる魂とともにいるだろう……われわれはそんなふうに屈服する必要はない。あんたたちのだれも戦わないなら、おれがやる……一人でもおれは戦う！

冷静に退行を導こうとしながら、同時にわたしはそのなかにいた。涙がわたしの頬を流れ落ちた。マルダを見ると、彼女はティモシーの隣りの椅子に座ったまま頭を垂れていた。彼女も記憶のなかに引き込まれていたのだ。わたしには怒りに燃えた戦士——ホワイト・オウル——が見えた。彼は酋長に向かって叫んでいた。

ティモシー　偉大なる魂がおれの味方をしてくれる。あんたはそこに座ってる……あんたの予言だと偉大なる魂が来てくれるという。あんたが何を知ってるんだ！　何も知らないじゃないか！　おれは知ってる！　そんなことにさせはしない……そんなことを許すわけにはいかない！

耐えがたいほどの苦痛に、ホワイト・オウルが声をあげた。

ティモシー　あんたはおれたちの指導者だ！　何かしろよ！　何かしろよ！　そこにただ座ってるだけじゃなくて、なんとかしてくれ！　強さもなくて、なんで指導者になんかなれるんだ？　おれたちはバラバラになろうとしてる。おれたちは強くないんだ。

わたしはティッシュで涙をぬぐい、気持ちを落ち着かせた。できるかぎりプロフェッショナルに徹し、押さえた声で話をしようとした。

ジャネット　何をするの？

ティモシー　音楽だ……ぼくらの何人かが一つにまとまって踊り、偉大なる魂もぼくらと一緒に行くんだ。ぼくらは踊る。ぼくはこのグループのなかにいながら、自分が一人ぼっちだと感じている。とても寒い……それに、怒りを感じる。だれかに触れたい、だれかを抱きしめたい……でも、できない……ぼくは強くならなきゃいけないんだ。ぼくには何の知恵もない……ぼくはとても腹が立っていて、不安だった。肉体が躍動し、ぼくらは大地と一つになっている……ぼくは動物的なものを感じることができる……ぼくらすべての内にある動物の魂を。

次の大きな出来事に移るよう、わたしはティモシーに指示した。

ティモシー　馬が何頭もいる……乗っている……あたりに混乱が満ちている。力がある……ぼくを取り囲む魂の力と戦っている……何もぼくを傷つけることはできない。ぼくは強いんだ……ぼくは魂とともに空中を舞っているんだ。

ふいに彼の身体がびくっとなった。

ジャネット　何？
ティモシー　頭が痛い。
ジャネット　何が起きてるの？
ティモシー　分からない、ただすごく痛いんだ。もう大丈夫だ……行かなくちゃ……大丈夫……よくなるさ。

わたしには、彼がスピリットのなかに入っていったのが分かった。

ティモシー　黒しか見えない。黒以外、何もない……光が一つ見える、近くに……できない……平和な暗闇。戻りたくない。なぜ、ぼくの身体に矢が刺さっているんだろう？　分からない……分からない……矢が見えるだけだ。
ジャネット　矢はどこにあるの？

ティモシー　右の胸……真ん中に的中してる。前にも見たけど、何も思わなかった……でもどうして？どうしてそこにあるんだろう？　自分が横になっているのが見える……戻りたくない。試してみたけど、できないんだ。本当は手放したくないんだ。なぜ、ぼくに矢が刺さっているんだろう？

何が起こったのか、見えたり思い出したりできるかどうか、わたしは彼にたずねた。

ティモシー　ぼくは馬から落ちて、それから……分からない。みんながそこら中にいる……いたるところに人がいるんだ。分からない……何も見えない。ただ混乱してる……混乱してて、何も見えない。みんなはぴったりくっついている……どこにもだれかがいる……すごく……ぼくはただ……感情のなかに閉じこもっている……みんなと一緒に……だって……ぼくらは……もうこれ以上殺したくない。ぼくは殺したくないんだ。戦いたくない。どこに……ぼくの仲間たちはどこにいるんだろう？

ジャネット　あなたはどこにいるの？

ティモシー　分からない。そこに友達が欲しいだけなんだ……だれもいない。分からない。ぼくは一人ぼっちだ。ぼくはただ……ただ自分を行かせてやりたい、行かせてやりたいだけなんだ。痛みはない。何も痛みは感じない。分からないよ。

スピリットが肉体を置き去りにしたとティモシーが考えているのだと、わたしは彼に言った。彼は落ち着き、静かな声で話しはじめた。

ティモシー　ぼくはとても後悔してるんだ！　戦わなければよかったんだ。ぼくは間違っていた。本当に間違ってた。力は智恵を凌ぐと思ったんだ。力に智恵はない。智恵が力なんだ。ぼくは今、とても責任を感じている。ぼくは……罪悪感を感じていて、それを手放さなくちゃならない。ぼくのせいだ。ぼくは大声をあげて言い張った。あまりにも若かったんだ。ぼくは何も知らなかった。まるで分かってなかったんだ……でも、自分では分かってると思ってた。すべて分かってるつもりだった。ぼくは……ぼくは手放さなくては……そして先に進まなくてはならない。

わたしは彼に光に向かい、愛と自分が受け入れられたのを感じるようにと告げた。

ティモシー　大丈夫だ……ぼくは家にいる。すべて……今はずっと遠くにある……はるか彼方に……。

わたしはもう一度、罪悪感を手放し、光と愛を感じるように、と言った。

ティモシー　ふたたびすべてが一つになることは分かってた……でもこんなにすぐだったなんて……。ぼくらは一つになっていて、ぼくらのいる場所には何の問題もない。ぼくらが分かち合った愛のほかには何もなく、もう大丈夫だ。ぼくらはここにいて、この愛をともに手にしている。ぼくたちはここにいるんだ。

わたしはゆっくりとティモシーを部屋に連れ戻し、彼のハートとマインドが解放されたのを感じるよう促した。

わたしたち三人はしばし深呼吸をし、まぶたをぬぐい、身体をほぐした。

「でも、まだ分からないんだ……ぼくに刺さっていた矢のことが……」と、ティモシーはまだ不思議がっていた。マルダが話しはじめようとして、口をつぐんだ。

「続けて」。わたしは彼女に先を促した。

「言いたくなかったんだけど……わたし、あなたが自分の胸に矢を突き刺すのを見たわ」

これで合点がいった……そしてそれが間違っていないと感じた。ティモシーのマインドでは対処できず、その記憶と戦っていたに違いなかった。ホワイト・オウルはもはやそれに耐えられなかったのだ。あの矢は、彼自身のものだったのだ。

それから数週間して、ティモシーの退行についてロズと話したとき、その数カ月前にロズが見た夢のことを思い出した。彼はそのときにもわたしに話してくれたが、その夢のなかで一人のインディアンの戦士を見つけ、この戦士が自らの胸に矢を突き立てるのを目撃したということだった。当時、わたしたちにはこの夢が何を意味するものなのか分からなかった。だが、今は分かる。ロズのスピリットはホワイト・オウルを向こう側に導こうとして、彼のもとへかけつけたのだ。

ケイト

うずもれていた感情を解放しなくてはならないのは、ティモシーだけではなかった。お祝いの会に来る前から、ケイトはもう一度退行療法を受けたいと話していた。彼女は自分の内側で何かがわきあがってきているのに気づいており、恐れを感じていた。一族の多くの人たちと同じように、この恐れの感情は無意識の領域から取り出して解放する必要があることを暗示するものだと決め込んでいた。

わたしたちはパーティーの翌日の午後に会うことになっていた。ティモシーのセッションが終わると、わたしは帰宅して昼食をとり、仮眠した。ケイトとの約束に備えて、自分をすっきりさせておくつもりだった。実をいえば、わたしはケイトが同じインディアンの生涯に行くことになるとは思っていなかった。彼女は別の過去世に行くと思っていたのだが、それは間違いだった。

いつも通り、わたしはケイトの無意識のマインドに「現在のあなたに影響をおよぼしている出来事や記憶に行ってみて」と語りかけた。ふいに彼女の呼吸が速くなった。わたしは彼女から恐怖を感じ取った……短くて速い呼吸だった。

ケイト　走っているの……心臓がバクバクいってるわ。

ジャネット　いいわ。そのまま走っている自分を感じてて……走りつづけて……心臓がバクバクするのを感じて。なぜ走っているの？　何が起きているの？

ケイト　だれかがわたしを追いかけてくるのよ……（短い呼吸を続けたまま）わたしは身を隠そうとしているの。背の低い木の下にいるわ。

ケイトに先に進むように言ったが、彼女はその位置から動くことができなかった。わたしはそのあとに起きたことが彼女の恐れの原因であることに気づいた。そこでわたしは、そのまましばらく木の下にじっとしたままでいいから、そのときが来たと感じたらもう一度先に進んでみよう、と言った。

ケイト　手がしびれて、ジンジンしてくるわ。

ケイトは両手をこすりはじめ、感覚があるのをたしかめるかのように手を振った。

ケイト　わたしは両手を縛られているの。黒いブーツと青いパンツをはき、シャツを着た男が見えるわ……（ふたたび手を振っている）手の感覚がない……たいまつだわ……男がたいまつを持ってるの。わたしのドレスの端を照らしてるのよ！

この記憶を思い出すことがケイトにとって必要であることは分かっていた。だからこそ、彼女はそれを外に出したのだ。わたしは椅子の脇にひざまずき、手を彼女の肩に置いて、わたしがそこにいることを彼女に伝えた。そしてさらに深くその記憶のなかへ、彼女を誘導していった。

ケイト　足がしびれてるわ……煙のにおいがする。口と鼻のなかが乾いてるの……真っ暗だわ……。

そもそも、この退行がケイトを混乱させるもとだったのだ。それまでの退行では、苦しみの記憶を思い出すことができずにいたため、彼女は自分が生きていたと無意識の領域で信じていたのだ。これで、彼女はあの生涯の最期のときに何が起こったのかを知ることができた。

わたしたちのグループの記憶はどれも驚くべきものだった。そして、これらの記憶が表に現われてくるにつれ、わたしたちは自分の痛みや悲しみ、自責の思い、恐れ、怒り、憎しみを癒していったのである。ときには、記憶や感情のかけらが現われるだけのこともあった……そのときのわたしたちに引き受けられるのはそれだけだったからだ。

スコッティ

翌日の午後はスコッティとのセッションだった。ティモシーとケイトの退行が強烈なものになったので、わたしは自分の息子の退行をやりおおせるかどうか、分からなくなってしまった。**あなた以上にできる人なんて、いない。**そう自分に言い聞かせ、スコッティとオフィスに向かった。

オフィスに着くと、スコッティはわたしたちが「催眠チェアー」と呼んでいる椅子にくつろいで座った。小さい頃、彼は「お母さん、この椅子には眠たくなるバイブレーションがあるんだよ」と言っていたが、彼にとっては今でもそうだった。まもなく、彼はゆっくりと深いところへと移行していった。

スコッティはもともと口数が少なく、非常に深い催眠状態に入った彼が言葉を発するには、かなり刺激が必要だった。たくさんの感情とともに過去を再体験したティモシーと違い、スコッティは淡々と落ち着いた様子で、自分の目にしているものを理路整然と話した。

ジャネット　いま見えているものや感じていることを教えて。

スコッティ　小川。太陽が水面を照らしてる。

ジャネット　それで、あなたはどこにいるの？

スコッティ　小川の近くにいる。

ジャネット　じゃあ、その場所でもっと深いところへ入って。とことん深くね。そのとき、その空間にいるあなたの肉体を感じて欲しいの。足元を見て。何をはいているかしら？

スコッティ　モカシンだ。

ジャネット　いいわ。それじゃあ、目を上に移動して。何を着ているの？

スコッティ　腰……腰に何か巻きつけてるだけ。

ジャネット　もっと上にあがって。上半身には何かつけてる？　顔や髪はどう？　頭には何かかぶっているのかしら？

スコッティ　ネックレス……革のひもで、真ん中に何かついている。石か何かぶら下がるものみたいだ。頭はバンドを巻いているだけ。

ジャネット　男性と女性のどっち？

スコッティ　男だ。

ジャネット　年はいくつくらいなの？

スコッティ　二十三……くらい？

わたしは、スコッティの意識が割って入り、彼の年齢をたずねるのを見つめた。

ジャネット　肌の色はどう？

スコッティ　浅黒いよ。

ジャネット　小川のそばにいて、何をしているの？　なぜそこにいるの？

スコッティ　馬がぼくの後ろにいる。

ジャネット　何してるの？

スコッティ　小川のほとりで座っている。

ジャネット　ほかにだれかいる？　それとも一人？

スコッティ　一人だよ。

ジャネット　いいわ。その時と空間にいるあなたのマインドに集中して。どんなふうに感じるかしら？

スコッティ　穏やかで、リラックスしてる。ぼくは何かを彫っている。何かを削ってるんだ。

ジャネット　何頭ぐらいの馬が一緒にいるの？

スコッティ　一族の馬全部だよ。
ジャネット　なぜこんなことになってるの？　馬とあなたは何をしているの？
スコッティ　馬を見てるだけ。馬を水のところに連れてきたんだ。ときどき、水を飲んでいる。
ジャネット　あと二、三分したら、あなたの一族がいる場所に戻るつもりよ。でもその前に、言っておかなくちゃならないようなことを感じてる？
スコッティ　今は不安な感じがする。
ジャネット　それはどうして？
スコッティ　これから起きることを心配しているんだと思う。
ジャネット　それじゃあ、一族のいるところに戻りましょう……三つ数えると、あなたの仲間たちのところに戻るわ。一つ……この〈時〉にとどまって、あなたの仲間たちがいるところに戻ろうとしてる。二つ……移動しているわ。三つ……今あなたが何をしてて、何が起こっているのか、話して。
スコッティ　村のなかをティーピーに向かって歩いてる。
ジャネット　それはあなたが住んでいる家？　それともだれかほかの人の家なの？
スコッティ　だれかの家だ。
ジャネット　いいわ。ティーピーに行くあなたを見てて。それから、何が起こってるのか教えてちょうだい。
スコッティ　なかに入ろうとしているところ。ティーピーのなかは人の輪ができてる。全員が男だ。
ジャネット　何のために輪ができているのかしら？　何が起きているの？
スコッティ　話し合いだよ。

ジャネット　そこにいる人たちについて、何か分かる？
スコッティ　うーん、話し合ってるだけ。まだ始まっていないんだ。
ジャネット　雰囲気はどう？
スコッティ　張りつめてる。みんな、カリカリしている感じがする。
ジャネット　いいわ。そのまま見守りましょう。話し合いが始まったら、その様子を教えて。
スコッティ　だれかがテントのなかに入ってきたよ。
ジャネット　その人について話して。
スコッティ　大きくて、強そうだ……パンツのようなものとシャツを着ている。インディアンだ。この人が酋長なんだと思う。入ってきて、腰をおろした。ぼくら全員が、彼の話を聞いている。
ジャネット　彼は何て言ってるの？　何のための集まりなのかしら？
スコッティ　こぶしを振りまわしながら、みんなが言い争っている。
ジャネット　何について言い争っているの？
スコッティ　移動することについて。一族を移すことについてだ。とどまっていたい人たちもいるし、出発したがっている人たちもいる。
ジャネット　あなたはどうしたいのか、分かる？　どんなふうに感じているの？　あなたは何をしたいの？
スコッティ　分からない。
ジャネット　それじゃあ、酋長が何を言っているのかは分かる？
スコッティ　（深く息をして）彼はだれがとどまるのかを聞いているんだと思う。
ジャネット　いいわ、じゃあ、その輪を見渡して、そこにいる人たちの様子をもっと教えて。だれがとどまって、だれが行くの？　グループの様子はどんな感じ？

スコッティ　彼らはとどまりたがってる。

ジャネット　先に進む前に、もっと話せることがあるかしら？

スコッティ　言い争っているだけだよ。

ジャネット　もう一度三つ数えたら、この生涯を先に進めて欲しいの。今のあなたに影響を与えている出来事に移って。一つ……先に進みます。数分かもしれないし、数時間、数日、それとも数週間先なのかもしれないわ。二つ……この生涯にとどまっているわ。三つ……感じるままにまかせて。

スコッティ　たくさんの戦士がいる。

ジャネット　どうしたの？

スコッティ　戦士が村に入ってきたのに、ぼくらはまだ準備ができていないんだ。

ジャネット　あなたはどこにいるの？

スコッティ　真ん中に……ぼくはティーピーから出て、武器を握って走ってる。

ジャネット　何が起きてるのか、もっと話して。戦士たちは何をしているの？

スコッティ　彼らはだれかれかまわず撃ち殺しているんだ。

ジャネット　みんなはどう？　何をしているの？　どうやって戦っているの？

スコッティ　走ってる。走り、隠れ、互いに守ろうとしているんだ。女の人たちは子供を抱えて走ってる。

ジャネット　そのまま様子を見てて。そして、わたしに話してちょうだい。

スコッティは穏かな落ち着いた声で、彼に見えている状況を話しはじめた。

スコッティ　馬に乗った男たちがいる……馬に乗った戦士たちだ。ぼくらの馬は小川のそばにいる……踏みつけてる……人も……何もかも……踏みつけにしてる。

ジャネット　あなたはどこにいるの？　何をしてるの？

スコッティ　戦ってる。右手には手斧、左手にはナイフを持っている。

ジャネット　近くにはだれかいるの？　だれか助けてくれているのかしら？

スコッティ　いや。戦士を一人殺した。手斧でそいつの腹を殴り、馬から引きずりおろすと、地面に落ちるのと同時に喉をかき切ったんだ。そいつをそこに置き去りにして、次に向かっている。

ジャネット　何を感じているの？

スコッティ　怒り。次の馬に乗った戦士は、もっと近くにいる。彼はぼくの左側にいて、銃を一発撃ったけど当たらない。彼が近づいてくると、ぼくはその背中に手斧を突き立て、振り向いた……ぼくが持っているのは、ナイフだけになってしまった。

ジャネット　今は何をしているの？

スコッティ　突っ立ってるだけ。もっと人が来るのを待ってる。別のインディアンに手を貸そうと走り出した。彼は馬に乗った戦士と戦っているんだ。ぼくは馬に飛び乗るとやつの胸をナイフで刺し……そして馬から放り出した……するとまた別の馬に乗った戦士が飛びついてきて、ぼくを馬から引きずりおろすんだ。ぼくは仲間のナイフの上に落ち、ナイフが背中に刺さる。それでもぼくはやつと戦おうとしている。でも相手は強すぎる……仲間がぼくに手を貸してくれる。戦士を殺し、そいつをぼくから引き離した。

ジャネット　マインドに最初に浮かんだ思いをそのままにして。その仲間の名前は分かる？

スコッティ　Sで始まる……シッティング……。

ジャネット　いいわ。「シッティング」……今はそれでいいわ。もしその名前が重要なら、いずれ分かるでしょうから。そのまま何が起きているか、見ていて。あなたは何をしているの？

スコッティ　ぼくは自分の右側でのたうち回ってる。起きあがろうとしているんだ。走ってる……（長い沈黙）……また違う戦士を馬から引きずりおろそうとしている。そいつがぼくの後頭部を殴った……ぼくは地面に倒れる……それから……きっとぼくは死んだんだ……今、ぼくはどこか高い場所から村を見おろしているらしい。

ジャネット　スピリットが肉体から離れて自由になるのを感じて。村を見おろしているあなた自身を感じて。何が見える？

スコッティ　戦士たちが村のあちこちで馬に乗っている。みんなに斬りつけている。やつらの剣で……インディアンたちが小川に向かって走って行くのが見える……戦士だ。二、三人の戦士が彼らを捕まえようとする。でも、ほとんどの戦士は村を打ち壊すことに没頭している。

ジャネット　今は何が起こってる？

スコッティ　終わったよ。

絵

次の日、スコッティとわたしはマイケルとケイトに合流して、ロズのスタジオに彼の絵を見に出かけた。いつものように、魂がスピリットに溶け込む様子を描いた大きなパネルをじっくりと鑑賞しながら語るみんなの言葉に、わたしは聞き入っていた。

マイケルが「胎児が見える」と言った。ホワイト・ファーン（ディレイン）が死んだとき、彼女が妊娠していたことをマイケルは知っていたのだと思ったが、ロズの絵のなかに胎児を見つけるまで、彼は知らなかったのだ。

みんなでシルバー・イーグルの絵に見入っていたとき、わずかではあったが、わたしは無意識の領域から記憶が蘇えるのを感じた。突然、ある画像がわたしの目に映し出された……リトル・フェザー（マルダ）の死だった。わたしはマイケルに身体を寄せ、囁いた。「たった今、リトル・フェザーがライフルを口にくわえているのが見えたの」

「彼女は一人だったの？」と聞きマイケルが続けた。「地面に横になってた？」。彼にも、同じイメージが見えていたのだ。

長いこと、わたしたちはスタジオでロズの絵を眺め、そこからさまざまなものを発見した。ロズは酋長の顔を描いたときのことを話してくれた。いくつかの点で、彼は自分が壁にぶつかり、感情に押しつぶされそうになって、描きつづけることができなくなっていたことに気づいた。

まだイメージがわかない絵に役立てるために写真を撮りたいからと、ロズはマイケルにポーズをとって欲しいと頼んだ。マイケルの身体は、あの当時のインディアンを再現するにはうってつけだったのだ。カレンのギャラリーから、ネイティブ・アメリカンの装飾品をいくつか借りてあった。あとでケイトから聞いたところでは、ロズがカメラのレンズを通して見ることができなかった画像と彼の記憶の画像とが、何度も混ざり合ったという。マイケルの身体はランニング・ディアーのように見え、また、ランニング・ディアーは死んでしまったロズの仲間のようだった。

マイケルの身体を床に横たわらせると、ロズは梯子《はしご》に昇って写真を撮った。急にロズが息を詰まらせ……梯子を降りるとあとずさりした。まるで、幽霊でも見たかのようだった、とケイトは言った。

互いが助け合ってそれぞれの無意識の内にある記憶を解放していることに、わたしは驚いた。しかも、そこには愛にあふれたサポートと強い意思があった。たとえば、ロズがチャネリング・セッションを受けたとき、一緒にいたドットがあの〈時〉の彼の名前、ゴールデン・ホークを思い出した。ケイト、マイケル、ロズの三人にわたしがささやかなクリスマスの贈り物をあげたときのこと、ロズに手渡した包みには、わたしが書いた「ゴールデン・ウイングド・ホーク」という名前があった。彼はそれを読むと、目を輝かせてわたしを見上げた。

「ゴールデン・ウイングド・ホーク！　ぼくの名前だ」。彼が言っていたのと違う名前を書いたことに、まだわたしは気づいていなかった。マイケルにも記憶が蘇り、うなずいた。

「ゴルーデン・ホークじゃあ、何か足りないって気がしてたんだ」と言ってロズは続けた。「でもこれで、ばっちりだ。ぼくの名前だ。ありがとう」

ボディーワークで蘇る記憶

わたしたちのヒーリングは続いた。それはロズの絵や個人個人の退行によるばかりでなく、ディレインのボディーワークを通じても行われた。ディレインのマッサージ台の上で、インディアン時代に自分の母親が出産の際に死んだことを、ケイトが突然思い出した。生まれた子供は彼女の妹で、マルダ――リトル・フェザー――だった。ケイトがマルダに対していつも感じていた何ともいえない冷ややかな気持ちや、彼女を理解できずにきた理由が、これではっきりした。ケイト――リトル・スター――の子供の部分が、母親が死んだのは生まれてきた子供のせいだと責めていたのだ。マルダもケイトの不可解な冷ややかさを感じていたが、その原因を知って、二人のあいだにあった気まずさが解消した。

ケイトがディレインとボディーワークのセッションをしているあいだ、ロズは隣りの部屋で彼女を待っていた。カウチにのびのびと寝そべった彼は、ウトウトしていた。やがてまどろんだ彼は、部屋のなかに少女のスピリットが存在するのを感じ、そのことをディレインとケイトに話した。二人きりになってから、ケイトがロズに言った。「あなたが感じたのは、亡くなったディレインのお嬢さん、リネットだと思うの」。ケイトはリネットが戻ってきて、彼女自身と、未解決のまま残された彼女と母親のあいだの問題を癒すため、ディレインのヒーリングを手伝っているのだと感じていた。

一瞬、ロズは無言になった。「あの〈時〉のホワイト・ファーン（ディレイン）の絵を描きたくなった」と彼はケイトに言って、続けた。「彼女はぼくの友達で、一族の助けになっていたんだ。彼女にはヒーリングが必要だよ。たぶん、その絵のなかにリネットを入れることができると思う。二人の関係をもっと癒すためにね」

同じ週にわたしたちはマルダの家で昼食をとることになり、ディレインはわたしたち「フロリダ・グループ」に加わりたがっていた。しかし、わたしたちが互いに押し合う力は——ただそこにいるというだけでも——ときに強すぎるものになった。ディレインはインフルエンザになり、結局、昼食に来ることはできなかった。そういうときにかぎってなぜ病気になってしまうのか、彼女は不思議だった。

わたしをはじめ、ロズ、マイケル、それにケイトがマルダの家に出かけた。三人はマルダのAフレームの家がことのほかお気に入りで、森に面した大きなガラス窓からその眺めを楽しんだ。マルダは薪ストーブに火をおこして食堂を暖めておいてくれた。すでにテーブルの準備も整っていた。

マイケルがマルダに腕を回した。彼女の小さな身体は、彼の腕にすっぽりと収まっていた。わたしは彼女に、リトル・フェザーの最期の様子を見たこと、そしてその口にライフルがくわえられていたことを話した。マイケルがあとを引き取った。「彼女はライフルで殺されたんじゃない。でも、体内にたくさん金属が残っているんだ」「ああ！」。剣やナイフといったものの真相がはっきりしてくるにつれ、彼女は声をあげて泣いた。「わたしはあの〈時〉のことを何も憶えていないと思ってたの」と、マルダは無意識の奥深くに記憶を封印していた。対処できると彼女が感じられるようになるまで、そうした記憶は封印されたままなのだ。ところが、彼女の肉体は憶えていて、歯につけた歯列矯正器を含め、金属に反応しつづけていた。彼女ほど金属アレルギーのひどい人を、わたしはほかに知らなかった。

マルダ

やがて、マイケルが咳ばらいをした。これから大演説をしようかという風情だった。彼は温かな言葉とともに、すばらしい贈り物をわたしにプレゼントしてくれた。スペシャル・トリオ――ケイト、ロズ、そして彼自身――からのフロリダへの往復航空券だった。「ぼくらは、どうしてもあなたに本を書いてもらいたいんだ」とロズが言った。

昼食の集まりが終わってから、その晩、マルダは虹彩学者に会うことになっていた。休暇のあいだ中、マルダは並々ならぬストレスに悩まされてきた。虹彩学者は彼女の目のなかを覗き、マルダの健康や家族の問題について話を始めた。たとえば、彼女の母親は糖尿病だった。

「この歯列矯正器のせいで、あなたはひどい目にあってるわ」と彼女はつけ加え、さらに、最初にきちんとマルダの顎に合わせないで歯列矯正器をはめてしまったのだと続けた。彼女は、こうも言った。「子供の頃、あなたは倒れてしばらくのあいだ気を失ったことがあるわ」。マルダはそのことをまったく思い出すことができなかったが、虹彩学者は言った。「考えてみて。思い出せるわ」。ハーブを使った厳しい治療法と浄化のためのきついダイエットをするよう申し渡されて、その日のセッションは終わった。

その夜は一五センチ以上も雪が積もり、マルダはひと晩そこに足止めされた。翌朝、目がさめると、彼女は自分がストレスと緊張で疲れ果てているのを感じた。車で家に戻り、着替えて仕事に行かなければならない。フロントガラスについた氷をこそげ落としていると、指の爪を傷めてしまった。にわかに感情が爆発し、マルダは宙に向かって叫び声をあげた。「いったい、どうしたいっていうのよ。わたしをぶち壊すつもりなの！」と彼女はヒステリックに叫んだ。その瞬間、子供のときの自分が蘇った……兄から性的ないたずらを受けていた自分を。それで彼女は倒れ、気を失ったのだ。

帰宅すると、マルダはわたしに電話をかけてきた。「ねえジャネット、そんなことが可能なの？　自分の人生で起きた出来事を完全に消してしまうなんて。わたしはつくり話をでっちあげているのかしら」。何かを徹底的に消し去る力がマインドにはあると、わたしは彼女に告げた。電話で話をしながらともに涙を流していたことから考えても、彼女もわたしもそれがつくり話だとは思っていなかった。**一九九〇年の年末は、彼女にとって大きな癒しのときになったのね。**私は思った。**彼女はインディアンの生涯をどのように終えたのかを知り、健康についての情報を得た。そして想像を絶するような記憶を取り戻したのよ。**彼女の兄は数年前に自殺していた。

彼女と夫が新年の休暇をとって出かける予定にしていることを聞き、わたしはほっとした。彼女には休む必要があった。

その年のクリスマスは、スコットとスコッティと一緒にクリスマス・ディナーをとった。上の息子のダンはドイツにいて、いとこのジンジャーと彼女の夫を訪ねていた。一族の再会というこの時期に、一族のメンバー二人がドイツで会っていることに、わたしは興味をそそられた。

依然として、わたしはまだ自分自身の記憶を深く見ることができずにいた。この休暇のあいだに時間をやりくりし、わたしはマイケルと一緒に退行をやってみることにした。彼はわたしの電話の着信音をオフにして、床の上に座った。わたしは布団で作ったカウチに収まって足を組み、肩をブランケットでおおった。変性意識状態になるとすぐに、一人のハンサムなインディアンがティーピーの周りを歩いているのが見えた。彼は空を見上げて、流れ星を見ていた。その瞬間、わたしはずっと自分のソウル・ネームだと思っていた「フォーリング・スター」が、その〈時〉のわたしの名前だったことを知った。

わたしは軽い変性意識状態となり、平和な村や一族の人たちが仲よく暮らしている様子、やがて混乱と恐怖が生まれてきたことなどをマイケルに話した。そして、何かの存在を感じ、わたしはそれを「白い顔」と呼んだ。いきなり話をするのをやめ、カウチにもたれた。

「どうしたの？」とマイケルが聞いた。

「全部止まっちゃった」とわたしは答えた。マインドが突然記憶を切断し、カウチに座ってマイケルと話をする以外、何もできなくなってしまった。こうした記憶を外に出せるところまで自分の無意識が強くなったと思えるようになるには、それからさらに七週間が必要だった。

やがて、マルダが休暇を終えて戻ってきて、ディレインと三人で昼食に出かけた。わたしたちは、オウェゴのサスケハナ川が見渡せるレストランの小さなテーブルに落ち着いた。マルダはディレインに、七歳のときに受けた兄の性的ないたずらを思い出したことを話した。

その晩、ディレインが電話をかけてきた。「クライアントとワークしてたとき（そのとき、彼女は変性意識状態にあった）、マルダがインディアンだったときの様子がずっと見えてたのよ。あなたはどう思う？」。**ディレインが何を言おうとしているのか、わたしには分かっていた。**彼女は続けた。「マルダのお兄さんは、あの〈時〉の戦士だったの……彼女をレイプして殺したのよ」。わたしはディレインは間違っていないと思うと彼女に言った。そして、「彼女に話すべきだと思う？　そのとき、彼女の父親は彼女と兄のあいだに何があったのかを知っていたの」

わたしは、これ以上ショックなことはないという気がしていた。マルダの子供の頃の話を思い返した。父親のアルコール中毒や、彼女はそうした痛みのすべてを抱え込んでいたことを。そして、あまりにも深く閉じ込めてしまったせいで、ほんの数年前まで、彼女は子供時代に何の問題もなかったと言っていたし、リトル・フェザーとしての生涯など、思い出すことなどなかった――できなかった――のだ。あの戦士たちの一人が彼女のお兄さんだったというの……？　わたしのなかのすべてが「イエス」と答えていた。

あの〈時〉、戦士だった人たちのことを考えた。そのなかには、今生で自ら地獄をつくり出している人もいた。**それでどうなるっていうんだろう？**　わたしは思った。**もう罰する必要なんてない。迫害や、自らを責めたり罰するのはもうやめよう。戦士、インディアン、黒人、女性、**ホモセクシュアル、クリスチャン、**ユダヤ人……地獄の苦しみではなく、天国の喜びを生み出すのよ！**

第12章　一族の癒し――【一九九一年一月初旬】

ディレイン

ディレインが電話をかけてきた。「火曜日はどうしてる？　ちょっと時間ができたのよ。だから、よかったら一緒に……」

「リグレッション？」。**つい、口を突いて出てしまった！**　わたしから退行を提案することはめったにない。相手が自分で決断する――たいていは苦しさの頂点に達したときだが――まで待っているのがふつうだ。

ディレインが言葉に詰まり、息をのむのが分かった。「えーと、あの……リグレッション？　わたし、昼食を一緒にできたらって思ったんだけど」

それから数日して、またディレインと話をしたとき、彼女が認めた。「あなたがリグレッションって言ったとき、身体のなかを恐れが走るのが分かったわ」

「知ってたわ。感じたもの」とわたしは言った。

「たぶんやってみる必要があるのよね」とためらいがちに言って彼女は続けた。「水曜日の午前中、あいてる？」

わたしは予定をチェックした。もしスケジュールが詰まっていれば、彼女がほっとするに違いないことは分かっていた。が、わたしのスケジュールはそうさせるつもりはないようだった。わたしには退行を行うための時間があり、それが彼女にとって必要であることも分かっていた。

水曜日の朝、階段を降りてオフィスにやってきたディレインは、ジーンズと明るいグリーンのセーターをすっきりと着こなしていた。彼女は、何も食べずにここに来るようにという内側からのメッセージを聞いたという。彼女もわたしも食べ物が感情を減退させるものだということは知っていたが、わたしは彼女がすすんで自分の内側からの声に耳を傾けたことがうれしかった。彼女は、右肩がひどく痛むことにも気づいていた。

彼女はケイトからの手紙をわたしに渡した。それは率直で愛にあふれた手紙で、ケイトは、問題はディレインと夫なのではなく、ディレインとディレインなのだ、と書いていた。続けて彼女はディレインの強いコントロールについて触れていた。新しく始めたいと思うなら、わたしたちのだれもがコントロールを放棄しなければならないのだ、と。ケイトはさらに、ロズがディレインの家にいたときに感じたエネルギー――ディレインの亡くなった娘、リネットのものだった――についても触れた。ケイトはリネットが戻ってきて、彼女と母親のあいだで必要なヒーリングをしていると感じたという。

ディレインにとって、これが初めての退行ではないはずだった。何年か前のグループ・リグレッションに加え、別の生涯に移行してみようとしたこともあった。けれども、彼女はコントロールしていたということで、わたしたちの意見は一致していた。彼女は、記憶の全体を無意識の領域から明らかにすることを許さなかったのだ。一族への退行も体験ずみで、自分の名が「ホワイト・ファーン」であったことも思い出していた。

「シルバー・イーグルがそう呼んだの」と言って彼女は続けた。「足が速くて、おとなしくて、可愛かったから。彼はわたしが特別なんだって、感じさせてくれた。わたしたちみんなに自分は特別なんだと感じさせてくれたのよ。彼は、わたしの目は雌鹿のようだと言ったわ」

彼女はシルバー・イーグルのもう一人のメイト、マーガレット・オズボーンのことも思い出した。彼女は子供を産むことができなかったが、ホワイト・ファーンは丈夫で健康な赤ちゃんを出産したのだ。

以前の退行で、ディレインは身体にパワフルな衝撃が走るのをおぼえた。まるで、何かが、あるいはだれかが彼女の肉体から引き裂かれるような感じだったのだ。しかしそれでも、何が起きているのか、彼女には見えないままだった。ホワイト・ファーンが死んだとき、彼女が妊娠していたことは、わたしたちのだれもが知っていた。彼女は、生まれなかった赤ちゃんがリネットの魂であると信じていた。

そのときディレインには、ついに自分がシルバー・イーグルを見るのを拒絶し、泣いているのが見えた。「彼を見ることはできないわ。見られないの」と、彼女がシルバー・イーグルに対して怒りを感じていたのだと分かったのは、そのときだけだった。

ディレインは、今生における夫が過去世で戦士であったと思っていた。「彼は戦場で戦う戦士じゃなかった」と彼女は言った。「彼は若かった……彼の仕事は、すべてが終わったあとを片づけることだったの」

わたしは淡い紫色のロウソクに火をつけ、小さく優しく光るライトをつけた。頭の上の明かりのスイッチは切った。変性意識状態に入って欲しい、わたしも一緒に入ってガイドするから、とディレインに言った。わたしは高次の意識に働きかける音楽をかけ、いつものように導きを求める祈りをつぶやいた。すると、彼女のハイアーセルフと白い光のエネルギーとがつながりはじめた。彼女は変性意識状態にすばやく移行した。抑えた誘導を続けるうち、わたしは椅子から立ちあがって彼女に近づいていた。彼女にたずねた。「何が起きているの？」

彼女の口から喘ぎ声がもれ、あわてて彼女は口を押さえた。「シルバー・イーグルがわたしを連れ戻したがってる……赤ちゃんを守り抜くために」。わたしは彼女にそのまま続けるように促した。まもなく、彼女は自分がそのときの体験に深くひたっていることに気づいた。今回は何もコントロールしていなかったのだ！　わたしは床にクッションを置き、すすり泣きを始めたディレインの脇にひざまずいた。

あの子はそれは美しいの……肌はとても柔らかいわ。ああ、彼女はとてもきれいで、黒い目をしてる……だれから黒い目をもらってきたのか、わたしは不思議だったわ。彼女にはチャンスがなかった……あいつらが殺してしまった……あの子を殺せるなんて……。あんなにも無垢

で……わたしには何もできなかった……みんなを助けられなかった……だれのことも助けられなかった……そうしようとしたのに……ああ、わたしはあの子を抱いているわ。

わたしはさらにすすり上げるディレインにティッシュを渡した。彼女は生まれてくることのなかった過去世の子供を、そして今生のリネットを見ていたのだ。「そのままでいて。泣いていいのよ……長いあいだ我慢しすぎてたの」と、わたしは彼女を励ました。

彼女は長いこと泣いていた……それは彼女がインディアンとして生きたとき、生まれることのなかった赤ちゃんのための涙であり、十九歳で自ら死を選択した、今生での彼女の最初の子供のための涙だった。わたしは手を彼女の肩にのせるとさらにティッシュを渡し、自分のためにも何枚か引き抜いた。

彼（ディレインの夫）は、彼女（リネット）と仲良くなろうとしたわ……でも、できなかった。彼女はいつも逃げ回っていたから。彼は彼女に愛を与えようとしたけど、どうすればいいのか分からなかった。わたしには理解できなかった……彼にわたしの方を向いて欲しかった。けれど、彼の目はすべて彼女に向いていたの……分からなかった……彼は自分自身を憎んでいた。そう、自分を憎むなんて……ものすごい怒りだわ……彼自身に対する怒り。彼と彼女は戦ってたの……わたしのせいだと思ってた……そうじゃない……彼は彼女と仲良くなろうとしてたわ。

わたしは、リネットが突然死んでしまったときのことを思い出した。自らの命を絶った、うら若い美しい女性から受けたショックを思い出した。葬儀の席で弔問客を前に、信じられないほど自分を抑えていたディレインのことを思い出した。ディレインの夫がしょっちゅうリネットの墓に参っていたことを思い出した。わたしの前で、十四年前には流さなかった彼女の涙がこぼれ落ちた。

ディレインがパワーダウンをしていた理由の一つには、わたしたちがフロリダから戻ってからというもの、彼女は夫のことで手一杯になっていたことがあった。彼の健康が思わしくなかったのだ……死が迫っていた。ディレインとの関係が修復せぬまま、彼女の娘は死んでしまったが、今度は彼とのあいだに同じことが起きようとしていた。

――わたしには彼を助けられない……やってみたけど……説明してあげられないの……彼には理解できっこない……わたしには何もできない。

「そうね……あなたにはできないわ」と言ってわたしは続けた。「だから、あなたはそれを手放して、彼自身の魂が彼にとって正しい道を導いてくれると信頼するのよ……とどまるにせよ、立ち去るにせよ。病気がよくなるにせよ、悪くなるにせよ……手放し、そのままにまかせるのよ」

彼女のマインドは、夫と亡くなった娘との今の現実と、シルバー・イーグルのメイトだったホワイト・ファーンとしての生涯のあいだを行ったり来たりしていた。

――わたしの友達……彼女はわたしたち一族に生まれたの……わたしは彼女を助けた……でも、彼女はここにいたくなかったのよ……彼女は去って行った……彼女は彼と一緒にいたかったの。

わたしはじっと聞いていた……だれのことを話してるの？　彼女の次の言葉が聞こえてきた。

――彼女はずっと虹（レインボー）を探してたわ。

マン・オブ・ザ・レインボー。彼女はあの〈時〉のロズ――ゴールデン・ウイングド・ホーク――のことを話していたのだ。

彼女は彼を見つけられるかしら？　わたしたちはみんな、レインボーが必要なのよ。

そして、彼女は子供たちの方に向かって行った。

子供たち全員……わたしは救おうとしたけれど……できなかった。みんなを助けることができなかった……わたしにはだれも助けられない……手放さなくては……やってみたわ。マルダ……彼女はとてもしっかりしてた。ランニング・ディアー……彼はどこにいるの？　彼はいつでも逃げ出してた。来ると私を笑わせてくれるの。わたしたちは森に連れて行かれた……戦士たちは……行ってしまった……わたしたちの戦士……わたしの腕を引っ張っているわ。

彼女の右腕が引っ張られていた。その腕がひどく痛むのは明らかだ……彼女は細胞のなかに記憶を閉じ込めている。

シルバー・イーグル……ああ、神様。

わたしはクライアントや友人、それに家族と過去世や今生の退行をしてきて、なかには悲惨なものもあったが、涙を流したことはなかった。しかし、この記憶はわたしを激しく打ちのめした。そう、わたしはもっと多くを感じ、もっと多くが見えるようになっていたのだった。父、シルバー・イーグルが見えた……そして痛みも分かった。またティッシュに手を伸ばし、この瞬間に何も話す必要がないことに感謝した。

ディレインの注意がふたたび夫に戻ってきた。

彼は自分から病気になっているのよ。ここにはもういたくないのよ。(戦士だった) あの〈時〉の自分の行動を憎んでる……いま彼はひどく血を嫌うの、ちょっと見るのも我慢できないわ。子供たちが幼かった頃……彼はそれはとても怒りっぽかった。

ディレインは過去世の時の経過を感じながら、戦士たちの暴力や復讐の多くは、彼らの家族がインディアン同士の戦いによって殺されたためだったことを知った。

わたしはディレインをこちらに戻す前に、生まれてこなかった子供と、その子供そのもののリネットに白い光のエネルギーと愛を送るようにと言った。そして、彼女の夫に対しても同じことをするように、もし彼らに伝えたいメッセージや思いがあるなら、彼女の心のうちだけでそうして欲しいと言った。そのための時間が過ぎると、わたしは彼女を部屋に戻し、二人してティッシュに手を出した。

ドットとロバート

ディレインとの退行がすんでまもなく、ドットの前の夫、ロバートが訪ねて来ることになった。彼とはずっと話をしたいと思っていた。以前の退行で彼が経験したことについて、わたしの記憶を呼び起こしたかったのだ。けれども、予定の二日前になって、彼が電話をかけてきて言った。「ジャネット、一族のことで話をするという件だけど、話したくないんだ」

「え？」。わたしには彼の言っていることが容易に信じられなかった。

「そのことについては話したくないんだよ」と彼はくり返し、続けて言った。「ぼくは現在に生き、未来に目を向けていきたいんだ」

以前、ドットの声に同じような気持ちを感じたことがあった――自分が何者で、この人生で何をしたのかを忘れてしまいたい。

「いいわ」。わたしはごくゆっくり答えて続けた。「それで、あなたはあの〈時〉のことについて一時間ばかり話すのは過去に生きることだと考えるわけね？」

わたしの言葉を無視し、彼は壊れたレコードのテクニックを使った。自分の決断をひたすらくり返したのだ。

「もう決めたんだ。ぼくはそのことについて話したくない」

ヒュー！　わたしが書いているものに関していえば、彼の話がなくてもどうとでもできる。わたし自身の記憶だけで、わたしにとっても、ほかの人にとっても十分であることは分かっていた。それでも、わたしは彼のサポートが得られないことにがっかりしたし、彼の反応が驚きでもあった。

「ロバート、聞いておきたいんだけど」。わたしは続けた。「わたしがこの話を書いていることで、何か問題があるの？」

「いや」と彼は答えた。「ぼくはないよ」と、まるでほかの人にあるのだと言わんばかりのようだった。「どっちみち、きみはフィクションとして書くんだしね」とつけ加えた。

「わたしは起こった通りに書くつもりよ」と彼の言葉を正した。「名前を出したくない人についてだけは、名前や内容を変えるけど」

何カ月か前、アンナがわたしに会いたがるかどうかをロバートにたずねたとき、彼はそう思うと答えていた。

もはや彼らの関係は終わっていたとはいえ、二人は何がしかの接触を続けていたし、彼は喜んでわたしたちを引き合わせてくれるように見えた——彼女が同意すれば。アンナは人工授精を受け、今では元気な赤ちゃんがいるということだった。わたしは過去世のあの一族にあったときの彼女を知っていたから、彼女の決断も、彼女が子供を持つ必要があることも理解できた。この話はわたしの胸を打った。アンナが輪廻転生を信じていないとしても、彼女のマインドは閉じていないに違いないと思った。わたしはぜひ彼女に会いたかったが、ロバートが話をしたくないのであれば、アンナと会うどころではないと感じていた。

心の内でわたしは自問した。**わたしは過去に生きているのかしら？** いいえ、これはわたしだけの問題ではないのだ。わたしに分かっている自分の過去世のすべては、現在のわたしというものを理解する助けになってきた。けれども、その情報の真の価値はそれがいま現在に与えている影響に気づくことにあり、わたしを押さえつけてきた壁を通り抜けることにある。別にわたしは今チベットのお坊さんになりたいわけでも、フランスの修道女になりたいわけでも、アメリカ・インディアンの一族の酋長になりたいわけでもない。今の自分の人生にとても満足しているし、今の自分であること、さらに大きく成長したいと願う気持ちに満足している。

それでも話さないというの？ わたしはロバートの反応に困惑したままだった。たぶん、彼はまだ何らかの前世からの問題を抱えているのだろう。彼がまだ触れていない問題を。

もう一度、わたしは質問をくり返した。わたしがこの話を書いていることで、ロバートに何か問題があるのかどうか。彼はふたたびノーと言い、わたしたちは予定をとりやめにした。それでも、翌週、一緒に昼食をとることにした。久しく一緒に食事をしていなかった。しかし、それさえキャンセルするという電話をケイがかけてきた——ロバートは流感にかかったのだという。

一方、ロズは前世で彼の友人だったホワイト・ファーンの絵を描きはじめていた。カレンが自分の店で売っているネイティブ・アメリカンの衣装を着け、ポーズをとった。ケイトはジュディ・ディガズマンの写真をロズに送っていた。彼女は、一族にあってケイトの母親であり、ホワイト・ファーンの姉だった女性だった。その結果、彼の絵は一族の女性何人かが一つになったものになるはずだ。いかにわたしたちが互いを助け合っているか、わたしは驚きを感じつづけていた。

ついにその絵を見ることができたとき、わたしは仰天した。今回ロズが用いた手法はリアリズムで、彼の今までの絵とはまるで違うものだった。別のアーティストの手によるもののようにさえ見えた。この絵のあまりの美しさとスピリチュアリティーに、わたしは自分の本の表紙に使わせてもらいたいと頼まずにいられなかった。ロズが描いたホワイト・ファーンの絵は数々のことを語っており、わたしたちはそれについてあれこれとおしゃべりをした。わたしたちに見えたもの、それは……。

大地の癒し
一族の再来
聖母子
大地からもたらされる女性的なエネルギー
キリストの姿
母性への賛辞
母なる大地の再生
かつて存在した文明を物語るティーピー
ネイティブ・アメリカンの女性の強さ
内なる平和と瞑想を通じた癒し
神／女神のエネルギー

自分自身……そして生まれ出ることのなかった子供たちを癒すホワイト・ファーンだった。

マルダ

次に退行をしたのはマルダだった。彼女がわたしのオフィスに到着したとき、わたしたちは二人とも彼女がどの記憶をもう一度体験し、手放さなくてはならないのか分かっていた。クライアントもわたしも何が起こるか分からないほかの退行と違って、このときのわたしたちはかなりの確信があった。あの休暇以来、彼女は無意識の記憶がはっきりとしてくるのを感じていて、それは同時にコントロールを手放し、彼女の感情を高めるときでもあったのである。

この六週間というもの、マルダは仕事と家庭に挟まれて自分の時間を持つことができず、彼女に語りかけてくるものに向き合うことができなかった。毎日が充実していると感じてはいたが、一人になれる時間が必要なことに彼女は気づいていた。彼女は疲れていた。ヤケになった彼女がついに、みんなと離れて週末を過ごさなくては、と夫に告げると彼はそれを理解してくれた。そこで彼女は週末のホテルを予約し、ゆっくり休んでエネルギーを取り戻すことになった。いよいよ出かける前の金曜日の午後、彼女がわたしのオフィスにやってきた。うってつけのタイミングだった。

マルダの体験は、耳で聴くというより、視覚を通じ再体験するといった感じのものになっていた。自分自身で体験し思い出すことと、サイキックが過去世について語るのを聞くのではまったくの別物である。本人自身の記憶を通して、この上なく強力な解放が行われているようなものだ。

マルダはリラックスして変性意識状態に入っていった。歯列矯正器が彼女を苦しめていた。椅子のなかで彼女は身をよじったり、身体を引き戻したりしていたが、静かに囁くうち、とうとうすすり泣きを始めた。

マルダ　……銃がわたしの口に入ってる……ああ……いや……（さらに小さな声になる）わたしから離れてよ……（泣いている）……声をあげようとしたの……でも、できない。銃が口のなかにあるから……戦士たちの笑い声が聞こえる……あいつらが笑ってる……怖い……（大きく呼吸をしながら、長いこと泣きつづけた）。あいつがまたわたしの上にいる……みんな、笑ってるわ……（大きく息をしながら泣いている）……ああ……ああ……早く終わらせて、終わらせてよ……（激しく喘いでいる）……ああ……ああ……終わったわ。今度は別の男が来た……わたしはあいつらのもの……どうでもいいわ……（泣いている）……もうどうなったっていい……死んでしまいたい……あいつらはお楽しみがすむと、わたしにナイフを突き刺した……（声が高くなる）……何度も、何度も何度も！（大きく息をしている）。

ジャネット　男たちは何人いるの？

マルダ　分からない……大勢よ。

マルダが再体験しているあいだ、わたしが指示やきっかけを与える必要はなかった。退行は長時間にわたり、わたしはたずねた。

ジャネット　あなたはどこにいたの？　どうしてこんなことが起こったの？

マルダ　遊んでいたの……いつもそうしているように、森のなかで一人で遊んでいたのよ。一人でいるのが好きだったの。その前の日も森に行って、何かを見たような気がした……夕方戻って、みんなに話したけど、だれも聞こうとしなかった。それで、わたしの勘違いだったんだと思ったの。だからまた森へ行ったの。そしてあいつらはわたしを見つけたのよ……わたしを待ちかまえてた。（彼女は大きな呼吸を続けていた）

叫ぼうとしたわ、でもそのとき、あいつらがわたしの口に銃を押し込んだの。抵抗しようとしたけど、できなかった……わたしはそんなに大きくないし……強くもない……それから、連中は始めたの。

終わったとき、わたしは死んだんだと思った。けれど、死んでなかった……あいつらはわたしをオンボロのボールか何かみたいに蹴飛ばしてた。やがて、あいつらの一人がわたしを殺してしまうことにしたのよ……（泣いている）……穴を掘って……わたしに土をかけた……わたしは死んだけど、死んでなかった……（かすかな囁き）……終わってうれしいっていうだけ……あいつらが去って行くのが聞こえる……笑い声……次のお楽しみについて話しているのが聞こえてる。

わたしは彼女にスピリットを身体から解き放つように言った。

マルダ

うれしい……もう行くことができる。いくつもの手がわたしに差し延べられているわ……わたしが戻ってきたのを歓迎してくれている……安らかだわ……。

椅子に腰をおろしてから初めて、マルダが落ち着いた状態になった。わたしは彼女に少しのあいだそのままそこにとどまって愛と光、そして自分が安全であると感じるようにと言った。もし自分でできなければ、わたしが彼女を今生の子供時代に移行させるつもりだったが、結局は何も言う必要はなかった。

マルダ　わたしは赤ちゃんで、だれかの腕のなかにいるわ。赤ちゃんみたいに、だれかの胸に抱かれている感じなの。それはいい気持ちよ。

ジャネット　だれが抱っこしてるの？

マルダ　（驚いて）……おばあちゃんだわ。

わたしはもう一度、マルダを先に進めようとした。しかし、まるで二人が無意識の領域でつながっているかのように、わたしが口を開くより前に彼女はそこにいた。突然マルダは顔を手でおおい、自分ではどうすることもできず、すすりあげた。

マルダ　だめ、まただわ……だめよ！　またなんて、だめ……ああ……できない……同じだわ……わたしは一人で遊んでるの。ああ……兄よ……信じてたのに……。

ジャネット　だれか、あなたを助け出してくれる人はいる？

マルダ　いいえ、いいえ、だれもいないわ。間違ってる……これは単なるゲームじゃない……ゲームじゃないのよ……ゲームなんかじゃない。（泣いている）ああ……（深い息づかい）抵抗しようとしたの……蹴とばし、声をあげ、走ったの。そして倒れた。父さんがわたしを見つけて、言っちゃいけないって言った。だれにも何も言ってはならないって。

ジャネット　どんな感じがした？

マルダ　（泣いている）……怒り、痛み。

ジャネット　お父さんは、何て言ったの？

マルダ　口にしない方がいいこともあるって……母がひどく動揺してしまうだろうって……言う通りにすればいい……全部忘れろ、そうすれば消えてしまうって。だからわたしはそうしたの。決してだれにも言わなかった。あのドレスも二度と着なかった。彼（彼女の兄）はそれからずっと苦しんだわ。わたしはまるで分かってなかったけれど。わたしを見るたび、彼は苦しんでたの。わたしにはそれが分かっていなかった。

マルダはふいに、兄のスピリットが部屋のなかに存在しているのを感じた。

マルダ　彼はここにいる。

ジャネット　ええ、分かるわ。

セッションを終わりにするにあたり、わたしはマルダに彼女の兄とスピリットと二人だけで話をし、彼女が伝えなくてはならないことを告げ、彼が伝えたいことを聞くといいとすすめた。許しが生まれているのは分かっていた。

マルダ　彼は自由よ……そして、今はわたしも自由だわ。

ドットの拒絶

マルダをはじめ、サークルのメンバーたちはヒーリングを続けながら、この物語を書いてみるようにとすすめ、大部分は実名を使ってもいいと言った。だからこそ、ドットからもらった手紙にはひどく驚いてしまった。彼女とはほんの数日前に彼女の自宅で一緒に朝食をとり、贈り物を交換し合ったばかりだった。その手紙には、彼女が行ったチャネリングのセッションでわたしがちょっとした質問をしたことに心が乱れたと記されていた。さらに彼女は、スタンディング・ツリーはシルバー・イーグルの物語の登場人物ではない気がすると続けていた。あまりにも多くのことがはっきりしていないままで、わたしには彼女を正しく書くことができないからだというのだ。そして、最近になって彼女は変性意識状態で一族のカルマを解き明かしたが、じかにたずねられないかぎり、そのことをだれかに話したくないのだとも書いていた。

スタンディング・ツリーの話を書く？　スタンディング・ツリーのことを書こうという気持ちなどなかった……それを言うならホワイト・ファーンやランニング・ディアー、リトル・フェザーのことだって。これはいったい、どういうこと？

五年ものあいだ近くにあって、わたしたちは互いの心の内をほとんど読むことができるようになっていたが、ここにきて、シンクロしないことに気づいたのだ。深い問題がそこにあるのは明らかだった。それを聞かれたくないというのなら、ドットはわたしに近くをウロウロして欲しくないだろう。

一族のカルマについてドットが霊的なひらめきを得たことについては、どんな霊的なひらめきも人間のシステムを通じてやってくるのだということを、わたしはずっと以前から知っていた——それが直観だろうが、タロットだろうが、チャネリングのようなものであったとしても。それ以外にはあり得ない。人間の身体を持つかぎり、わたしたちは自分と一生つき合っていくのだ。サークルのメンバーは全員、ヴィジョンを阻む自分自身をクリアにしようと、何年も頑張ってきた。けれどいつでも、わたしたちはヴェールにおおわれた人間の知覚に邪魔されてしまうのだった。アストラル界に目を向けようが、あるいはアカシック・レコードやそれ以外のものに注目しようが、それでもわたしたちは自分自身——自分の意識——と離れることはない。

自分の意識とともにいられるようになると、同時にほかの人とも互いに同調し合うようになる。つまり、グループのだれかが辛い目に遭っているのがほかのメンバーにも分かるのは、わたしたちにとっては当然のことになっていたのだ。だからマイケルがわたしに電話をかけてきてこうたずねたとき、わたしは少しも驚かなかった。

「ジャネット、どうしたの?」

わたしは、ロバートとの出来事や、そのあとのドットからの手紙のことを話した。「おかしいの。グループ全体で、わたしが本を書くことで協力するのを手控えたり、ためらいを口にしたのは二人だけ……しかもその二人はあの〈時〉、洞穴に逃げているの。これって、偶然? ばかばかしく聞こえるけど、わたし、まるでシルバー・イーグルがしたことを自分がくり返してるみたいな気がするの……二人が洞穴に逃げて行ったとき、彼は二人のために祈りを捧げたわ。これって、へんよ」

自分の限界と真のパワーとは何であるかを学ぶうち、無力な状態からある種のパワーに移行するというプロセスが混乱をきたしていた。わたしたち全員が魂の体験を追いかけているうちに、ただそこ、、、、、に止まったままになったのではないだろうか。わたしは自分の内側を見つめ、わたしたち一人ひとりはそれぞれ自分自身の道を行かねばならないのだという確固たる認識とわたしの感情を引き離そうとした。その認識とともに、愛のうちに行動したかった。

何年も前、ドットが感情を激しく高ぶらせてわたしにたずねたことを思い出した。「どうやってもう一度、ロバートを信じろっていうの!?」

「ロバートがロバートにとって正しいことをしているんだって信じるのよ」と、わたしの答えはあまり楽しいものではなかった。

そのとき、いずれドットはアンナに感謝するだろうとも言ったことを、ドットが思い出させてくれた。同時にそのとき、彼女はわたしに何か投げつけようと思ったとも言った。それからわずか数年して、彼女はロバートが自分だけの道を歩きはじめ、彼女自身のそれも変化していることに気づいた。「本当にアンナには感謝してるの」と言って彼女は続けた。「生きてきて、今がいちばん幸せよ」

いま何が起きているにせよ、わたしたちは癒しが行われるための空間をつくる必要がある。ドットとロバートが二人にとって必要なことをしているのは分かっていた。

デブの記憶

とりあえずこの問題は脇に置き、わたしはデブ・ネルソンともう一度彼女の記憶について話がしたいと思った。そこで彼女が病院の仕事を終えたあと、エルミラにあるスコットのアパートで会うことにした。その日は大雪になるという予報が出ていたため、わたしは午前中早いうちに家を出て、雪が本降りになる前にエルミラに到着した。ちょうどそのときだった。デブが電話をかけてきて、天気がどんなだろうと寄り合いに行くからと言った。大雪に怖じ気づいていたのはわたしの方だった——彼女ではなく。彼女の強さに助けられた……受話器を置きながらそう思った。

デブ・ネルソンのパワフルな個性と強靱さは、この女性の信じられないような繊細さを隠すおおいだった。わたしは彼女が二本の車線をストップさせて、車にひかれた犬を拾い上げに行ったことを知っていた。彼女はそれから車で犬を獣医のところに連れて行き、治療の支払いをする一方で、飼い主探しを開始した。動物と地球への彼女の愛と気づかいは尽きることがなかった。わたしは彼女が友人たちにあれこれと気を配るのも目にしており、ある意味で、わたしたちのほとんどの理解を超えるものだった。サークルのメンバーたちも、それと同じくらいの心を自分自身に向けるべきだとすすめていた。

デブがくつろいで大きなベッドに横たわった。ストレートのロングヘアーが、頭のすぐ下にある枕の上に広がっていた。変性意識状態でクリアな情報を得るため、彼女はその数日前にディレインとのボディーワークと絶食を行っていた。あとで話し合ったことだが、デブが準備しておいたことで、三次元において彼女が一度に変化しているらしいということを証明する結果になった。彼女は変性意識状態でわたしと話し、インディアンだったときの生涯を感じ、思い出していた。そして同時に、ハイアーセルフの視点からも語っていたのだ。自分のマインドの一部がまるであの時代の言葉で話しているように感じたことが何度かあったと、その後、彼女は話してくれた。それ以外のときは、わたしの質問に答えるために自分が翻訳し、て、い、る、ような気がしたという。彼女は穏やかで平和な状態にいる自分を見ることから始めた。

デブ　山の頂上にいる自分が見えるわ。大きく膨らんだきれいな雲、青空、太陽が輝いてる。

ジャネット　すばらしいわ……エネルギーをあの〈時〉とその空間にいる自分の身体のなかに移動させてみて。あなたの身体について教えてちょうだい。

デブ　とてもたくましいの……広い肩、細かいビーズ細工の折り返しが肩についてるわ。右隣りにわたしの馬がいるのが見える。スターバースト（星の噴出）……それが馬の名前よ。きれいな飾り……（笑い出す）犬みたい。わたしのあとをずっとついてまわって、わたしを突ついてるわ。ふざけるのが好きで、かわいい動物よ。

ジャネット　そのとき、その場所の自分を感じて。この日、あなたはどんなふうに感じているの？

デブ　向こうから何か乗り物がやってくるのが見える。

自分に見えているものについて話すのがデブのふだんのやり方だったことを、わたしは思い出した。

ジャネット　その乗り物について教えて。

デブ　アーチ型になっていて、両脇に板がついてる。てっぺんに白いクッションがあるわ。
ジャネット　それを見たとき、どう思った？
デブ　馬がその乗り物を引っ張ってる。
ジャネット　前にも見たことがあるの？
デブ　いいえ。
ジャネット　これを見て、どう感じた？
デブ　わたしの表情は……（混乱している様子）何をするつもりなのか聞こうとしてるみたい。彼らはどこに行くの？
ジャネット　あなたは一人なの？　それともだれかと一緒なの？
デブ　一人よ。
ジャネット　ここにはよく来るの？
デブ　瞑想したり、祈りを捧げるために。大いなる魂とわたしは一つなのよ。
ジャネット　自分がだいたい何歳くらいなのか、分かる？

すぐにわたしは自分がした質問に狼狽した……わたしが年齢をたずねたとき、彼女／彼はわたしが何のことを話しているのか分からなかったのだ。

デブ　何を言ってるのか分からない……わたしはベテランなの……子供もいるわ……。
ジャネット　お子さんたちについて話してくれない？
デブ　男の子。ほかの子供たちと遊んでるわ……森や丘の斜面といったことについて勉強する必要はないし、まだ戦士でもない。いい子よ。女の赤ちゃんもわたしの腕のなかにいるわ……。

言いながら、デブは覚醒してきたようだった。

デブ　たぶん、わたしが丘の斜面の上にいるからよ。妻が見える。とても美しいわ。

ジャネット　奥さんの名前は分かる？　彼女のことをなんて呼んでいるの？

デブ　サン……サン……。

ジャネット　いいわ。今はそのままでいいわ……そのうち分かるでしょう。ほかにあなたの家族について何か分かるかしら。どこにいるの？

デブ　わたしたちは幸せで……平和だわ……平和なの……。いろんなことが起ころうとしてる……とても心配してる……いい感じがしないわ。

わたしはデブに、どれくらい先のことであってもいいから、次の大きな出来事に進むようにと言った。何年か前、フレイミング・アローが話したときに怒りを思い出したのとは違い、抑制された声と魂の悲しみが聞こえてきた。

デブ　何かが起こってるのはたしかよ……一族の半数は行ってしまった……炎……煙……わたしはとんでもない混乱に巻き込まれたんだわ。

ジャネット　あなたはどこにいて、何をしているの？

デブ　恐ろしくて、その場に立ったまま。動けない。行ってしまった。白い肌の人たちがどこからやってきたのかを見に行かされたの。ほかに三人、一緒よ。何日も留守にしてて……戻ってきたら、こんなことになってた。

ジャネット　何が見えるの？

デブ　泣き叫ぶ人、呻《うめ》く人、歌う人びと、死体。一族はずっと小さくなってるわ。

ジャネット　ここで何が起きたの？　あなたの仲間たちに何が起こったの？

デブ　だれかがわたしたちを襲ったのよ。

ジャネット　だれが？

デブ　わたしたちが泣いているのが聞こえる……魂だわ。どうしてこんな……なぜこんなことが起こったの？　なぜ彼らはこんなことをしたの？　わたしたちは決してだれも傷つけたりしない。わたしたちは……平和に暮らしてる、とても幸せだったわ。

ジャネット　あなたの家族はどう？　何が起きたの？

デブ　みんな……みんな殺されたわ。虐殺されたのよ。(彼女のマインドが別の場所に移った) また丘の上にいる。もっとひどいことが起こるって……。

ジャネット　それであなた、どんなふうに感じているの？

デブ　(怒りにかられて) なぜこの土地なの！　彼らはここをめちゃめちゃにしてしまうのよ。戦い。(囁き声で) どうしてこんなことができるの？

ジャネット　どう戦うの？

デブ　わたしたちの戦士は行ってしまった。四人いたの、わたしと一緒に (微笑む) ……頭のおかしい女の人のところにわたしたちを置いていったわ。

ジャネット　その女性のことについて話して。

デブ　彼女は超越しているの……歌をうたってて……分別というものがないのよ。今もここにいるわ。わたしは水の近くにいる。湖があるのが見える、でも……そのそばで水が動いているのは見えないわ。その静けさは見えない。今は六月……種まきのとき、木々には少しだけ育った小さな葉。

ジャネット　あなたたちは今年も種をまくの？

デブ　いいえ。

ジャネット　あなたたちはどうなるの？

デブ　出発するわ。食べ物を奪いにいくのよ。ここには食べるものがほとんどないの。

三つ数えるうちに先に進むよう、デブに言った。

デブ　火の周りにみんなが集まっている。シルバー・イーグルが話しているわ。「われわれに戦うことはできない……これだけの……人数では。彼らに和解を申し入れ、一族として存続できるよう願うのだ。われわれの血がわき出る泉のごとく続いていくために。次の満月を見るために……そしてわれわれの子供たちが幸福と平和を母なる大地に見いだすために」

デブはその様子を見ながら、ふたたび意識の状態を上げた。

デブ　わたしはフレイミング・アローとして、うんざりしながらその場に座っているわ。

再度、彼女は無意識状態に入った。

デブ　ヘイヨカ・コヨーテが言うの。「わたしはあなたの後ろにいる。呼びかけられ……あなたはその声に気づく。太陽は月におおわれ……オオカミの遠吠えが響く……別れの歌だ」。（深い悲しみに暮れて）わたしたちが輪になって座ることはもうないんだわ……二度とふたたび。シルバー・イーグルが頭を振ってる。座っているのは、わたしたちのうちのたった六人……七人しかいないわ。（表情が変化する）

ジャネット　どうしたの？

デブ　とても小さな一族なの。女の人たちは檻のなかにいる犬みたいに縮こまってる。わたしたちはそれは幸せだったのよ。もう前と同じようにはなれない。どうしてこんなふうに変わってしまったの？　食事のとき、わたしたちはスピリットとガイドたち、そして四つの方角に祈りを捧げていたの……これは何のメッセージなの？

わたしたちは滅亡の運命にあるのよ……このおぞましい生きものたちに襲われるんだわ……（うんざりしきった声）……白人という生きものに！　白人の女性たちはどこにいるの？　女の人はいないじゃないの！　彼らの生活はまるでバランスがとれていないわ！

祖父たちが話してくれた物語を思い出すわ。母なる大地の大きな揺れ……大地が震え、やがて岩が落ちてくる……動物も人間も震えあがった……まるで泥を振り落とそうとしている馬みたいに。白人たちが……彼らが次々にやってくる……彼らは人生に対して何ひとつ敬意を払っていないわ。オグララの教えもまったく理解できないのよ……祖父たちの物語のことも。お返しもせずに手に入れることはできないわ。思い出さなければ……兄弟姉妹を愛するために、自分自身を愛することを。大きな変化が起ころうとしている。わたしにはその理由が分からない。

ジャネット　その変化って何なの？

デブ　大地が揺れ、バランスを失っている……変化、大地は……変わりつつあるわ、わたしたちはそのことを聞いていたの。簡単に回避できる方法があるとだまされてはだめ。それはなされなければならないのだから。一族は行ってしまう。一族は戻ってくる。

さらに先に進んだ。

デブ　オオカミが声をあげている……オオカミが声をあげてるわ……風のなかからその声が聞こえる。一族の多くが殺され、打ち砕かれ、バラバラにされた。憎しみを感じる……怒り……恐怖……そして悲しみも。わたしにはそれが分かる。彼らは虐殺したのよ！　でもわたしの命を奪うことができても、魂は奪えないわ！（感情が深まり、涙があふれてきた）この人たちを愛するなんて、できない。（呼吸が深まり、涙を流した）わたしたちはとても誇り高いのよ。この人たちのことは愛せない。できない……どうすればいいのか……。

わたしはデブをその生涯の最後のときに行かせた。

デブ　わたしは家族と一緒にいて、太陽の光がわたしに当たっている……情熱のとき……子供たちと一緒に遊んだ。

フレイミング・アローがその肉体ではなく、スピリットとつながったのが明白になった。次の言葉はその理由を説明したものだ。

デブ　わたし……わたしには見えない……だって、目隠しされているんだもの。わたしの目は布でおおわれているわ。これが最後なのね。

ジャネット　もっと話せることがあるかしら。

デブ　わたしは通過しているところ……わたしたちは通り抜けているところよ。わたしたちが忘られてしまうことはないわ。わたしたちの道はわたしたちとつながってきたわ……何層にも……広がり……互いに触れ合い、ゲームをしたり、笑ったり、歌ったり。わたしたちはもっと笑わなくっちゃ。シルバー・イーグルは自分の一族をとても誇りにしていたわ。悲しみは過ぎていった……もうそれほど悲しいわけではないの。理解という感覚があるわ。それはわたしたち一族に必要なもの……ただわたしたちは混沌のなかに巻き込まれただけ。虐殺された悲しみ……わたしたちはそれを思い出すわ。彼が見下ろしている……わたしも下を見ているわ。

ジャネット　下には何が見えているの?

デブ　青いジャケット、火のついた棒、笑い声……聞いたことのない笑い声だわ。ヘドが出そうよ! ひどい……わたしにこんなことをするなんて。何かにおうわ……肉体が放つにおい……わたしの知らないにおい……それがアルコールなんだって、今なら分かる。(話し方がゆっくりになり、混乱している) うまく言えないわ……この人たちは……何かにたとえることもできない……だって、彼らと比較できるようなものが何もないんだもの。彼らみたいな振る舞いは、今までに見たこともないわ。木や枝、バッファローとか花なら、わたしはどんなのだって知ってる。アナグマやクマ……たぶんトカゲみたいなものだって。トカゲだって、ばかにしちゃいけないわ。痛みと、一族がそこにいるのを感じる。わたしの家族はただの夢なんだわ。

ジャネット　立ち去る前、最後に見たものは何？

デブ　自分が吊るされているところ。両腕が縛られてるわ。左足が痛い。火のついた棒。だめよ！できないわ！

フレイミング・アローの戦士のエネルギーが戻ってきたのだと、わたしは思った。デブの退行は、ドットとロバートのことがあってからの自分にわたしを引き戻したようだった。わたしは目前に迫った旅のことについて考えはじめていた。

第13章　思い出す準備——【一九九一年一月下旬】

マーガレット

一族のことを書いてみようと思い立った場所、フロリダに発つ前に、わたしはいまだはっきりしない結論に白黒をつけるため、また今後必要になる資料を集めるために、あの一族にあったときの生涯に戻ったことのある人たちの何人かと接触した。手はじめに、息子のスコッティとメリーランドに出向き、サラを訪ねた。マーガレット・オズボーンとも話したかった。あの〈時〉、彼女はシルバー・イーグルのもう一人の仲間だった。サラの住まいはマーガレットのところから二時間はかかるため集まることはかなわなかったが、わたしは彼女と電話で話すことができた。

マーガレットは「母性エネルギー」を持った女性で、ディレインによく似ていた。才能にあふれ、どんな状況でも自分をコントロールすることができた。彼女がインディアンだったときの生涯に退行したことは一度もなく、彼女もとくに記憶はないと言っていたが、サラは彼女がシルバー・イーグルの仲間であったと感じていた。インディアンの生涯での自分の名前がライジング・サンだったということに思い当たるふしはなかったものの、今ではその名前が大切なものになっているという。最近になって、彼女はネイティブ・アメリカンの伝統的な方法で自分の周りにシールドをつくるワークショップを受けていた。彼女は瞑想中に見えた太陽のシンボルを自分のシールドの上に置いたと言った。

一族のメンバーだけでなく、わたしたちを襲った戦士たちの多くも今生に現われているということが徐々に分かってきた。サラのところから帰宅して、わたしたちのサークルに夫との関係で悩んでいる女性が二人いたことに気づいた。二つのカップルはそれぞれ別の町に住んでいたが、どちらの夫も強い所有欲と怒りをあらわにし、妻を驚かせ、いらだたせていた。それぞれの妻から電話で聞いた話から、それはひどくリアルな権力争いのように思われた。わたしは彼女たちと話をしながら、「またあなたを殺させてはだめ！」と叫びたい衝動に駆られた。

わたしは口を閉ざしたままカウンセラーとしての態度を崩さず、自分のマインドの不思議な反応に注目していた。この二人の女性はどちらも肉体的な危険にさらされているわけではなかったが、わたしはこういうメロドラマ的な思考には不慣れなのだ。わたしは、これは肉体的な危機ではなく、むしろ他者に対してパワーを使うことを放棄してしまったことからくる精神的・感情的な危機であると理解していた。どちらの夫も、過去世で戦士だったのだとも感じていた。彼らの無意識の領域で過去の行いを改める必要があって、それが所有欲となって現われていたのかもしれなかった。

ダン

この物語をいよいよ書きはじめようという段になって、一族とフライング・アローとしての生涯を送ったときの記憶を息子のダンからじっくり聞いておく必要があると感じた。ダンはボストンから中西部に引っ越していたが、気がつくとわたしは彼に会いに行く飛行機の上にいた。もう一人の息子、スコッティは、兄が頭にヘッドドレス、背中に矢というインディアンの姿をしているイメージを見たことがあった。このインディアンの腕は鳥の羽根におおわれ、翼のように見えていたという。「ぼくが見たのはダンだったんだ！」と彼は興奮して言っていた。

愉快な訪問だった。彼には、始終ハプニングに遭遇するという才能があり、ある友人が思わず「人生という川のなかで笛を吹いている」と言ったほどだ。ある日の午後、わたしはスコッティが瞑想中に見たインディアンのことを話しはじめた。ヘッドドレスのことを言い出すと、すぐに彼がそのあとを引き取った。「それはぼくだ！

ヘッドドレスは鷹のお面のように顔を半分おおってて、鼻のところまであるんだ。ぼくはいつも矢を背負っていた。自分の姿がはっきり見えるよ」と彼は言った。

ダンは変性意識状態に違和感を持たない人間の一人だった。右脳を自由に駆使できるクリエイティブな人たちにとって、これはごく当たり前のことだ。ダンの霊的な知識は、これまでわたしがともにワークを行っただれよりも強力だが、同時に彼は十分にグラウンディングしているので心配することはない。彼はわたし（と一族の大半）と同様に、極端にニューエイジに走ることも拒絶している。また容易に催眠状態に移行することができた。わたしはシルバー・イーグルの一族にいたときの彼に移行することを提案した。「……もしも実際にあなたがそこにいたのなら」

ダンは、ティーピーのなかで燃える炎と、その周りに集まる親しい人たちの顔を見た。とてもくつろいだ雰囲気で、ロバートをはじめとした人びとの存在を感じた。彼は時間の大半を小さな山の頂きの岩の上で過ごし、自分が踊る姿を見ていた……ゆったりとしたリズミカルな動きは太極拳に似ていた。やがて、一羽の鷹が現われて彼の周りで円を描きながら飛ぶ。それが自分のスピリット・ガイドとなる動物であることが、彼には分かっていた。

ダン　とてもいい感じだよ、ぼくの仕事にも効果があると思う……山の上がぼくの仕事場なんだ。ぼくはある種のメディスン・マンだったんだ。初めのうち、年老いた男性が腰をおろし、ぼくの腕を見つめながらたたずんでいた。彼はグレーの髪を結んで後ろにたらし、顔にはしわが刻まれていた。最後にはぼく一人だけになった。鷹はいつもそこにいた。ぼくが山からおりてくると、よくブライアンがやってきて、二人でキャンプまで歩いていったんだ。ぼくらは自分たちがしようとしていることにワクワクしていた。女の人が見える。たぶん妻なんだろう。黒髪は長く、膝までのドレスを着ている。
夜になって、半分のお面をつけたぼくが火の周りで踊っている。両腕には鷹か鷲の羽根がついていて、ぼくは腕を伸ばして踊っているんだ。みんなのヘッドドレスや衣装はどこかぼくのを真似している。

ダンは自分が偵察者として送り出されていく様子を見ていた。

ダン　ぼくは馬にまたがり、ぼくら四人を見送りにきたシルバー・イーグルを見つめていた。彼を思い出すと、ぼくはとても誇らしく、すばらしい気分になるんだ。はだか馬の背に乗り、たてがみにしっかりしがみついて先を争った。ぼくらは別れ別れになると、やがて丘の向こうで落ち合った。そしてまた別れた。だから話をすることはできないけれど、互いに合図を交わすことはできた。みんながゆっくりと丘を登っているとき、ぼくはだれか一族に知らせにいくようにという合図を送ったんだ。年の若い一人が知らせに戻った。彼が戻れたのかどうか、ぼくには分からない。

ダンは自分の死がふいにやってきたことを知った。何者かが背後から近寄ってきて、彼の首にロープを投げたのだ。彼は馬に引きずられた。

ダン　それは突然起きたんだ。鷹がぼくを連れて行こうとして、円を描いて飛んでいた……鷹が円を描き、ぼくは円を描いて上がっていった。

これ以後、車を運転したりピンクフロイドの曲を聴いていると、岩の上で腕をゆっくりと動かしながら鷹の目を覗き込んでいる自分のイメージが自然に現われるようになった、とダンが言った。ピンクフロイドの音楽を聴いていると、いつも必ず同じイメージが彼のマインドに浮かんだ……鷹の目、そして自分が鷹と一つにつながって飛べるという感覚。何年かしてダンはピンクフロイドのカセットテープを買い、その曲が何であったのかを知った。「その曲をかけてあげる」と彼は言って、テープをステレオにセットした。その曲は彼のイメージをわたしのマインドにはもたらしてくれなかった。「曲名を見て」と彼は言い、テープのケースを指さした。わたしはそのタイトルに仰天した。『Learning to Fly』(飛び方を学ぶ)というタイトルだったのである。

ダンを訪ねたのは、物語を書きにナポリへ出かけるための最後の準備だったのだ。わたしはずっと以前、シルバー・イーグルの絵がわが家に届いたときのこと、そして同じインディアンの一族をさかのぼった三人の人びと――ドット、ロバート、そしてデブ――があのときのセッションを録音していたことを思い出した。だが、ドットとロバートは自分たちの録音テープが使用されることを嫌がっていた。

デブ

デブだけがテープを貸してくれた。あのとき、強力な戦士のエネルギーと同時に怒りが彼女の声を通して現われていたことを思い返した。デブのテープは郵送で届き、わたしは彼女が喜んでテープを貸してくれたことをありがたく思った。腰をおろし、テープに耳を傾けた。最初のうち、彼女は島に住んでいたときの過去世について語っていたが、わたしが「今の彼女を苦しめている記憶」に移行させると、彼女の楽しげな明るい声が重苦しく攻撃的なトーンに変わった。すっかり忘れきっていたことを耳にして、わたしはショックだった……これはシルバー・イーグルの絵が届くより以前に録音したものだ。ロバートの退行よりも前のことであり、現在わたしたちに分かっている一族に関する情報を得る以前のことだった。一九八六年九月二日のことだ。

デブ　赤い男が見えるわ。みんなをこの洞穴からおびき出そうとしてる。フレイミング・アローの声が何度も何度も聞こえる。「こっちにおいで。出ておいで。みんなが必要なんだ。必要なんだ」。(間があって) 彼はわたしだわ。わたしはすね当てを着けてるの。「数の上ではこっちが強い」。わたしは洞穴の入口にいて、こちら側には小さな石、あちらには大きな石があるのが見えるはずよ。何人かの顔が見えるわ。激しく口論してる。

ジャネット　その口論について話して。

デブ　わたしの相手がこう言ってるわ。「われわれには力もなく、疲れている」。彼の手には身体を支えるための杖がある。これ以上、わたしたちには戦えない。

ジャネット　その人がだれなのか、分かる?

デブ　彼は牛の皮でできた薄いひもを頭に巻いているわ。たくさんの人たちが泣いているのが聞こえる……(声を真似る) ううん、泣いているんじゃない、呻《うめ》いているみたい。(悲しそうに) わたしはここを去ろうとしているわ。

ジャネット　どんな感じがしてる?

デブ　嫌悪感。わたしはこんなふうにしたのよ……(腕を伸ばして行く手を阻むしぐさをする) ここにとどまるんだ!

ジャネット　なぜ彼らに嫌悪感を抱いたのかしら?

デブ　今はわたし、泣いているわ。

ジャネット　嫌悪感が涙に変わったの?

デブ　ええ。今は泣いてるわ。もうすぐ終わりになることが分かってるからよ。だめ……わたしは自分に言い聞かせてる、「泣いちゃだめ」って。とても乾燥していて……食料もなく、水もない。ひどく空腹なのを感じるわ。口の中が焼けるように乾いてる。

ジャネット　ほかにだれかいるの？　洞穴のなかじゃなくて……ほかの人はどこにいるの？

デブ　木にぶら下がってるの。まるで太い線のようだわ。四人か五人……わたしには数えられないし、彼らに目をやることもできないわ。わたしは黄色い男を見下ろしている。青いスーツ、青い騎兵隊の制服を着ているわ。彼はわたしに銃を突きつけて笑ってる。

ジャネット　彼に対してはどんな気持ち？

デブ　つばを吐きかけたわ。

デブが「わたしは本当に激しく戦っているわ……まるで出たり入ったりしているみたいに……見たくない。わたしがぐるぐる回ってるわ」と言ったとき、彼女の意識はさらに覚醒していた。デブのマインドで葛藤が起きているのが分かった。この生涯は明らかに彼女にとってパワフルなものだったが、この退行をそのまま続けることも、さらに深いところへ行くこともできるようには思われなかった。そこで自分自身の体験やその影響を冷静に判断できる、さらに高い意識レベルに彼女を移行させた。

デブ　ああ、なんてこと。憎しみがあふれてるわ。

あの〈時〉にいただれかが今生でデブのそばにいるかどうか、聞いてみた。

デブ　分からないわ。彼らを見ることはできなかったから。ぶら下がってる身体をちょっと見ただけだもの。見られなかったのよ。

デブを戻す前に、彼女のハイアーセルフから届いた思考があるかどうかたずねた。

デブ　彼らを許しなさい。自分たちが何をしているか、分からないのだから。

ボディーワークを使った準備

デブの退行をもう一度聞いてみたことで、わたしはフロリダに行く準備ができたと思った。わたしには分かっていた。シルバー・イーグルの一族の一員であったときの生涯を見るため、わたしはマイケルとケイトを訪ねているあいだに自分を変性意識状態に置こうとするだろう。わたし自身の体験が必要だった。**いったい、何が見えるのか？**　父が死ぬ直前に死んだのはわたしだったのだ。**わたしはあの〈時〉に行くことができるのかしら？何を思い出すのかしら？**

電話でマイケルが言っていた。「まるでぼくらがきみをとんでもない目に遭わせようとしてるみたいだね。ぼくらには太陽があり、ビーチもある。気持ちのいい空気もあるし、平和も静けさもあるよ」。**彼の言っていることは正しい。この旅はただの休暇になるかもしれないじゃない。なのにどうして私の内側はこんなに混乱しているの？**

出発する直前になって、わたしは自分の直観にしたがってジョン・ペレスタムに電話をかけた。彼はマルダが勤める病院でカイロプラクターをしていた。驚いたことに　フロリダに発つ前に予約をとることができた。わたしは夜になると手が麻痺すると彼に話し、さらにこう告げた。「ここに来た本当の理由は、わたしの直観があなたに会いに行くようにって言ったからなんです」

彼がワークを始めると、わたしは自分の直観がいかに貴重なものであったかを思い知った。

「ドクター・ジョン」は真のヒーラーである。今、自分の心臓を守るため正しい位置に戻す様子をイメージすることがある。ドクターはわたしの左腕の筋肉を調べはじめるや、すぐに麻痺している理由を察知した。いくらか調整をしただけで、それは治った。次に彼はわたしの身体、とりわけ心臓のあたりを入念に調べると言った。「問題は心臓だね」と彼は首を振って続けた。「心臓の位置がずれてるんだ。後ろに下がってるし、少し右に寄ってる。あばら骨のせいでずれたんだ」。わたしは自分の耳を疑った。意識していなかった恐れは、すでに表に出ていたのだ。わたしの肉体に現われていたのだ。彼がさらにいくつかの治療を施すと、わたしはこの数週間で初めて自然に呼吸することができた。

次はディレインのところでボディーワークをすることになっていたが、約束の前日の夜に雪が降った。翌朝、わたしはアパートの窓から外を見ながら、道路が滑りやすくなっているかもしれないと考えていた。しかし、道路はきれいで、車もスムーズに動いていた。わたしは少しばかりがっかりしたのだろうか?

けれども、わたしのある部分では、ディレインのマッサージ台に上がることに期待する気持ちもあった。いずれにせよ、ボディーワークが必要なことは間違いなかった。**遅れたことなんて一度もなかったのに。**カーラジオが午前十時をまわったというのを聞きながら思った。家を出たのはかなり遅かった。車の窓についた氷をこすり取り、オフィスに寄って留守番電話のスイッチを入れ、さらにはなんの気なしに高速を東に向かっていた――西ではなく。こんなことをわたしがしているのは、わたしが到着するまでにディレインに時間が必要だからなのかと思っていた。しかし、それは違った。あとになって分かったことだが、わたしの無意識が言い訳をでっちあげていただけだったのだ。

ディレインの家のドライブウエイに車を入れると、わたしはあたりを見渡し、ダンといとこのジンジャーがまだ幼く、一緒に農場を訪れた日のことを思い出した。はるか昔はインディアンたちがこのあたりを歩き回っていたのだと、ディレインの夫が子供たちに聞かせていた。ダンとジンジャーは興奮し、先を争って矢尻を探した。

思い出して、わたしは笑みが浮かんだ。ダン――フライング・アロー――は、この土地に矢尻があることを何年も前から知っていた唯一の人間だったのだ。

ディレインのオフィスに到着すると、急激に始まった変化に追いつこうとして躍起になっている周囲の人たちのことなど、しばらくのあいだ近況を報告し合って過ごした。

「それで、今日はどうする?」と彼女が聞いた。

わたしはマッサージ台の上でくつろいだ気分になっていた。「分からない。あなたの直観に従うわ」

ディレインの手がわたしに触れるまで、わたしは自分の首が固まっていることに気づいていなかった……硬いのはいつも右側だったからだ。「シルバー・イーグルが何かメッセージを持ってここに来てるわよ」。変性意識状態に入っても、依然として自分の頭に触れているディレインの手に集中している私に、彼女が言った。ディレインを通して、シルバー・イーグルがわたしに話しかけ、やってくる記憶をそのまま感じているようにと告げていた。

シルバー・イーグル　訓練は厳しかった……わたしはおまえが自分のマインドを使えるよう訓練した。

わたしがふたたび彼のそばを歩いている自分を思い出すと、彼が言った。

シルバー・イーグル　記憶を感じるままにまかせるんだ……感情とクリエイティビティがわき出すままにして。おまえが作ったダムはとても高くて、丈夫で、まるでコンクリート製のようなのだ。チョロチョロと流れ出す程度に穴を小さく開けるのではだめだ。ダムを壊さなければ……マイケルもダムを壊す人間の一人だ。

「彼が優しくやってくれるだろうって、信じてるわ」。わたしは冗談を言った。ほんの数日前、フロリダにいる自分を思い描くたび、泣いているわたしが見えるとマイケルに書き送ったばかりだった。**簡単に泣いたりしないのに。**わたしは思った。なぜ、こんなに激しく泣いている自分が見えるのかしら？

「マイケルがその一人なのは知っています」とディレインを通じて、わたしはシルバー・イーグルに告げた。「でも、なぜマイケルなんですか？」

シルバー・イーグルの答えを聞きながら、わたしの目には涙が浮かんできた。

なぜなら、おまえが自分自身の内にマイケルを見ているからだ。

「ああ、神様……そんなこと、感じたくもないわ！」とわたしは声をあげた。

シルバー・イーグル

ランニング・ディアーとのあいだには、失われてしまう友情があったのだ。何度生まれ変わっても、そのたびにおまえは愛する人を失った。おまえがその真心を与えると、彼らが奪い去られていくことがあまりにも多かったのだ。おまえが今、簡単に人と離れてしまうのはそのためだ……続けることを学ばねばならなかったのだよ。それが心に浮かぶと、おまえは人びとと距離を置いてしまうのだ。記憶が戻ってきたら――それがいつなのかは言うまい――その情景とともにいなさい。その感覚とともにとどまるのだよ。

「わたしにできるかしら?」とわたしは言って、これまでに達したこともなければ、自分に許すこともしてこなかったような感情のレベルにある自分を想像してみた。そうしたいと願っているとわたしが感じていることは意識できた。しかし、はるか昔に受けた無意識の領域に働きかける訓練の方が、ずっと強力だった……それは感情の高まりがある一定の時間を超えると、自動的にバルブを閉じ、閉め出してしまうものだった。

ディレインがチャネリング状態から戻りつつあった。彼女は身体を振って現実に近づいた状態に戻るとコップの水をすすり、靴をぬいでさらにグラウンディングした。「あなたがハートを開く手助けをしなければならないっていう声が聞こえたわ」と彼女は言った。「あなたかわたしが十分だと感じるまで、しばらくわたしの手をあなたの心臓の上に置いておくわ」

わたしの胸に置かれた彼女の手は心地よく、暖かだった。何秒もしないうちに、彼女は喘ぎ声をあげ、もう一方の手を口に当てた。「何か見えてる?」と彼女が聞いた。私には何も見えていなかったが、ディレインには何かが見えているのははっきりしていた。

「何が見えているのか言ってみて」。このとき、見ているものを彼女が止めることはできないのを分かっていて、わたしは彼女に言った。ディレインはわたしの胸に右手を乗せたまま、左手で自分の胃をつかみ、叫んだ。「あいつらがあなたの心臓を切り取ってる……あなたの心臓を切り取っているのよ……そして、それをシルバー・イーグルに渡したわ!!」

わたしには見えなかったが、目に涙があふれた。身もだえしながら、ディレインは自分に言い聞かせていた。「それとともにいなさい、それとともにとどまるのよ……」。彼女の手は、わたしの心臓の上に乗せられたままだった。

その夜、わたしはディレインが感じ取ったことについて、マイケルに書き送った。数日して電話が鳴り、優しい男性の声が聞こえてきた。「ぼくは誓いを破ろうとしている」

「誓いを破ろうとしてるですって？」と聞いてわたしは続けた。「何の誓いなの？」

「あなたに電話をしないこと。経済的な理由でね。だけど、あなたはあんな手紙を送ってくるような人じゃないし、ぼくからの返事を待ってるような人でもない」とマイケルが言った。

「あなたはあれが実際に起きたことだと思うの？」。彼の返事を知りたくてわたしは聞いた。

きっぱりした声で彼は答えた。「ぼくの存在のあらゆる部分が正しいって言ってるよ。あれが間違っていないことは分かってる。ディレインが見たことは事実なんだ」

自分自身を求めてマイケルと一緒に座ったら、いったい、どんな恐ろしいものが見えるのだろうか。

出発の前に、一族の人たちの何人か、とくに今生で親しくしてきた人たちに連絡をとっておきたいという思いに駆られているのを感じた。まずディレインとマルダに会い、デブは電話で励ましとサポートを送ってくれた。

それからほどなくして、エレインと朝食をとった。互いの近況を話したあと、あの一族のことを書いた本に登場する彼女を仮名にした方がいいだろうかと、わたしは聞いた。彼女は自分が本のなかに出てくるとは思っていなかった。赤ちゃんだった彼女にはほとんど記憶がなかったからだ。最初、彼女は自分の名前をそのまま使うようにと言ったが、しばらく考えて、家族に関わる理由から仮名を使った方がいいという結論になった。わたしは、彼女がお祝いのパーティーで言った「一族を恥ずかしめてはならないわ」という言葉についてたずねた。その言葉が自分の口から飛び出すの聞いたとき、彼女はひどくドラマティックに聞こえたように思えたという。わたしは、赤ちゃんだった彼女が周囲の人たちからメッセージを聞き取ったのではないだろうかと思った。誇り高くあれ、強くあれ、そしてわたしたち自身、あるいは互いを恥ずかしめてはならないというものではなかったか。あの晩、彼女の言葉を聞いたとき、聞き取ったメッセージが底にある無意識の領域から、彼女がストレートに話していると感じた。

次に、ヴィッキーに電話をかけた。彼女は最近、ワイルドフラワーだったときの自分がアルツハイマー症にかかったり、呆けたりしていなかったことに気づいたという。「わたしのサイキック・エネルギーは使い果たされちゃったわ」と彼女は言った。「今生でどうしてわたしがこんなに用心深いのかを教えてくれてるのよ」。わたしには彼女の言っていることが理解できた。彼女の見解は、極端に繊細な肥満の人びとと彼らの無意識の領域にあるブロックについて、わたしが調査した結果とも一致していた。

カレンとは昼食を一緒に食べた。彼女は自分の名前をそのまま本に使って欲しいと言った。「フィクションじゃなくて、起こったことをその通りに書いてくれることが、とてもうれしいの」と言い、彼女はつけ加えた。「こういう方法で書くことで、あなたは一族の一人ひとりにパワーを与えているのよ」

カレンやほかのたくさんの人たちの励ましは、一族の物語を語りたいというますますの思いにわたしを向かわせた。同時に隠れたままでもいたかった。今でもわたしの内側で恐れがわきあがっているのは明らかだった。自分のビジネスも縮小したままだったし、広告に過去世回帰を行っていると載せずじまいだった。だが、スコットと別居するようになった今、もっと自分で生計を立てていく責任を引き受けねばならなかった。気づかぬうちに、自分の背中を押さなければならない状況に自分を押し出しているように思えた。

コーヒーを飲みながら、自分の心配をロズに語った。「わたしが無意識の内にある恐れと向き合おうとしているのは分かるの。でも、この物語のためにまた〈攻撃〉されるのが怖いのよ」。わたしたちは、いかに人が簡単に他人を判断し、自分の信じる体系と経験（あるいはそのどちらか）と異なるものを軽蔑するかということについて話し合った。輪廻転生に対する信仰や、とんでもない形で行われる「ニューエイジ」——わたし自身はその仲間であると分類されたくない——とやらのイベントをメディアが報道するのを見たことがあった。わたしは続けた。

「ふつうのセラピストだとはもう思ってもらえないわ」

ロズが驚いて笑った。「ジャネット。今までだって、あなたはふつうのセラピストじゃなかったよ」と彼は言った。

第14章　ヘザーが虐殺を目にする——【一九九一年二月初旬】

「関係性——無条件の愛へのチャレンジ」と題したセミナーの最後のセッションを終えた翌朝、ロズがナポリへ行くわたしを空港まで送ってくれた。

ナポリへ向かう飛行機の上で、わたしのマインドはドットとサイキックの友人とワークをして過ごした週末のことにぼんやりと思いを馳せていた。少なくとも四年は前のことになる。馬にまたがり、疲れきった様子のインディアンを描いたデッサンを見たドットが、無意識のうちにある記憶を蘇えらせた。彼女はスタンディング・ツリーであった自分を見てすすり泣き、涙によって解き放たれ、癒されていた。そのあとで、サイキックの友人（サークルのメンバーでも、わたしたち一族の一員でもなかった）が変性意識状態に入り、わたしに直接話しかけてきた。彼女は一族のスピリットがまだ解放されていないと言い、くり返し歌った。

賢明なる酋長の子供よ、死体を埋葬せよ、死体を埋葬せよ
賢明なる酋長の子供よ、死体を埋葬せよ、死体を埋葬せよ
賢明なる酋長の子供よ、死体を埋葬せよ、死体を埋葬せよ

わたしたちはあの〈時〉と虐殺の様子につながろうとしたが、わたしの無意識のマインドは感情を感じたり自分自身の記憶を思い出すことに対してブロックされたままだった。涙を流すこともなく、自分の生涯を思い出す

こともできなかった。サイキックの友人には酋長とわたしがぶら下がっている情景が見えていた。

あなたの父親を見なさい……父親に何を言うのですか？　父親にどんな言葉をかけるのですか？

わたしはなんとか協力しようとしたが、どうしてもその記憶を思い出すことはできなかった。自分の内側を探しても、口から出たのは「きっとわたしには思い出せないんだわ」といった言葉だけだった。
わたしは飛行機の窓から外を見つめた。あれから、あまりに多くの出来事があった。痛みが強すぎるせいで思い出せないのだろうかと考えながらも、一つだけ確かなことがあった——マイケルと一緒でも思い出せないのなら、だれが一緒でも思い出せない。
マイケルとは空港で会った。冬の厚いコートをマイケルの車にしまうと、暖かな太陽を身体に感じた。「二月だっていうのに、なんて素敵な陽気なの」とわたしは言った。急いでマイケルとケイトのタウンハウスに着くと、わたしたちはどっぷりと話にふけった。

ヘザー

翌日、ヘザー・カーティスが夕食に加わった。彼女とは前の年の夏以来、連絡をとっていなかったが、彼女との再会はすばらしいものだった。彼女の体の大きさとエネルギーがかもし出すその強い存在感に、わたしは以前と同じように心打たれた。彼女のユーモアのセンス、気軽な装い、そしてその人間性がうれしかった。パワーに加え、今回はその下にある怒りと悲しみが見えていた。彼女は仕事を変え、住まいをナポリに移し、いまはマイケルとケイトの家からほんの数マイル離れた場所に暮らしていた。

短い訪問のあと、ちょっとした電話以外、ヘザーとわたしが話をすることはなかった。ケイトとマイケルが口をそろえて、彼女はわたしを避けているのだと言う。

「わたしを避けてるですって？　どうして？」

「あなたには彼女の内側が見えるって、ヘザーは思っているのよ」とケイトが答えた。

「どうしてそんなことを言うのかしら」

マイケルが言った。「だって、できるじゃない」

わたしの存在が何らかの方法でヘザーに働きかけることは可能だった。ケイトに励まされ、次の日曜にヘザーが話をしにきてくれたときはうれしかった。ケイトが優しく、ヘザーに話をするよう促した。「あなたを避けてたのは分かってるの」とパティオのテーブルを挟んで座った彼女は、ついにわたしの目をまっすぐ見つめて言った。「どうしてか分からない。あなたに無理強いするつもりなんてないことは、分かってる。でも……」

わたしは、いくつかの思いで一杯になりはじめた。「無意識のレベルでは、わたしたちの気づかないたくさんのことが進行しているわ。自分ではまるで分からないうちに、わたしは人の無意識を追いつめるって言われたことがあるの」とわたしは言った。わたしたちは話を続け、他人にではなく、彼女にとって正しい方法で自分の霊的な道を進むよう、わたしは彼女を励ました。ヘザーはエネルギーに満ちた社交的な人だが、ケイト、マイケル、それにわたしなら無限にしゃべっていられる霊的なことに関する話題にはうんざりしている。

「思うんだけど」と言い、わたしは続けた。「あの一族にいたわたしたち全員の根本に、似通ったものがある気がするの。たぶん、進化の過程にあっても、この点はそれぞれにとっての真実だわ。でも、いくつかの要因が一人ひとりの個性を決めるのも分かる……〈パワー対パワーのなさ〉や〈パワー対愛〉といった問題ね。わたしたちのそれぞれが、無力感から愛の内にあるパワーを感じる状態に移行しているところなのよ」

わたしたちはチーズとクラッカーを食べながら話を続け、ヘザーがここ数日の思いを語るのを聞いた。どんな話題であっても、マイケルとヘザーの根底にはユーモアがあった。ともに話し合って、全員の気分がよくなっていた。すると、ヘザーが口火を切った。「ねえ、わたしたち、何かできるんじゃない？」。精神的な作業から、水着と午後のビーチへ移行するのは簡単だった。暖かな太陽と塩辛い空気、それに楽しい冗談がわたしたちをリラックスさせてくれた。

写真家のヘザーが、わたしの写真を撮ってここ何年も使っていたパンフレットや広告を新しくしようと言い出した。急いでビーチから戻ると、ヘザーはわたしに三十分でシャワーを浴び、ケイトの洋服かわたしがバッグに詰めてきたもののなかから衣装を選び、髪を乾かして魅力的になるようにと言い渡した。二台のカメラを駆使し、白黒とカラーのフィルムを交換しながら、彼女は何枚かの写真を撮り終えた。

夕食がすみ、ニューヨークに戻ったロズにみんなで電話をかけたあと、ケイトの部屋で彼女の本を見ている三人に加わった。わたしはベッドでのびのびと横になっているヘザーの脇に腰をおろしていた。驚いたことに、話題はヘザーが退行することができるかどうか、その可能性に移っていた。彼女は退行そのものに対する恐怖に加え、何も見られないのではと密かに心配していると言った。

彼女の言いたいことは理解できた。「大丈夫よ。もし何も来なくても、それでいいの」。わたしは彼女に心構えについて話し、翌日に退行しようと言ったが、ほかの三人が口をそろえて、彼女はいまリラックスしているし、もたもたしていると抵抗する気持ちが出てきてしまうかもしれない、と言う。もう遅かったし、わたしは疲れていた。**わたしの方は用意ができてるかしら？**と思ったが、せっかくのチャンスを逃したくはなかった。わたしが手順についてさらにヘザーに説明すると、ケイトとマイケルは階下におりていった。

「録音したい？　あなたしだいよ」とわたしは聞いた。

「その方がいいわよね。何か分かったことがあれば、また聞きたくなると思うから」と彼女が答えた。

わたしは一族に関する彼女の記憶に好奇心を感じながらも、今生やそれ以外の生涯で、まずは彼女のマインドが振り返らなければならない体験があることも分かっていた。結局、自分の書いているものより彼女自身のヒーリングの方が重要だと決めた。そこで、いつも通り「今のあなたにいちばん影響を与えている記憶や経験に行ってみて」という以外、特別なことは何も言わなかった。

ジャネット　ヘザー、何か感じていることがあったら話してちょうだい。

ヘザー　心臓がバクバクいってるわ。

ジャネット　いいわ。心臓にもっと注意を向けて。あなたの身体のその部分に注意を移すの。それができたら、記憶が来るのを待てばいいのよ。なぜ心臓がバクバクするのかしら?

ヘザー　恐れ。熱いわ。

ジャネット　それじゃあ、今度は自分の周りにある空間とか空気を少しずつ感じてみて。あなたは家のなかにいる? それとも外?

ヘザー　外にいるわ。

ジャネット　一人? だれか一緒?

ヘザー　(囁く)一人よ。だけど、だれかが見てる。

ジャネット　いいわ。その体験にもっともっと深く入っていって。ただ、そこにいればいいの。いまは昼間、それとも夜?

ヘザー　夕暮れどきよ。

ジャネット　自分がどこにいるか、もう少し詳しく分かる?

ヘザー　広い平原、何もかも金色だわ。わたしの右側には木が一列に並んでいて、わたしは平原を見渡している。太陽がすべてのものを金色に染め、平原のすべてのものが成長しているわ。す

ジャネット　べてがうまくいっているのに、だれか見ているのがわたしには分かるの。
ヘザー　足には何かはいている？
ジャネット　何もはいていないわ。
ヘザー　身体の方に移ると、何を身につけているの？
ジャネット　パンツのようなもの。
ヘザー　さらに上の方を見て。上半身には何か着ているかしら？
ジャネット　いいえ。
ヘザー　あなたは男性と女性のどちらなの？
ジャネット　男性よ。
ヘザー　今度はあなたの顔と髪の毛を見てちょうだい。どう？
ジャネット　頭の周りにバンドを巻いていて、髪は黒っぽい色をしているわ。
ヘザー　肌はどんな色？
ジャネット　茶色。
ヘザー　もっともっと深いところへ移行して。そのままそこに自分をまかせていればいいのよ。どうしてだれかが見てるって分かったの？
ジャネット　彼らがいるのを感じたの。わたしの後ろにいるわ。わたしは恐れてはいない。ただ、そこにだれかがいるだけ。
ヘザー　それで、あなたはどんな感じ？　危険を感じたりはしていない？
ジャネット　大丈夫だと思う。でも、不安だわ。うまく言えないけど。わたしはそこにいたいの。一人でいたいのよ。でも、だれかが見てる。

ジャネット　そこであなたは何をしているの？
ヘザー　ただ一人になりたいだけみたい。そこにいて、平原を見渡し、太陽にさよならを言いたいだけなの。でもだれかがそこにいて、見ている……だれなのかは分からないけど。

わたしは、同じ生涯のさらに先の時間にヘザーを移行させた。

ヘザー　食べ物があるわ。わたしは狩りをしていて、何かを手に戻ってきた。毛皮のある何かを持って戻ってきたわ。
ジャネット　どんな感じがしてるの？
ヘザー　いい気持ち。だけど、わたしは悪い子だわ……（笑い出す）あんまり長いこと太陽を見すぎてたわ。
ジャネット　どこへ行くところなの？
ヘザー　村へ。人がいる。昼間みたいにはっきりとティーピーが見える。今は昼間なのね。
ジャネット　あなたに見えるものについて、もっと話して。
ヘザー　みんながわたしを見て笑ってるわ。（ヘザーも笑う）わたしをからかっているのよ。いつもわたしが狩りに出かけては、帰ってくるのが遅くなっちゃうから。だって、待ってるから……空想しているのよ。よく、みんなはわたしが空想しているところに出くわしてた。それはいいの。みんなも笑うし、わたしもみんなを笑ってる。
ジャネット　ほかに見えるものはある？
ヘザー　小さな子供とその母親たち。何かして遊んでいるみたい。みんな幸せよ。幸せがあふれてる。

ジャネット　すばらしいわ。谷のようなところにいるみたいで、丘の上に向かって木々が並んでる。丘のてっぺんで、馬が何頭かつながれているわ。

ヘザー　あなたが持ってきた毛皮のことなんだけど、どうするの？

ジャネット　みんなでぶら下げているわ。小さくて、たぶんコヨーテか何か小さい動物だと思う。殺さなくてはならないほど、ケガをしてた。その動物を連れて戻ると殺したわ。でも、それを思い出せないの。皮を飾ってくれたから、みんなで使える。穏やかで、だれもが幸せに見える。周りには歌があふれてる。

ヘザー　ほかには何をしているの？

ジャネット　皮をきれいにして、清浄な場所にそれを下げなければならないだけ。馬がいたあの丘に登るの。「X」があるわ。木を「X」の字の形になるようにしたら（ヘザーは木がどのように配置されているかを手で作ってみせた）、皮をかけて乾かすの。その後ろから明るい光が差し込んでいる。まだ昼の明るさが残っているのよ。周りに男の人たちがいる。わたしは若いような、そうでないような……彼らよりは若くて、みんな、冗談を言ってるみたい。わたしがちょっとのあいだ行ってしまったことを知ってるみたい。でも……。

ヘザー　だいたいでいいわ。あなたはいくつ？

ジャネット　十代だと思うわ。十……。

ヘザー　いいわ。

ジャネット　わたしの腕に何かあるのが見えるわ。両腕にバンドが巻かれてる。

ヘザー　それは何か特別な意味があるのかしら？

ジャネット　シカの皮か何かみたい。たぶん初めて捕まえたものなんじゃないかしら。分からないわ。

わたしはさらにヘザーを次の大きな出来事に移行させた。

ヘザー　胸がすごく重い。前みたいにバクバクしてはいないわ。でも重いの。

ジャネット　どうしてそんなに胸が重いの？

ヘザー　分からない……夜らしいのは感じられる。今は家のなかにいるの。でも火があるわ。毛皮があるのを感じる。その上に座っているみたい……柔らかい。

ジャネット　分かったわ。ほかにだれかそこにいる？

ヘザー　何人かいるわ。小さな子供もいるみたい。見上げると、ティーピーに穴が開いていて、そこから星が見える。

ジャネット　この場所で、だれと一緒にいるの？

ヘザー　わたしより少しだけ年下の女の子がいるわ。わたしの妹なんだと思う。彼女のそばには、さらに小さな子供もいる。やっと歩けるくらいの子供よ。左の方に男が二人いる。二人ともむずかしそうな顔をしているわ。笑い声はどこからも聞こえないみたい。

ジャネット　その二人の男性は、あなたの何なの？

ヘザー　彼らはわたしより年上だわ。父がいるのではないと思う。今は父はいないわ。兄でもない。けれど、彼らにはわたしにはない智恵がある。

ジャネット　二人は何を話しているの？

ヘザー　わたしにここにいて欲しくないみたい。分からない……わたしは毛皮か何か……クマみたい……のなかで丸くなっているみたいだわ。分からない。小さく丸くなっているみたいな感じ。隅で丸くなっているような。わたしは知りたいし、聞きたい。でも、いまは彼らはわたしに聞かせたくないの。（時間を移行する）暗くなったみたい。だれも何も見えないわ。

わたしはヘザーにゆっくりと自分の感じたことを話すように……時間をとるようにと言った。

ヘザー　また、だれかいる……何か見てるわ。いつだって、彼らはわたしを……彼らはすぐそこにいるわ（指さす）。でも分からない。また同じ気持ちになってる。うまく呼吸できないときみたいな……行くのを恐れてはいないみたい。でも、どうしてこんな夜に馬に乗っているのかしら？

ジャネット　どこに行こうとしているの？　ほかにだれかいるの、それとも一人ぼっちなの？

ヘザー　一人よ。急いでるわ。

ジャネット　どこに行くの？

ヘザー　分からない。でも、いまは怖い！　わたしの後ろに人がたくさんいる。

ジャネット　分かったわ。全速力で馬を走らせている自分を感じて。何が起きているの？　あなたの後ろにいるのはだれ？

感情がわきあがってきて、ヘザーの心臓がバクバクと鳴った。彼女は泣きはじめた。

ヘザー　人がやってくる。ものすごくたくさん。もう、これ以上速く行けない。

ジャネット　あなたを追いかけているのはだれなの？

ヘザー　戦士たち。たくさんいるわ。逃げようとしてるけど、速くならないわ。

ジャネット　記憶が蘇えるままにしておいて。

ヘザー　今度は仲間たちがたくさんいる。馬に乗ってわたしの前にいるわ。暗い。どこもかしこも真っ暗。

ジャネット　あなたと一緒にいるの？　みんなはどこにいるの？

ヘザー　みんなわたしの周りにいるの。わたしたちは精いっぱい馬を走らせているけど、彼らから逃げられない。

ジャネット　あなたたちはどこに行こうとしているの？　助けてもらえるの？

ヘザー　わたしたちの前にはだれもいない。ただ馬に乗っているだけ。何もないのよ。

ジャネット　あなたたちには何ができるの？

ヘザー　どこに行こうとしているのか、分からない。分からない、何が……ただ、自分がそこにいて、馬に乗ったままでいるらしいのを感じるだけ。たぶん、彼らの前を走ってる。彼らはわたしの後ろにいる。そして……(呼吸が速まる)見えるのは馬に乗った男たちだけ。彼らは……(静かになる)何が起きたのか分からない。わたしたちは逃げおおせたの？　少しくらい？　だって、全員が死んだのを見たわけじゃないもの……。

ヘザーは深く、速く息をしていた。

ジャネット　今はどこにいるの？

ヘザー　山の尾根を登っているみたい。たぶん、太陽が昇ろうとしてるんだわ。問題ないわ。そして光、彼らは……彼らはやめた……彼らはやめて、戻っていったわ……結局、わたしたちは戦わなかった。彼らは……わたしたちはただ彼らから離れようとしていたの。逃げなくちゃならなかった。わたしは丘を登っている。数人しかいないけど、大丈夫。ただ……たくさんの戦士がいた。わたしたちの後ろにいたわ。

ヘザー　何をするの？　次は何をするの？

ジャネット　村に戻って、出発の準備ができているかたしかめないと。わたしたちは行かなくちゃならないの。移動しなくちゃ。彼らが戻ってくるから。夜中に来たがったのに。わたしたちが何をしているのか、見たがったわ。わたしたちは彼らを見つめてた。彼らはわたしたちを目にとめると、わたしたちのあとをついてきた。でも、彼らも準備はできていなかったの。彼らは速かったわ。わたしたちは少ししか馬に乗っていなくて、彼らの方は……なぜだか分からない。彼らは向きを変えていったように見えたわ、それから……でも戻ってくるのは分かってる。

ヘザー　時が過ぎるままにまかせて。そして、あなたのマインドが今のあなたに影響を与えている次の重要な出来事に移っていくままにして。

ジャネット　みんなが叫んでる。彼らに向かって叫んでる。「ほら、行かなくちゃ！　荷物をまとめて。赤ちゃんをつかまえなくちゃ！」。女の人たちが声をあげて泣いてる。みんな、怯えているのよ。何をしたらいいのか分からないの。わたしの友だちがわたしを見て言ったわ。「もう時間だよ。もう夢見てちゃだめだ。行かなくちゃ。それをしなくちゃ。戦わなくちゃならないんだ。きみは戦わなければならない。もう、太陽を見てたり、さよならを言ったりすることはできないんだ……」

ヘザーの感情が高ぶり、わたしは感じるままでいるようにと彼女を励ました。悲しみと恐れの言葉とともに、彼女の目に涙が浮かんだ。

ヘザー　……そんなこと、したくない……わたしは子供すぎる。そうしなくちゃいけないの？　まだだめ。準備ができてるとは思えない。

ジャネット　どんなふうに感じているの？

ヘザー　恐れ。でも、わたしはしなくちゃいけないの……みんながしようとしないから。わたしの仲間や友人たちをを連れて行くつもりがないのよ。とてもたくさんの人がいるのに。わたしの後ろに人が大勢いるわ。

ジャネット　彼らと戦うの？　何があなたに起こっているの？

ヘザー　わたしに守れるようには思えない。わたしは村のなかにいて、ひどく混乱しているみたい。何をしたらいいのか分からなくて、だれかを見つけようとしているわ。でも、まだ馬の背にまたがってる。

ジャネット　あなたが見つけようとしているのはだれ？

ヘザー　見つけなくちゃならないだれか。みんな大丈夫だって安心したいの。女の子よ……わたしの妹か友達だわ。今はそれがだれなのか分からない。彼女のそばには小さな子供がいる……彼女はまだ小さくて……泣いてるわ。わたしも泣いてる……（声が大きくなる）……もう二度と、彼女には会えない……（すすりあげている）。どうやって彼女は守るというの……できっこない……彼女は小さいんだもの。でもわたしたちには両親もなく、だれもいない……彼女には何をしたらいいのか分からないの。小さな子供を守れない。わたしは行かなくちゃならない。彼らがそこに着く前に、彼女を救いに行かなければ。男の人たちと行かないと……（激しくすすりあげる）。泣いてはいられないわ。行かなくちゃ……もう太陽が沈んでいく様子を見ることはできないんだわ！　彼女に何ができるの？　行かなくちゃ。わたしたちは行って、彼らと戦わなければならないのよ。先に彼らを到着させてはだめ。たくさんの人が傷つくわ！

ジャネット　そうね、分かるわ。

ヘザー　彼女は何をしたらいいのかが分からないの。彼女の周りには道具があって、そこいら中に人がいる。彼女は赤ちゃんを抱えたまま、泣いてるわ……わたしには何もできない……（すすり泣く）……行かなくちゃ。でも……彼らがわたしを呼んでる。みんなと一緒に行かなくちゃ。彼女を置いて行きたくはないの……彼女を助けられる人はだれもいないんだもの。男たちは全員先に行って、戦わなければならないのよ。いたるところに死体があって、いろいろなことが起こっているわ。わたしは彼女をずっと振り返ってた……彼女の周りの様子はあまり見えなくて、どこもかしこも白っぽいの。わたしは彼女に目をやり、彼女には分かってた……わたしが行きたくないんだって。でも、前に行くことができれば、できるかも。彼女を守れるかもしれない。だけど、わたしは男の人たちの後ろにいる。彼女が死ぬのを見たくない。もう二度と彼女に会うことはないんだわ。ためらってるの……。

わたしはさらにヘザーを先に進ませ、何が起きているかをたずねた。

ヘザー　わたしたちは村を出たの。でも彼らも出ていて、そこにいたわ。彼らは青くて……青いコートを着ているのが見える。もう何人か、捕まえてた……わたしたちの前にいたのよ。わたしたちは遅かった。遅すぎるの。彼らはわたしたちの背後に来て、わたしたちが村をあとにしたときも後ろにいた。だから、わたしたちは先にいるんだって思ってたのよ。見たくないわ。彼女が叫ぶところを見たくない。見たくないの！ (さらに大きな声になり、深い悲しみに圧倒された) わたしには何もできない！ 彼らが周り中にいて、どこにも行けない。彼らは多すぎるし、炎があがってる……もう振り返れない。振り返れない、彼女が死ぬのを見たくない……叫び声が聞こえる。広々とした大地みたいなのに、青いわ。見渡すかぎり青いコートがわたしたちの周りを取り囲んでる。彼女は行ってしまったんだと思う。もう何の物音も聞こえない。何もない。ただ炎があるだけ……。

彼女をさらに高次の意識の領域に移行させ、その生涯が今の彼女にどんな影響をおよぼしているのかを聞いてみた。

ヘザー　ハートがひどく傷つけてるの……何かを深く。それはいつも内側にあって、見つけられずにいたわ。理解してはいるけれど、口に出して言ってはいけないのよ。

わたしは、彼女の前世が今の生涯に与えた影響について、質問を続けた。

ヘザー　そんなに急いでわたしはどこに行こうとしているのかしら？ わたしは怒ってる。だれかを憎んでいるの。それがだれかなのか、それとも……分からない。もっとよく分かってる、もっと分かってる……。

怒りをそのままに感じるよう、彼女を促した。

ヘザー　手のなかに何かあるわ。

ふいに、ヘザーがあの〈時〉の記憶に戻った。

ジャネット　それは何？

ヘザー　ナイフ、上に羽根がついてる。そのナイフがだれかを突き刺しているのを感じるわ。わたしは……ああ、彼らが憎い！　馬から降りた自分が見える。丘を登って行こうとしているみたいだけど、できないの。小石や岩が足の下で滑る。彼らはまだわたしのそばに来てて、丘を登ろうとしてる。手が持ちこたえられない。岩がつるつるするの。彼はほんの二、三人で、帽子をかぶってる。わたしの足首を捕まえたわ。わたしは抵抗してる。見たくないのよ……。

ジャネット　そのまま見つづけていて。

ヘザー　彼らにはできるはずなかったのに、できなかったのに。

ジャネット　何か言って。移動しましょう。言葉にして。

ヘザー　彼らはわたしの両足を持って、縛りあげたの。足首を縛ると、彼らはわたしの両腕を抱えた。地面から剣が突き出てる……。彼らはわたしの背中にその剣を突きつけたわ。でも刺すわけではないの。ただちょっと切りつけるだけ……その上にわたしをかざしてるだけ。逃げられない。彼らは四人で、わたしの腕を、足を抱えてる。笑ってるわ。逃げられない。わたしの背中に……彼らは面白がっているのよ。

彼らが何をしたのかは分からない。わたしをからかっていたんだわ。剣の上に落とそうとしたりして。でも、実際に落としはしなかったと思う。でも、したのかもしれない。わたしは死ななかったけど。分からないわ。わたしは地面の上にいて、彼らはわたしの足と腕を押さえつけて大きなXの形になるようにしたの。周りで大きな声をあげているわ。でも、わたしには彼らが何をしようとしているのか分からない。縛りつけられているだけ。

ヘザーがどうやって自分の片方の足首を自由にしようとしたかを話しているとき、彼女の足が足首を楽にさせようと動いていた。

ヘザー　でも、束縛を解いたところで、何ができるっていうの？　どこへ行けばいいの？　一族の人びとが縛られているのが見える。彼らの後ろで火が燃えているに違いないわ。だから見えたのよ。後ろに明かりがあるから、シルエットになって見えるだけ。二本の木のあいだに縛られて、腕が巻きついてる。拷問を受けたのよ。死んではいないわ。ただ痛めつけられているだけ。一人はわたしと一緒にティーピーにいた人よ。わたしよりは年上だわ。彼の頭はぶらんと下がってて、彼らが……彼らがひどく殴りつけてる。彼のスピリットはもう彼のなかにはないわ。(囁く) ひどいわ……彼はいちばん強かった一人だったのよ……彼の顔に涙が流れてる……殴りつけられてる……。

暗くなってきたみたい。片方の足首のいましめが解けたけど、逃げ出すことはできないわ。まだ彼らが周り中にいるから。彼らは誰も彼も殺してしまった……何もないわ……丘を炎が下ってゆく……彼らの笑い声がずっと聞こえる、でも……。

ジャネット　何を感じてるの？

ヘザー　無力感。死ぬ覚悟はできてるわ……ほかにできることはないもの……いちばん強かった人がおりてきて、教えてくれたの。

時間を移動させると、ヘザーはとてもゆっくりと静かな口調で話した。

ヘザー　真っ暗よ。雨音が聞こえる。ずぶぬれだわ。わたしは後ろ手に縛られ、彼らに押されながら歩かされてる。雨が降っているわ。一族の人たちが何人かいる。四人なのよ。彼らはわたしたちを歩かせようとしているけど……ほとんど歩けない。赤ちゃんの泣き声が聞こえるわ。彼らはロープをわたしの首に巻きつけて……引っ張ってる。荷馬車の後ろを歩いているわ。彼らはわたしたちを押して……この丘から降りようとしてるの。彼が引っ張ってる。彼はわたしの方を振り返って、ロープをきつく引いた……。

ジャネット　どんな感じ？

ヘザー　ただ、この男を殺してしまいたい。我慢できないわ……でも、何もできないの……今、荷馬車につながれたみたい。実際には首に巻かれたロープを荷馬車に結びつけたの。わたしはもう浮遊している……身体から出て行こうとしているの。

わたしはヘザーに、もう一度、自分の身体を見て、何が見えるかを話すようにと言った。

ヘザー　彼らが荷馬車を出した……首の周りのロープがきつく締まって、地面の上に倒れてる。ほかに二人……荷馬車の後ろに三人いるんだわ。

身体から離れるときの自分の思考が分かっていたかどうか、わたしはヘザーに聞いた。

ヘザー　分かったとは思えない。終わったという感じはなかった。彼らを殺しても殺しても足りなかった……まるで復讐みたい……（囁き声で）……太陽が見える……金色に輝く大地……大丈夫。彼女の顔が見える……大丈夫、彼女はもう微笑んでいるわ。

退行した翌朝、ヘザーが電話をかけてきた。「調子はどう？」とわたしはたずねた。

「あんなに激しく泣いたことは今までなかったと思うわ」と言って彼女は続けた。「目がすっかり腫れちゃってる」

「内側ではどんな感じ？」。さらに突っ込んで聞いた。

「すばらしいわ。本当にすばらしいわ」と彼女の答えが返ってきた。

「ため込んでいた感情を解放することができたのよ」とわたしが言った。

「でも、ずっと考えてるのよ、あれがあなたたちが話してたインディアンの生涯と同じものなのかどうか、って。それとも違うのかしら、って。あなたの知っていることと一致する情報はあった？」

　ヘザーはわたしたちが話していたインディアンの生涯の記憶を抵抗なく受け入れたのではなかった。それはいいことだった。無意識のマインドで一つ以上のインディアンの生涯を抱えていて、そのために混乱してしまうこともあるようだ。また、インディアンネームで混乱をきたすこともある。マイケルが教えてくれたヘザーの名前はサンダー・クラウドだったが、これは彼女の退行に出てきた勇気ある若者には合わない名前だった。マイケルからはウォリアー・ハートという名前も聞いていて、ヘザーはこちらの方がしっくりくると思った。「わたしの感覚だと、同じ生涯だと思うわ」と言ってわたしは続けた。「共通点もあるし、ずれていると感じることは何もないから。それに人はそれぞれ、自分の死に方と結びつけられる体験があるものなの」。わたしは自分の名前に混乱してしまった経験について話した。サラを通して最初に聞いた名前はホワイト・マウンテンだった。ドットからは、ホワイト・クラウドだと聞いた。休暇中に自分自身の退行をして初めて、わたしの名前がフォーリング・スターであったと合点がいったのだ。ヘザーの質問はありがたかった。たしかに、ヘザーが取り戻したのが別のインディアンの生涯の記憶である可能性はあった。だが、わたしの直観はそれがオグララの一族のものであったと告げていた。

それから数週間して、テープを聞きながらヘザーの退行を書き写していたとき、「赤ちゃんの泣き声が聞こえる」とヘザーが言っているのを耳にした。すると、戦士たちが赤ちゃん――エレイン――を連れていくのが見えてきた。ヘザーが荷馬車に引きずられていたとき、エレインは白人の家庭へと運ばれていたのだ。

第15章　ケイトのインディアン時代

ほかの生涯でも結びつきがあったということに気づいていなかったときでも、わたしたちが互いに影響を与え合う人たちは、しばしばかつての役割をもとに話をしたり、行動したりした。わたしは、ケイトが過去における自分の役割を再体験していることに気づいていた。彼女はジュディ・ディガズマンという女性の態度に困惑していた。ジュディは最近になって彼女が出会った人で、インディアンの生涯で自分の母親であったとケイトは思っていた。ジュディはケイトが修道院をやめたことについてあれこれ言い、マイケルに頼りすぎると彼女にがみがみ言っては、最後は「二十年もあなたの面倒を見るわけにはいかないのよ！」と締めくくるのだった。「二十年もわたしの面倒を見てる？　一度だってあなたに助けて欲しいなんて頼んだことはないわよ」とケイトはいぶかった。

ケイトがその話をしてくれたとき、わたしはいかに無意識のマインドが意識のマインドでは分からないことを表現しているかということに、胸を打たれた。ジュディは輪廻転生を信じていなかったので、自分がかつてケイトの母親だったなどとはさらさら思っていなかった。しかし、彼女は自分と年の近い女性と話しているといらいらし、あたかもインディアンのときと同じ役割をもう一度演じているかのようだった。インディアンの生涯では、彼女はケイトの妹を出産したときに死んでいた。残されたケイトは母親がないまま大きくなったのである。彼女のケイトに対する態度は、「大人になりなさい。わたしはあなたの周りをうろうろして世話を焼くつもりはないの」とほのめかすものだった。

わたしたちのグループは、自分たちに振りかかってくる出来事を新たな目で見ることを学んできた。どんな新しい状況でも、何らかの価値と発見するべき何かを見いだした。わたしがケイトと知り合ったときには、彼女はジュディとの関係について分析を始めようとしているところで、ジュディにいろいろ言われることに背中を押され、自分自身をさらに深く見つめようとしていた。彼女の生涯をなぞり、そのダイナミクスをよりはっきりと理解しようと、彼女は仕事を休んでいた。彼女の歴史は複雑に絡み合っていたが、その焦点は彼女自身の誠実さに向けられていた。このことが彼女を修道女として一生を送ることに向かわせ、真実を見つけ出すのだという強い誓約がとぎれぬまま、ふたたび修道女の生活から抜け出させたのである。

わたしが最初に質問したのは、教会が教えてくれなかったにもかかわらず、どうやって輪廻転生を信じるようになったのかということだった。ケイトにはトランスパーソナル的な体験が数々あり、その結果、彼女は過去世があるかもしれないという可能性を考えずにはいられなくなったという。

抵抗したわ。三十代になるまで、そんなこと信じてもいなかったし、真剣に考えたこともなかったもの。スピリチュアルなことに対してはずっとオープンだったし、家にいるときはそういう体験もあったわ。ベッドの足元に人が立った翌朝に、その人が亡くなってたことを知ったという話を母から聞いたりもしていたわ。母は「ええ、知ってたわ。だって夕べ、彼に会ったもの」って言ってた。

そういったこと、つまりスピリットの世界との関わりについて、わたしの家族は何の抵抗もなかった。でも、わたしがいま思い出せるような過去世について話したことは一度もなかったの。わたしにとっては大人になってからよ。マイケルと出会って、過去世のことを話し合ってから。そういう考え方には、少しだけ抵抗があったんだと思う。たぶん、わたしが置かれてた状況のせいだったんじゃないかしら。でもある日、吹雪のなかで立ち往生していたとき、強い結びつきを感じた。まるで自分の内側に向かって伸びていく明るい球根みたいで、わたしは言ったの。「神様、それは可能なんです」って。それからもそのつながっているという感じはともにあったわ。聖ミカエル教会で主へのお勤めをしているときでさえもね。

インディアンの生涯と自分の結びつきをいつも感じていたと、彼女はわたしに語った。彼女は幼い頃、白馬にまたがったインディアンの真似をしていたという。また、いつも地球との結びつきも感じていたと言った。彼女のなかでは、カトリックの教義とインディアンの教えとはまったくぶつからなかった。

大きくなると、地球とつながっている感じがいつもあったわ。神聖なもの、すべてのものの神聖さに強くひかれた。ただ、いつも感じてたの……。わたしは多くの時間を一人で過ごしたわ、わたしの頭のなかでね。大地と、そしてスピリットの世界とずっとつながっていたのよ。

修道女になろうと決めたきっかけをたずねると、彼女は自分の価値観を伝える必要を感じていたからだと答えた。カトリックに対する信仰は、神聖さや畏怖といったものが特徴であるように思えたのだという。

振り返ってみると、二十八歳か二十九歳の頃、わたしは同じ価値観を分かち合える人を探していたんだと思う。わたしはスピリチュアルなものにそれは夢中になってたわ。ある意味で、わたしにとっていちばん大事なことだった……ハイスクールの学生だった頃、修道女になりたいと思った。それがわたしの進むべき人生なのだと。イエス・キリストとの結びつきを深く学べるし、周りには自分と同じ価値観を持った人たちがいるだろうと思っていたの。

ハイスクールに入ってからの彼女は、スピリチュアルなものにますます傾倒するようになり、十八歳のとき、女子修道院に入った。信仰という静寂と内省とが深く溶け合う日々の営みのなかで、しだいに彼女は自分の内側へと向かって行った。

カトリック教会の運営に携わるようになって八年、子供の頃から彼女が感じていた北米インディアンとの強い結びつきが転機をもたらした。彼女はインディアン居留地に宛てて手紙を書くようになった。ある友人が毎週少しずつ送ってくれたお金が航空券となり、彼女は居留地の様子を自分自身の目でたしかめに行くことになった。初めて訪れたのは、ガナドに近いナバホとホピの居留地だった。

わたしと友人は一カ月近く滞在して、いろいろな場所を見て回ったの。たくさんの時間をナバホ居留地の中心になっているホピの居留地で過ごしたわ。地理的にいっても真ん中にあって、それはそれは小さなスペースだった。ホピのスピリチュアリティー、とてつもない大きさを持った彼らのスピリチュアリティーに、彼らとの深い結びつきを感じたわ。

この後、彼女は教師の仕事を引き受けてノース・ダコタにあるシオ・インディアンの居留地に出かけた。その地を訪れてみると、彼女は家に戻ってきたような感覚にとらわれた。

ナバホのときも家に帰ってきたような感覚はあったけど、それとは少し違うの。このときは自分がかつてそこに存在していたんだって、分かったのよ。そういう感じがしたの。

面接に出かけて、そこで司祭から聞いた話も好ましかった。小学校の四年生を教える仕事だったわ。責任者に会って話をするうちに、この場所がわたしのためにあるんだって確信がわいてきたの。はるか昔に彼らが植えた木々や自然のままに生えているたくさんのハコハナギの木に心を奪われてしまった。霊性にあふれた土地という存在といるうちに、わたしのなかにある何かに触れるものがあったのね。それからまもなく、わたしを採用するという電話がかかってきたわ。ここはわたしの場所なんだって。わたしにはそこが自分のいるべき場所だと分かったのよ。

シオ族の首脳陣と過ごすうちに、彼女はノース・ダコタで開催されたシオ・インディアンの会議に出席することになった。

会議ではネイティブ・アメリカンの人たちと親しく話をすることができて、とても貴重なものになったわ。わたしはそこで、キャラコのドレスを着た一人の女性に目をとめたの。彼女の顔に描かれた線、そこにある深遠さ。うまく説明できないけど、その女性のなかにある深さと一貫性のようなものが見えたの。彼女には自分が何者であるかが分かっていた。それまでわたしが出会ってきた多くの人たちに、そして自分の人生で感じたことがなかったもの……神のような女性がいるような気がしたのよ。わたしはたくさんのそうした顔を見つめていたわ。その顔には、彼らがくぐり抜けてきた苦しみが刻まれてた。その当時は気づいていなかったけれど、わたしは没頭していったの。こうした人びとに、好奇心や同情を感じたのよ。自分と深い関わりがあったんだとは分からなかったけど……でも感じたの、彼らに自分のふるさとのようなものをね。だれかが思い出させてくれないかぎり、わたしはめったに自分が白人なんだって思うことがなかったのよ。

この体験を思い出すにつれて、ケイトの感情は高まり、涙を流した。その会議のあいだ中、彼女はこの深い結びつきを感じつづけていた。

わたしは泣き出してしまった……最初はひどく馬鹿げている気がしたわ。だって、大勢の人が周りにいるのに、すすり泣いているのよ。わたしは木でできた小さな椅子に腰かけて涙をこらえようと必死で、それでもずっとすすりあげてた。いつも聞こえてたわ……自分の心臓の鼓動のような、人びとの心臓が脈打つ音のような。ネイティブ・アメリカンの人たちがそこにいるだけじゃなくて、何か結びつきのようなものがあったわ。大地の鼓動のようなもの……。

三年して、大きなパウワウ（ネイティブ・アメリカン同士の会議のこと）に行ったとき、あのドラムの音がわたしのハートに響いてきたの。わたしはただもう、どうにもできなくなったわ。打ち響く音と歌声が聞こえてくると、わたしはただ座って、すすり泣くしかない……ドラムの響きとラコタを歌う声だった。

ケイトはそこに大地の存在を感じ、そこが本来自分のいるべき場所だと気づいたと言った。彼女の信仰の仲間たちも、彼女の決断に同意してくれた。

スタンディング・ロック・シオ・リザベーションで教えているあいだに、彼女は非常にスピリチュアルな体験をすることになった。新しい友人たちから、スウェット・ロッジに招かれたのである。彼らの社会において、それは名誉なことだった。

ジョディというネイティブ・アメリカンの男性ととても親しくなったの。彼とはスピリチュアリティーについてたくさん話し合ったものよ。互いに知っていたような気がすることについてもね。彼が初めてだった……かつて自分がこの土地、この居留地にあったことを言葉にして話すことができたの。はっきりとした場所は言えないけど、わたしはあの大草原のどこかにいたのよ。
彼はありのままに受け入れてくれた。とてもスピリチュアルな人だったの。スウェット・ロッジに招いてくれた一人でもあった。それまでにも何度か誘われていたけど、そのたびに返事をはぐらかしていたの。その底には、わたし自身の恐怖感があったんだと思う。閉所恐怖症だったのよ。

ケイトは浄化の儀式を細かに説明した。今は女性にも許されているが、かつては男性に限られていたものだった。肉体的に過酷なものであることは分かっていたので、初めのうち彼女はためらっていたが、男性であっても耐えられないほどの熱さを感じると聞き、いずれ自分が参加することになるとも思っていた。

感じたことのないような深い恐怖があったかもしれないけど、すぐにやらなかった理由はもっとあったの。でも結局は、しなくちゃならないことなんだって思ったわ。まもなくそこを離れることになると自分の内側で分かっていたことと関係があったのかは分からない。その儀式に出ないままで行ってしまいたくはなかった。自分が望むことをしないままにしておくことは許せないもの。だから、自分にどれほど負担がかかろうとも、わたしはやるつもりだったわ。

彼女はその儀式について書かれたものを読んでおり、何時間もかけて熱くされた炭が儀式を行うドームのなかに持ち込まれることを知っていた。

その夜が来たわ。書かれたことはすっかり読んでいたから、そのスピリチュアリティーやドームの構造、扉が西を向いていることや、扉からは七、八〇メートルくらいの長さの道が伸びていて、その先に巨大な穴があることも知っていたの。儀式のときが来たら使えるように、集められた石がその穴のなかで真っ赤になるまで一日中燃やされるの。石がスウェット・ロッジのなかに持ち込まれ、真ん中に置かれると、わたしたちはあぐらをかいて座ったわ。膝が触れ合い、ドームの壁のおかげでほとんど前かがみみたいな姿勢にならないといけなかった。

参加者全員があぐらをかき、輪になって座ると、水を運んできた人が石炭にひしゃくで水を振りかけ、休みなく熱い蒸気が上がる。この儀式は激しい熱によって浄化を行うものだ。参加者はタオル一本だけを持って入るのがしばしばだが、その日、二人の女性参加者だけはショーツとシャツを身につけていた。

扉の布が閉じられると、ふたたび子宮のなかに戻ったような、誕生のプロセスを再体験するような感じになったわ。ジョーがラコタの祈りを唱えはじめ、気がつくとわたしも何の苦もなくそこに加わってた。わたしはたくさんのラコタの言葉を知っていたの。しばらく耳を傾けて、それから彼らと歌いはじめていたって感じ。それが何であれ、とても自然だったように思えた。偉大なる魂とつながろうとしていることだけは分かってた。しばらくして、彼はラコタの言葉で祈ったり、言葉が分からない人のために英語でも祈ったの。

ケイトは自分が熱さに耐えられるか、たえず不安に思っていたが、大丈夫だった。儀式のあいだ中、ピースパイプが回され、祈りが捧げられた。

男性の一人が、その場にいたグループのために祈りはじめたの。彼は魚族をはじめ、さまざまな動物に話しかけた……わたしのマインドに鹿族という言葉が浮かんだわ。彼は全員を木や空といったものになぞらえたの。彼は「族」という言葉を使ったけど、わたしはそれがぴったりに思えた。彼はよきスピリットたちにわたしたちとともにあるようにと呼びかけ、仲間割れをしたりネガティブなものの原因となるようなどんなスピリットもやってこないように、そしてスピリットが浄化されるようにと祈ってた。

それぞれがそれぞれの祈りを捧げたあと、テントの外で短い休憩をとった。四回のセッションが行われ、回を重ねるごとに激しくなっていった。

八人それぞれの祈りが終わると、わたしたちはもう一度「ミタクイェ・オヤシン」と言ったの。これはわたしたち全員が一つに結びついているという意味で、終わったことを暗示するものなの。これを四回くり返すの。ロッジから出て、もう一度入るのを四回ね。そのたびにきつくなっていったわ。一回の祈りがすむと入口の布が開けられるんだけど、布が開くたびにとても気持ちよかった。

儀式は祈りとともにほぼ三時間続いた。白い光が飛び散るのがケイトに見えたとき、彼女の友人が言った。「スピリットがここにいる。すべてすばらしい」。ケイトは何のためらいもなくスピリットの世界を受け入れた。

最後のセッションでも、熱さはさらに増した。

祈りの言葉でハートに小さな光がともった状態になったのだとしても、四回目のセッションの頃には全員が解放されていて、内なる浄化が何のためであれ、すべてが急速に浮遊していたの。わたしは一人ひとりのために祈り、家族のため、あらゆる人びとのため、そして自分自身の内なる癒しのために祈ったわ。それ以後、体質が変わって、汗が出るようになったの。

ケイトは外に出ようと思ったが、参加者の一人が、儀式はまもなく終わるし、それまで待てるはずだからと請け合ってくれた。

時間が過ぎるにつれ、内側の癒しが深まっているのを実感してた。あのスウェット・ロッジが終わったあと、自分には何でもできるような気がしたわ。もはや、閉じられた場所に対する恐怖もなかった。恐れは完全になくなってたの。わたしの内にある何かを受け取ろうとする通路に向かって、すべてがオープンになっていたんだと思う。でも、一方で恐れもあった。何か分からなかったけど。

これらの教えとカトリック教会の教えに共通するものを考えたとき、彼女はカトリックの秘跡〔洗礼・堅信・聖体・告解・終油・叙階・婚姻の七つ〕と北米インディアンの七つの儀式に共通性があると感じた。しかし、宣教師がアメリカに上陸するよりずっと以前からインディアンは神の存在を信じていたにもかかわらず、宣教師はインディアンを異教徒として扱ったのである。彼女は困惑した。

しだいに、彼女は自分がもっと広い概念のもとでの神を求めていることに気づいた。教会の限定された見方では、人びとは本当の神を理解することはできない、と考えるようになったのである。

聖職者は彼らだけの神の概念と教会を結びつけていたように思うの。でも、それはわたしには小さすぎる。彼らの概念はあまりに小さく、あまりにも限られているわ。やがて、わたしはその概念と凄じい闘いを始めたの。わたしにはわたしの信じるものがあるけれど、それを話せる人たちは数人しかいなかった。あなたやかつて一族での体験を分かち合ったみんなに出会えるまで、自分のいちばん深いところにある思いをだれにも言えなかったの。

最後にカトリック教会とのつながりをケイトに断たせ、自分自身の道を歩みはじめるよう勇気づけたのは、この大きくなっていく気づきだった。一方、シオ族の居留地で教えた年月は、しだいに彼女とアメリカ・インディアンの文化を密接に結びつけていった。彼女の生涯にわたるネイティブ・アメリカンへの傾倒と、彼らの儀式、とくにスウェット・ロッジに対する親近感は、一族における彼女の人生の記憶を導く足跡のようになったのだ。

第16章 一族のカルマにチャネルする

マイケルが短い休暇をとった。わたしたちはパティオでコーヒーとマフィンをとりながらだらだらと過ごし、得た情報が人によって少しずつ違うことについて話し合っていた。インディアン時代のわたしの名前が違うのもその一例だった。マルダのも違っていた。「名前を知るのは難しいんだ」とマイケルは言い、「それに、それが問題なのかもよく分からない。ぼくら人類は知りたがるけどね。ロズはランニング・ディアーって名前だったけど、それってあの当時、ぼくは自分の名前だと思ってたんだ。そうだなあ、人は理性的なマインドの言葉を使ってるんじゃないかと思うんだ。〈彼は子供の頃から鹿を集めてた〉とか〈彼は鹿の絵や鹿に関するものを収集してた〉みたいに。だから、ランニング・ディアーはロズの名前なんだ、ってね」

わたしは笑った。わたしたちは説明できないものをいかに論理的に説明づけようとすることだろう。ロズが集めている象を描きながら、わたしは言った。「でも、だれもロズにリトル・エレファントって名前だったとは言わなかったわよね」

一族のカルマにチャネルする

今回のナポリ滞在のあいだ中、マイケルはわたしがもっとオープンになるよう仕向けてくれ、わたしも彼に同じことをした。わたしはチャネルすることに同意したが、彼が感じたことはすべてフィードバックすることが条件だった。同意することにしたのには、オグララの一族に関する情報がもっと得られるだろうと思っていたこともあった。わたしはリラックスし、変性意識状態となって情報が自由にやってこられるようにした。マイケルの質問に、わたしは驚かされた。「一族のカルマについてずっと話してきたけど、カルマを手放すには、それをもっと理解する必要があると思う」

わたしがチャネルした答えは延々と続いた。

「アカシャ」は、体験や生涯、魂の動き、肉体、さらには思考や常に存在している意思などの記録である。アカシャを引き当てることができた者は、知識や智恵を引き当てることができる者であり、波動の記憶に到達し、それを引き出すことができる。そうした波動の記憶は、さまざまな形で利用できる。目に見えるヴィジョンとして、音を使ったコミュニケーションとして、そして感覚・知識として。そして、いつも忘れてならないのは、解釈を行うのはその者自身であるということだ。それゆえ、解釈をもたらす物理的な次元の変化を知る彼女（ここではわたしのことだ）は解釈することを恐れ、自分自身を見つめようとしないのだ。われわれは質問を歓迎する。

一つの魂が肉体を持つとき、そこにカルマが生じる。カルマは原因であり、人生における経験から来るエネルギーや誕生の際にもたらされるエネルギーの結果である。カルマは、自由なエネルギーを妨げるエネルギーを通じて作用する。人は特定の人種に生まれ、そこにはその人が選んだ人種を基盤とした個とともに、肌の色（人種）のカルマが存在する。さらには、住む国によるカルマも存在する。この場合、今回はアメリカである。

学ぶほどに真実は広がる。今、この物語を読み、聞き、感じる人びとに届けねばならない真実は、人びとの愛という真実である。これらの人びとは彼らの神聖なる自己と結びついた魂である。かつてこの一族がそうであったように、一人ひとりバラバラであったり、一つにまとまっていたり、広がっている。スピリットのエネルギーが広がると、能力が大いに高まる。魂の内にこの能力、つまり愛する力が構築されるのだ。魂がもたらすものの一部は愛する力であり、また波動の変化がスピリットから離れようとするときの愛の力である。魂の動きについて説明しよう。陰と陽のシンボルを思い描いて欲しい。善と悪、明と暗のように解釈されることは、単に魂の動きにすぎないのだ。

魂はスピリットと愛に結びつくという体験をもたらす。惑星上において、魂のエネルギーはスピリットからより暗いものへと動き、見える（解釈する）につれ、さらに分離し、さらに神のエネルギーから離れていく。これらの魂は、いつでもそれ自身の体験を必要とし、その記憶、体験、そして愛を助けるべく戻ってくることのできる空間と、声に出して話すためのパワーを必要とした。魂の記憶との結びつきを信じない世界において、神の源を求めながら見いだすことのできない世界において、知力ばかりが発達し感覚を信じない世界において、そしてもう元に戻すことができないほどに環境を破壊してしまった世界において、こうした人びとが現われる。彼らは記憶と世界に話しかける勇気を携えて現われる。そのように攻撃してはならない、と。しかし恐れもある。このグループは「これがわたしの魂の記憶です。わたしのハートが感じたものです。話しているのはわたしのスピリットです。これがわたしの愛の表現なのです」と話しかけるために現われるのだ。

一人ひとりは自分自身のスピリットの必要性にしたがって決断する。それはすべてすばらしく、正しいものだ。カルマだって？　一族のカルマ？　わたしが言ったように、それは時であり、空間であり、人種であり、個人である。ある者は洞穴に行くことを選び、ある者は話し合おうとすることを選んだ。そしてある者は戦うことを選んだ。何であれ、それは一つなるものの源へ戻ろうとする魂の動きとして正しく、すばらしいものだ。わたしたちのもっとも深い部分で記憶し、愛と光のなかに求めるもの、それが一つなるものである。

マイケルのチャネル

このセッションを通してやってきた情報は漠然としすぎているように思えたので、マイケルに変性意識状態でさらに探ってみて欲しいと言った。いつもそうしているように、こうしたことはダブルチェックしておきたかった。

マイケルはリラックスし、ゆっくりと変性意識状態へ入っていった。

ジャネット　インディアンのわたしは、どんなふうに見える？

マイケル　いつごろ？

ジャネット　十二歳か十三歳くらいのとき。

マイケル　ずっとあなたのモカシンが見えてる。モカシンとバックスキンのドレスだ。あなたはブレスレットをしてるみたいだ。ほかの人よりも着飾ってるみたいだね。ぼくがあなたとシルバー・イーグルを見ているのが見える。ぼくもあなたたちに合流することになってる。あなたが彼の左、ぼくが右側を歩くんだ。

ジャネット　そうね、わたしもそうやって歩いたのを見たことがあるわ。わたしの髪や顔はどう？　首の周りには何か巻いてる？

マイケル　宝石、ブレスレットが見える。よく、服もビーズで飾ってた。そういうの、あなたは好きだったんだ。

ジャネット　分かるわ。
マイケル　シルバー・イーグルが低い枝に手を伸ばして、芽からどんなふうに育っていくのかを教えてくれている。
ジャネット　彼は何歳くらいに見える？
マイケル　若くて驚いてるよ。もっとずっと歳がいってると思ってたんだ。でも、そうじゃなかった。大人の男性ではあるけど、たぶん三十代の後半から四十歳くらい。あなたとぼくは十三歳から十五歳くらいで、あなたはぼくよりは年下だ。穏やかな時間……ぼくらが大きくなるにつれて、おしゃべりをしたり一緒に過ごすのは難しくなっていったんだ。状況が混乱していったから。だから、こんなふうにやさしく教えてもらえたのは、いい時代だったからなんだ。こうやって、あなたは何度も大きな川に流れ込む小川の周りを散歩した。シルバー・イーグルの両腕にバンドが巻かれてる。
ジャネット　それは何を意味しているの？
マイケル　何かの地位をあらわすものなのかは分からないけど、こんなふうに（彼は自分の手でジグザグと描いてみせた）バンドの周りにある。ビーズを使ったデザインなんだ。ときどき彼はバックスキンのシャツのようなものを着ていたけど、それほどしょっちゅうじゃなかった。それに、彼はネックレスも着けていた。
ジャネット　そのネックレスについて話して。

わたしはミセス・Dの絵に描かれていたネックレスが好きだった。インディアンのネックレスは骨や歯でできたものだろうと思っていたが、彼女の描いたものはそうではなかった。それはとても変わっていた。

マイケル　小さな緑の石だ。ぼくはずっとエジプトと関わりがあったけど、その理由は分からない。たぶん、あの〈時〉と関係があったのかもしれない。

ジャネット　そのネックレスはエジプトと関係があるの？

マイケル　そうだったんだと思う。ネックレスにはインディアンのデザインじゃない部分があるんだ。インディアンのスピリチュアリティーとは違うものをあらわしているみたいだ。インディアンの生涯は地球という乗り物に乗って生きるもので、その教えはすべて地球を通じて伝えられるものなんだ。このネックレスはもっと高次のものから伝えられたスピリチュアリティーをあらわしてる。だから、あの場所にしっくりこない。不思議な感じだけど、ぶつかってるってわけじゃないんだ。

ジャネット　彼はなぜそれを持っているのかしら？

マイケル　もらったんだ。

ジャネット　だれから？

マイケル　彼の父親か祖父からの贈り物なんだ。代々受け継がれていくものなんだ。

ジャネット　分かったわ。

マイケル　受け継がれるんだ。

ジャネット　女性が酋長になることで、わたしに敵対する人はあったの？

マイケル　それはなかったようだ。みんな魂が見えるからね。進化した人びとだから。脅しのようなものもなかった。男性エネルギーのバランスもとれてたから、肉体が女性だからといって脅威になることはないんだ。その家に生まれた人がその地位に就くものだと考えられているんだ。シルバー・イーグルのようにね。だから、あなたもそう。あなたもいずれ……。

ジャネット　それは自動的にその家族のなかで受け継がれていくものなの？　必ずしもそうではないの？

マイケル　スピリチュアル・ファミリーだよ。

ジャネット　分かった。

マイケル　驚きだよ。同じスピリチュアル・ファミリーに送り込まれ……道をたどるなんて。それを伝える手段は決められた方法でもたらされるんだ。精神的にきわめて密接で、それは肉体的な親密度になって現われるんだよ。

ジャネット　一族全体のことを話してるの？　それともわたしの家族のこと？

マイケル　あなたの家族のことだよ。放射のようなものなんだ。近いところにあるときは密接で、中心から離れるにつれて結びつきが緩やかになっていく。外に向けて放射するときのエネルギーは感じることができて、どんどん近づいていくんだ。あなたが遠くにいけばいくほど解放されていくし、中心に近づけば近づくほど密接になる。

このとき、わたしはマイケルが今のわたしの家族について話していることに気がついた。

マイケル　スピリチュアルな部分で起きることと、肉体のレベルで起きることには強い関係性があったり、ひどく似ているものなんだ。今の時代、さまざまな状況において、これには大きな矛盾がある。しかしあの頃はそうではなかった。ある人の内で起きたことは、肉体の上にも同じように反映されたんだ。

ジャネット　わたしが生まれたとき、祖父のシルバー・クラウドはまだ生きていたの？

夫、スコットはわたしの祖父だった。

マイケル　あなたが生まれたとき、彼の肉体は見えていたよ。

ジャネット　わたしもそう感じるわ。

マイケル　愛は強いんだ。彼が亡くなったとき、あなたは子供だったけど、彼のことをよく知っていた。魂の結びつきが強かったから、言葉で話す必要はなかったんだ。それが知識をもたらしてくれた。くり返すけど、固く、固く、スピリットで結びついていたんだ。そのあいだには、薄いヴェールですら存在していなかった。だから引退したとき、彼は自然に祖父という立場に移行したし、引き続き情報は届いてた。喜ばしい変化だったんだよ。

ジャネット　あなたが今いる場所では、わたしの名前は違っているのかしら？　それとも、わたしに与えられた名前はソウル・ネームなの？

マイケル　あなたの名前はソウル・ネームと同じで、おじいさんやお父さんもそう呼んでいたよ。お父さんは夜空の下でもあなたが見えたんだ！　彼には自分の娘がよく分かっていたんだ。

ジャネット　わたしには通過儀礼のようなものをする時期があったの？　ビジョン・クエストとか通過儀礼を行う年齢に達していたのかしら？

マイケル　するはずだった……でも、まだ許される時期じゃない。結局、できなかったんだ。

ジャネット　わたしも同じように感じるわ。

マイケル　今はまだ吸収するプロセスにあるんだ……でも、そのときは来なかった。

マイケルは息子のダンに会ったことがなく、彼のことはあまり知らなかった。だれもがわたしと同じようにチェックしたり、ダブル・チェックしたりする必要性があるわけではないが、それでも確認しておけば、細かいことを一つにまとめるときに気が楽になる。

第17章　自分の死を看取る――【一九九一年二月十六日】

シルバー・イーグルの一族がふたたび現われていることを知ったのは五年前のことだ。クライアントや友人たちが過去の記憶に戻っていく様子を、わたしは何度もくり返し見てきた。いよいよ自分の番が来たのだ。マイケルが仕事を休み、二人で軽い朝食をとると、わたしたちは彼の部屋に入った。わたしは床に置いた大きなクッションにゆったりと収まると、背中をベッドにあずけた。右側に鏡があり、正面には小さなバルコニーに面したスライド式のガラス窓が開け放たれている。部屋は清潔で、美しく飾られ、光にあふれていた。

まもなく、マイケルが火をつけたセージの柔らかな香りが部屋を満たした。わたしは変性意識状態に移行して、ごくゆっくりと静かに話しはじめた。

ジャネット　いま過去に戻る途中なの。シルバー・イーグルの手を取っているわ。わたしは小さくて、たぶん三歳か四歳くらい。（声が不思議そうな響きを帯びる）手を高く伸ばして、彼の手につなぎ、歩いているの……彼はわたしを鳥や木々、草や動物たちのそばに連れて行って……聞いて！……鳥の歌や木々のつぶやきと智恵。みんな、わたしよりも長く生きてきたんだわ。（わたしの声はしだいに子供のようになっていく）みんなわたしよりお年寄りだわ。ずっとここにいて、たくさんのことを見てきたの。わたしたちにたくさんのことを教えてくれるのよ。世界はなんてワクワクする場所なんでしょう！

動物もいる――小さなのや、中くらいの大きさの動物、それに大きな動物たち。怖いの……だって、大きな動物はわたしよりもずっと大きいのよ。怖い。でも、彼は教えてくれた……「強さやパワーは大きさとは関係ないんだよ」って。大きさは……大きいからって強さやパワーがあるわけではないの。小さなものにとてつもないパワーがあることだってある……わたしみたいに！

小さなものが大きいものに教えてあげられることもあるわ。彼の話を聞いて、わたしはとてもいい気分で、自分が特別になったような気がしたの。だって……もう話しかけるのが怖くなくなったの。大きいものがわたしの話に耳を傾けるのよ！　それから、小さな動物や石ころ、虫たちに目を向けるの……どんなふうに働いているのかを見るのよ。自分の家を作ってるわ。互いに助け合っているわ。

そして彼がわたしを川のそばに連れていく。足を水に入れると……冷たい！　彼は水がどんなふうに流れていくのか話し、見せてくれる。絶え間なく流れ……ときには波がわき立つ。静かなときもある。ときには人が波を立てる。ときには静まり返る。わたしたちは川に敬意を払わなくてはならないわ……川はいろいろなことを教えてくれる。きれいにしてくれる……わたしたちが身に着けるものを。飲み水を与えてくれる。馬やそれ以外の動物たちのためにもあるわ。大切にしなくちゃ。感謝しなくちゃ。わたしたちの内にある川も大切にしなくてはならないわ。感謝しなくてはならないわ。わたしたちの内側にある川に、その波に、そしてその静けさに感謝しなくては。水はわたしたちを清めてくれる、わたしたちの生命を支えてくれる。そして、辛さを和らげてくれる……。長いこと、休みなく移動する川の石は滑らかなの。

わたしたちの内側では、水が辛さを和らげてくれるわ。わたしたちを滑らかにしてくれるの。触ると気持ちいいわ。

マイケル　あなたのお父さんも？

わたしは変性意識状態にある「ジャネット」の顔と子供の顔を同時に思い浮かべ、自分の顔が大きくほころぶのを感じた。

ジャネット　ええ！　そうよ。彼はいい気持ちよ。彼は川のように流れてる。自分の周りのあらゆるものに耳を傾けるの。動物たちが彼に語りかける声を聞いているわ。

マイケル　彼はなぜ、そういったことをあなたに話したのかな？

ジャネット　わたしは大事だから、って。いつか……わたしが動物や木、川のことを学んだら、そしたら彼はわたしにもっと教えてくれるつもりなの！　月の言葉を聞いたり、月がもたらす変化に耳を澄ますこととか……わたしがもっと大きくなったら。わたしはもっとたくさんのことを学ぶの。太陽について……もしわたしが本当に聞けるようになったら……わたしには聞こえるし、見えるわ……。

マイケル　あなたはそういうことを学んでいるの？

ジャネット　わたしはそれを学んでいるわ！　学び、質問をするの。でもよく分からなくて、もっと質問をするの。答えがよく分からない……もっと質問する。彼が近くにいないときは、ほかの人に聞くの。わたしは何も分からないから。草が何を言っているか、聞こえないのよ。

マイケル　だれに聞いたの？

ジャネット　メディスン・ウーマンとか、メディスン・マンのところにも行くわ。そして質問する。友達に聞くこともあるわ。狩人や女性たちに聞くこともある。みんな、それぞれ違うことを言う。それから、わたしは自分が学んだことについて父に報告するの。そうすると、彼はみんなが言ったことを話すように、って言うのよ。

マイケル　彼はなんて言ったの？

ジャネット　彼はわたしに向かって微笑むと、わたしを助けてくれるの。彼は二人で散歩に出るのが好きなのよ。わたしは特別だって言ってくれた。みんな、彼を愛しているのよ。彼は人びとに話しかけ、耳を傾ける……そして人びとは彼の話を聞く。なぜなら彼には、（感情が高ぶり、深呼吸する）彼には偉大なる魂が与えられたのだから。

マイケル　もう少し大きくなったところに行ける？

数分間の沈黙のあと、わたしの声が少し大人びた。

ジャネット　わたしには友達がいるわ。一緒に馬に乗ったり、ゲームをして遊ぶの。父はわたしに強くなることを教えてくれた。わたしにはほかの人と違う役割があるわ。わたしたちはしなければならないことがたくさんあって、それはそれぞれが家族の一員として行うもので、どれも大切なの。それぞれの役割は家族の調和にかかっているわ。もし困難なことがあれば、調和によってその役割がスムースに行えるようにしなくてはならないのよ。人はそれぞれに責任とその人にふさわしい才能があるの。わたしの勉強は、自分の外側に耳を傾けることから内側を鍛えることに変わっていったわ。自分の思考や自分が耳にしたものに集中し、ほかの人が感じていることの内側に耳を傾けるよう教えられているの。ほかの人の考えていること、感じていることの内にあるものを聞き取っているのよ。

マイケル　なぜ、そんなことをするの？

ジャネット　わたしは父のあとを継ぐんだって、おじいちゃんから言われてた。父は賢く……わたしに教えを授け……だからこそわたしは彼のあとを継ぐことができ、ほかの人びとのハートに耳を傾け、彼らの幸せのために手を貸すことができるの。彼らがハートの内で幸せになれないとき、彼らの役割はふさわしいものではないのよ。彼らの平和は乱され、その影響を受けるわ。だからハートに耳を傾けることが重要なの……ふさわしい役割を果たし、人びとに平安をもたらすためにね。

マイケル　お父さんのをあとを継ぐことについて、どう思っているの？

ジャネット　わたしにはできないわ！

マイケル　でも、そう言われてる。

ジャネット　おじいちゃんはわたしが父のあとを継ぐんだって言ったけど、わたしのハートは……まだよ。

マイケル　もっと先に進める？

ジャネット　痛みがあるときでも泣き出さないように学んできたの。涙は出ても声を上げないように。強く、胸を張って歩くことを学んできたわ。きちんと理解して話をすることも学んできた。人は、わたしが実際の年齢よりも智恵があると言うわ。わたしは小さいけれど小さくない、幼いけれど幼くない、って。

マイケル　何歳なの？

ジャネット　わたしが生まれてから、いくつもの月が満ちては欠けていった。男のきょうだいがいたの。

マイケル　彼はいずれ戦士になるわ。彼は遊びでも争うことが好きで、しょっちゅう勝つの。
ジャネット　彼について話して。
マイケル　彼の身体は強靭で、エネルギーと行動力にあふれているわ。
ジャネット　あなたの弟？
マイケル　ええ。わたしが腰をおろして考えていると、彼は馬に乗り、弓を射る練習を始めようとする。彼は幼いけれど、意志が強いわ。
ジャネット　あなたの仲間たちのことを聞かせて。何が起きているんだい？
マイケル　父がみんなのあいだを歩き回ってる。話しかけたり、彼らの話を聞いているわ。狩りが近いのよ。狩りをしなくてはならないの。狩りの準備をしているわ。戦士たちが出かけて行って、食料を手に入れて戻ってくる。女の人たちは食事の用意をするの。寒い季節に備えて食料を貯わえなければならないから。父が歩いてる……話したり、話を聞いている。争いがあると、みんなが納得できる解決策を導くのよ。
ジャネット　何か反対意見について聞かせてくれる？

わたしのマインドが動き出し、大きな問題に発展しがちだった言い争いを思い出した。

マイケル　前には聞いたこともなかった。わたしたちの土地を奪おうとしている男たちのことを話してるの。彼らが迫ってきているって。みんな、怯えてる。怯えた空気が張りつめてるわ。風が変わったのよ。
ジャネット　どんな人たちなの？

ジャネット　白い顔をした人たちについて話しているのが聞こえる。わたしは一度も白い顔の人を見たことがないの。こんな不安、今まで感じたことがない。まるで分からない。わたしはみんなが話すのを聞き、彼らのハートが語る言葉を聞いている……ここにいる人たちのものではない叫び声も聞こえるわ。

マイケル　白い顔をした人びとの声なんだろうか？

ジャネット　風が変えたのよ。白い顔の人たちが来るのと一緒だったわ。風の音に混じって、叫び声が聞こえた。怖い。周りを見渡してみると、みんなは大丈夫。それぞれが自分の役目を果たし、生活はこれまで通り……でも、前と同じものは何もないわ。川、激しい雨や風、木々、人びとのハートや話す言葉は、白い顔の人びとへの恐れで一杯だもの。わたしたちはどうなってしまうのかしら？　だれもがわたしの父にその答えを求め、だれもがわたしの父に酋長としての智恵を求めてる。彼には見えていたけど、口にしたくなかったのよ。深い、それは深い痛みが父のハートにあるの。父の足どりは重く、目には悲しみをたたえてる。

マイケル　彼は白い顔の人たちが来たから悲しかったのかな？

ジャネット　ええ。戦士のなかには「われわれは戦わなければならない。ここはわれわれの土地であり、自分たちのものを守るために戦わなければならないんだ。われわれは偉大なる魂とともに生きている。戦わなくてはならない。この土地を取りあげることはできないんだ」と言った人もいる。「逃げよう」と言う人もいる。先に攻撃して機先を制したがる人もいるわ。ヴィジョンが見える人もいて、「もうこの土地がわたしたちのものになることはない」って言ってた。戦うべきか、逃げるべきか、父は胸の内で闘っているの。父は言ってた、「彼らと仲良く暮らしていこう。われわれの土地は偉大であり、われわれに施しを与えてくれる。われわれはそれにお返しをするのだ。これからもわれわれが暮らし、子供たちの成長を見守るため、彼らに和解を申し出よう」って。ひどく混乱してるわ。わたしたちの意見はまとまらない。一つになれない。平和なんかじゃないわ。とても混乱してるのよ。わたしたちはどうなってしまうの？　どうにもならない。とどまらなくちゃ。わたしたちはここに残るべき？　動くべき？　めちゃめちゃにされるのは我慢ならないわ。どうするの？　どうやって彼らと戦うの？　彼らは波のように山の向こうからやってきたって言ってた人がいたわ。山の向こうから波がやってくるのが見えたって。次から次へ、どんどんやってくる……どうなるの？

マイケル　どんな決定が下されるの？

ジャネット　わたしたちのためのもの。彼らは平和のうちに暮らしたいなんて、思ってない。彼らは……。攻撃してきたのよ。（わたしは深く息をした）リトル・フェザーが……見つかった。ランニング・ディアーが彼女を見つけたんだと思うわ。（わたしのそばに座ったマイケルが泣いているのを感じた――彼には見えるのだ）この人たちはだれ？　話をできるような人たちじゃない。動物は食料を得るため……生き残るため、あるいは何か目的があって、ほかの動物を殺すわ。それが偉大なる魂のやり方よ。これは偉大なる魂のやり方じゃない。わたしたちは悲しみに沈んでる。怯えてるわ。どうしていいか分からないのよ……（深呼吸する）……こんなことって。立ち去ることを選んだ人もいたわ、わたしたち一族を置いて。彼らが戦うことはないし、もうとっくに行ってしまった。父はたずねたわ。「残る者はだれか？　だれが戦うのか？　だれが立ち去るのか」と。わたしたちは戦うわ。ほかに選択肢はないもの。いたるところで白い顔が見える。わたしたちにも、守ってくれる強い戦士たちが少しはいるし。だから準備するわ。

マイケル　ヴィジョンがどんどん強まってる。土地は白い顔の者たちのものだって。(わたしは深呼吸をすると、ゆっくりと、そしてとても静かに話した)　彼らは教わったことがあるのかしら……(囁く)……草の声を聞くことを。風のメッセージを聞くことを習ったことがあるかしら?　大地に耳を傾けなくちゃ。(深呼吸)大地は守られなければならないわ……だから、わたしたちは戦うの。仲間たちを、大地を守るために。大地が話しかけるわ。

ジャネット　何をしてるの?

マイケル　自分の務めを果たしてるわ。急に……(しばらく何も言えなかった)そのとき、衝撃に襲われたの。たくさんの馬……叫び声……たくさんの銃……悲鳴……矢……剣……それに、それに炎。走ってる……血よ。こんなの初めて。

ジャネット　どこにいるの?

マイケル　ティーピーと炎が見える……みんなも……捕えられてるわ。みんなが見える……逃げまどい……ナイフ、矢、大きな音、叫び声。

ジャネット　あなたは何をしているの?

マイケル　目の前の恐ろしい光景に凍りついたように立ちつくしてる。動けないの……これは悪い夢か何かよ。現実のはずがない。わたしはティーピーの集落の外れの方に戻ってきてる。馬に乗った男たち……復讐と憎悪……こんな気持ち、初めてよ。教えられたこともない。今までに感じたことはなかった。コントロールできない。わたしたちではどうしようもないわ。抑えられないの。これははっきりとした目的を持った破壊だわ。わたしたちにこんな戦いはできない。わたしは連れて行かれる……だれかが引っ張っていくわ。走ってる。火のにおいがする。悲鳴が聞こえる。わたしたちは走ってるわ。友達はどこにいるの?　何が起こったの?

マイケル　みんなは……？　だれが生きていて、だれが死んだの？　何が起きたのか分からない。あなたはどこに連れて行かれてるの？

ジャネット　白い顔の男たちから逃れ、森に逃げ込んだわ。安全な場所よ。走ってる……だれにもあとをつけられてはいないみたい。彼らの目は村に向いてるから。炎……煙のにおいがする。火のにおい。みんなを集めてる。何人かの男の人が生き残った人を捜しにいったわ。（囁く）たくさんの人が行ってしまった。

マイケル　今度はどこにいるの？

ジャネット　準備してるの。みんなで話してるわ。次に何をしたらいいか、どこに行こうか……。勝ち目はないわ。憎しみとどう戦えばいいの？　どうしたら人は憎しみと戦うことができるの？　山を越えて次から次へやってくる憎しみの波をどうにかすることができるの？　答えはどこにあるの？　分からない。わたしたちは偉大なる魂に見放されてしまったのかしら？　わたしたちが何をしたの？　何か間違ったことをしたの？

マイケル　そのあと何をしているの？

わたしは長い時間をかけて、何が起こっているのかを知ろうとしたが、わたしのマインドはそれを見ることができずにいるらしかった。休暇のあいだ、このくり返しだった。あのまま続けることができたのだろうか？　覚醒したわたしは目を閉じたまま、「ジャネット」としてマイケルに話しかけた。

ジャネット　逃げようとしてるみたい……わたしのマインドがその体験から逃げ出そうとしてるみたいなの。光とエネルギーが見える。そこから逃げ出してきたみたい……見えたものや、体験したもの代わりに、思考と同調しなくちゃ。記憶を思い出させてくれるかしら？ ほんの数人の戦士と女性たち、それに子供たちがいただけだと思う。一族のうち、何人かが置き去りにされたのよ。悲嘆、悲しみ……。何人の戦士を失ったのか、父には分からなかった。不意打ちだったから。何をすればいいのか、まるで分からないわ。混乱、悲しみ、それに喪失感。

マイケル　お父さんはどこ？

ジャネット　（深いため息）男の人たち何人かと、どこかに行ってる。わたしはずっと何か見ようとしているんだけど、マインドが葛藤しているの。

ジャネット　男たちがやってくるわ……戦い、でも殺される人はいないわ。でも……（ため息）女の人たちが連れていかれた。死への恐れがあり、それに笑い声が聞こえる。わたしは……どう言えばいいのか、分からない。

わたしは長いこと心の内で戦いを繰り広げていたが、やがてふたたび深い変性意識状態に入っていった。

わたしは自分の母親と女性たちが暴行を受けている様子を見ていることに気づいた。

ジャネット　男たちがつかみ、投げ捨てる。押して、傷つける……（自分がレイプされたことも感じたが、そこからは目を離したままだった）。略奪、笑い……そして破壊。（何かを決意して、優しく話している）わたしは自分のスピリットを守るわ！ 身体は奪われたとしても……自分のスピリットは守る。わたしはどこか別のところに行くわ。ここへはもう、こんな気持ちで来ない。

涙が頬を流れ落ちた。マイケルがわたしの手にティッシュを押し込むと、彼が鼻をかむ音が聞こえた。

ジャネット　大きな怒りと嫌悪感が存在してる……こんな場所には長くいられない。(泣きながら、フォーリング・スターの決意を感じていた）わたしは自分のスピリットを許さない。こんなふうに壊されてしまうなんて。肉体から自分自身を解放するわ。

また涙があふれ、自分の着ているスウェットスーツの袖でふいた。

ジャネット　わたしはそんなに強くない……肉体にとどまって戦うなんて……（泣く)。大勢すぎるし、彼らは強すぎる。できない……肉体にとどまって戦えないわ……どうすれば肉体から出られるのかは分かってる……彼らにわたしを捕まえることはできないわ。身体から出れば……安全なの。

どうしようもない悲しみの感情が襲ってきた……けれども、いまだに内側には強さも残っていた。

ジャネット　声はあげないわ。痛みに叫んだりしない。……彼らにわたしをどうにかすることはできないわ。だって、わたしは自分の身体の内で起こっていることを感じないんだもの。何が起きてるのか分からない。でも彼らの怒りは感じる、彼らの憎しみも感じるわ（さまざまな痛みとともに話を続けている）……分からない、どうしてわたしたちはこんなに憎まれるの？　わたしが何をしたというの？　わたしの強さはほとんどなくなってしまったわ。

マイケル　今、何が見える？

ジャネット　（ほとんど聞き取れない）……たった今、父が見つかってしまった。（深呼吸する）父を引きずっている……腕を縛り、引きずっていく……父はとても強いわ（喘ぐ）……とても強いのよ（強い悲しみのため、ひどくゆっくり話している）どうしてあんなに強くいられるのかしら？　わたしはとても疲れているし、弱いわ。（二度深呼吸をすると、声がわずかに大きくなった）でも、わたしが父のあとを継ぐのだとしたら……（泣いている。わたしはティッシュとスウェットシャツで顔をぬぐった）それはどこか別の場所でだわ……だから……父を見たの……（激しく泣き声をあげる）父はわたしに強さをくれた……そして……（わたしの意識がマイケルが泣いているのに気づき、深呼吸する）

マイケル　何が見える？

ジャネット　だからできる……これをやり遂げられるわ……父はわたしを誇りに思ってくれる……。

前のめりになった姿勢がわずかにまっすぐになるのを感じた。

ジャネット　だからわたしは自分の身体に強さを呼び込むの……心にも……父が教えてくれた通りに……手が縛られてる。ほかにも手を縛られている人たちがいる……でも、こんなことは永久に続かないわ。……できる……わたしは待てる。彼らの憎しみよりも……強くなれる……彼らのことは見ないわ……そう……もう見えない……自分の見たいものだけを見るわ。だから空を見たり……木々の葉を見たり……（泣いているが、分離してしまわないようにまだコントロールしている）それに……すごく怖いの……父を見てる……マインドで父に話しかけてる……彼らにわたしのことは捕えられないからって。（泣いている）……父はわたしに強さをくれて、そして……だからわたしには空や雲、葉っぱ……それに父の強さしか見えない。でも、それは続かないの。待てる。だから、彼らのことは見えないわ。彼らの顔を見ないの！（きっぱりと）わたしのマインドが見たがるものだけを見るわ！　もう彼らの顔を見たりしない。彼らはわたしに腹を立ててる……わたしが彼らを見ようとしないから……かまわない……だって、わたしは強いんだもの ……（すすり上げている）見せてやる……わたしは強いのよ！

（ほとんど聞き取れないような囁き声で）行かなくちゃ……父を一人にしたくはないけど……（すすり泣く）でも、もうここにはいられない……父が……父が行きなさいって言ってる……行かなくちゃ、もうここにはいられないから……でも父を置いて行きたくない……できない……できないわ……でも父は行けって……わたしが先に行けば……父も来てくれるって。先に行かなくちゃ。父がそう言ってる。行かなくちゃ……父が出発する前に……父は最後まで残らなくちゃいけないの……わたしは最後になれないの、父でなくちゃ……だからわたしに行けって、あとを追うからって。（喘ぎ、何度か深呼吸をする。さらに深呼吸をすると、スピリットになって解放されるのを感じた）

父はどこ？　どこにいるの？　彼らが何かしてるわ……わたしの身体に何かしてる。何かしてる……父は……我慢できない……父は……一族みんなの痛みを……引き受けたわ。彼らが

マイケル　何かしてる……父は……もうこんな痛みにたえられない。（ため息）でも、父が見つからないわ。どこにもいない……わたしには……父がどこにいるのか分からない。わたしのあとを追うって言ってたのに。でも、見つからない……捜さなくちゃ。

ジャネット　あなたはどこにいるの？

マイケル　ここでは息ができるわ。それに……たくさんの人が周りにいる。

ジャネット　光が見える？

マイケル　ここにあるのは分かってる。でも見えないわ。感じる、だけど見えない……混乱してるわ、傷ついてる。怒り、恐れ、それに憎しみを感じる、愛も、受け入れられたのも感じるわ……何もかも感じるのよ。混乱……それに……わたしたち、動こうとしているみたい（ため息）、もっと平和なところへ。でも父は見つからないわ。どこを捜せばいいの？　でも見つけなくちゃ。

ジャネット　（囁く）光に向かって行くんだ……そうすればお父さんは見つかる、行くんだ。

現実に戻るには数分かかった。わたしは二時間も退行していたのだ。マイケルとわたしは顔をぬぐい、鼻をかんだ。彼に腕をまわして抱きしめるとわたしは言った。「あなたって、絶対、我慢づよいわ」「セラピストじゃなくてよかった」と言って彼が続けた。「逃げ出してしまいたかったよ！」「簡単じゃなかったことは分かってる。ありがとう」とわたしは彼に言った。

それからマイケルとわたしは昼食をとり、長いあいだビーチを歩いた。午後の暖かな陽射しのもと、足の裏側に砂を感じて歩きながら、わたしたちは現実にグラウンディングしていった。腰はおろさなかった――歩き続けた。愛や人間関係、魂の旅といった今の生活での体験について話し合った。

その日の夕方、ケイトとマイケルと連れだってナポリの小さなイタリアン・レストランに食事に出かけたが、そのときもあまり現実を感じていなかった。わたしたちは鏡張りの壁を背にしたテーブルをとり、部屋の反対側にいる人たちと離れて座った。ワインをボトルで頼むと、わたしはいつものようにちびちびとすすり、その晩もグラスの半分が残ったままだった。

ときおり、ケイトとマイケルが交わす会話や冗談に自分がついていけなくなっているのを感じた。わたしの存在感がなくなっていることに気づいた二人は、わたしのマインドとエネルギーのシステムが退行でショックを受けたのだと思っていた。

突然、マイケルがわたしの目を覗き込み、驚くほど声に力を入れて言った。「その問題はあなたのじゃないよ。あなたは子供の頃から問題を引きずってきてるけど、それはあなたのじゃない」

何？　何か聞き間違えたのかしら？　わたしのことなんて、まったく話してなかったのに。わたしの子供の頃のことなんて、ほっといて。わたしはまじまじとマイケルを見た。彼は何を話しているのかしら？　「わたしの子供の頃？　問題って何？」とわたしが言うと、「何？　問題って何？　あなたの子供の頃？」。マイケルは聞き返した。

トワイライト・ゾーンにでも飛び込んだのだろうか？　自分が何を言っているのか、マイケルには分かっていないようだった。わたしはそのまま彼を見つめ、くり返した。「あなた、わたしの子供の頃からの問題についてどうのこうの言ってたわ」

「ぼくが何を言ってたって？」と彼が驚いてたずねた。

ケイトが念を押すように言った。「ええ、言ってた。わたしも聞いたもの」

「おいおい、こういうの、いやだな。ジャネット、何が起きたの？」と彼。

わたしはもう一度、彼が言った言葉をくり返したが、彼はおぼえていなかった。だが、わたしは彼に聞いてみた。「わたしの子供の頃からの問題って、何?」。その情報に彼はチャネルし、率直で力強い調子で話しはじめた。ほかの人たちと席が離れていることに、わたしはほっとした。

「あなたは子供の頃から問題を引きずってる。それはあなたの問題じゃないんだ」と彼は声をあげた。「わたしの母のことを言ってるの? 彼女の問題を引きずってるってこと?」と、わたしはメッセージを受け取ろうとしながら、同時にだれが彼を通して話しにきているのか、不思議に思っていた。マイケルは目を開けたまま、変性意識状態になっている。彼はとても警戒していた。だれかがわたしに重要なメッセージを届けようとしている。

わたしは、自分にとって感情と理性のバランスがいかに大事であるかを考えていた……そして、成長する過程で抱えてきた実に多くの恐れがよぎった。何を聞かされるのかしら? 彼は力強く続けた。「あなたが抱え込む問題じゃないんだ……あなたはバランスがとれてる。あなたは自分の子供時代のことに捉われてるけど、あなたの問題じゃない!」

マイケルがメッセージを続けるあいだ、わたしは彼の目を覗き込んでいた。ケイトは何が起きているのかに気づき、目の前の展開にすっかり夢中になっていた。こういうとき、自分自身を信頼することにマイケルがためらいを感じるのは分かっていたので、わたしはどんなことに対しても警戒心をかなぐり捨てた。気がつくと、いつもと違い、いちいちため息をついてはいなかった。

まもなくメッセージは終わり、マイケルが落ち着くと、わたしたちはたったいま起きたことについて話し合った。最初の言葉はさておき、マイケルの体験はわたし自身のものと似通っていた――自分の内側に立ち、自分自身を眺めている感覚だ。

この奇妙な体験のあと、マイケルもわたしももっとこの問題をさぐる必要を感じた。不安に満ちた長時間の退行をしたあとだったが、帰宅する前日、シルバー・イーグルの教えがもっとあるのか見てみようと心に決めた。

ふたたび、マイケルとわたしは彼の部屋にこもり、わたしは変性意識状態に移行した。いくつかの理由から、わたしはそこにたどり着くことが難しく、マイケルもそれを感じていた。そこで彼はわたしの意識を覚醒した状態に引き上げておくことにした。言葉は何も交わさなくても、彼がわたしよりも深い状態に移行していることが感じられた。自分がグラウンディングし、現実に根づいているのが分かった。

わたしの代わりに彼が変性意識状態になってくれるというのなら、こんなふうにするのもいいのかもしれない。

マイケルに何が見えているかたずねた。彼は話しはじめたが、ふいに何が起きているのかを悟った。

「ねえ、こんなことになるなんて、思ってもみなかったよ」と彼は言い、さらに覚醒した状態になって、二人で声をあげて笑った。

「やっぱりぼくは退行療法のセラピストにはなれないよ」。さらに彼は言った。「自分が行けば、あなたを引っぱり込めると思ったんだ」

それは本当だった。わたしは自分が精神的にグラウンディングしているのを感じていた。それは仕事のうえで必要なことだった。それこそが、生活や仕事の多くを占めるようになった拡大された現実を相手に、わたしがさかんに葛藤した理由だった。

笑うことで解放されたわたしたちはしだいに落ち着き、わたしはもう一度、自分の心とマインドをリラックスさせた。こんどは自然にリラックスでき、やがてシルバー・イーグルから教えを受けていた頃の自分に移行していった。

わたしが少し大きくなって、シルバー・イーグルは毎日、わたしを一人にして出かけている。友達と並んでしばらく散歩することもあれば、道をそれて何かほかにすることを見つけることもある。けれど、わたしにとってもっと面白いことも、ワクワクすることもない……。父がわたしに教えてくれること以上にわたしの興味をそそってくれるものはないの。父の智恵や知識、気持ちで心はいっぱい。父のことを真似したり、自分自身に取り入れたり、父のように生きられることがうれしかった。

父のハートの内には深遠な平和と愛があって、それはあらゆるもの、あらゆる人びとへ大きく広がっているの。彼の一族が認める光があるわ。彼は指導者なの……名前だけのものではなくて、彼が彼であればこその指導者なの。そのスピリットの光、強さ……だからこそ、父は指導者なのよ。

父はわたしに偉大なる魂について教えてくれる。わたしのスピリットのことも、彼が生きている多くのことも教えてくれる。父の言葉はわたしが理解したり分析したり、さらなる知識を得る力になってくれるの。でも、何といっても父が生きるうえでのスピリットこそがわたしの教師だわ。だって、父はわたしに教えてくれた通りに生きているんだもの。

それぞれのスピリットはハートの内で生き、それは育てられ、支えられ、愛され、たいせつにされ、そして自由でなければならないの。わたしたち一人ひとりの内にあるスピリットは、表現されるために肉体となって現われるわ。重要なのは酋長がそれに手を貸すこと。だから、酋長は人の内側を見ることができなければならないし、人が感じていることを感じられなくてはならないの。そうするうちにスピリットが表に現われてくる。戦士たちのスピリットは、そのありのままの姿を表に出さなくてはならないし、その方法を学ぶ時間が必要だわ。そしてありのままを表現する場所とチャンスも必要なの。

母性を外に出す必要がある人たちもいるわ。そういう人はそのスピリットを表現するための場所や、支え、励ましてくれるものが必要よ。

自然や肉体をヒーリングする力を持って生まれた人もいる。彼らはそれを表現できるよう、知識を広げていく時間や場所、その機会を与えられなくてはならないの。

どんな場合でも、その人がスピリットにさらに同調し、表現するには、酋長の励ましとサポートが必要だわ。スピリットと同調していくプロセスで、人はハートへ移行していくのよ……感じるために、知るために。

わたしはハートの内を見るようにと教えられたわ。ほかの人のハートを感じるように、ハートの言葉を聞き取れるようにと教えられた。それをきちんと習得できていれば、わたしはほかの人びとのスピリットの旅に手を貸すことができる。自分のスピリットの旅を見いだした人の人生の道は、スピリットと調和していくわ。スピリットと調和しない方へと進まされてしまうのは、内なる調和が欠けているから。このことが理解されず、正しい道が見つけられなければ、やがて調和の欠如はじわじわとスピリットを食いものにしていくの。不幸せなスピリットは時を超え、一人の人を通して外に出てくる――不幸、怒り、苦しみ、エネルギーの欠如。肉体も調和が足りないと文句を言いはじめるわ。不幸せだって。ケガを負うこともあれば、病気になることもある。ふいのアクシデントに出くわすこともある。こういうことが起きると、わたしたちはスピリットの内側にその理由を探そうとするのよ。

わたしたち一族は偉大なる魂と大地に同調してるわ。この調和があるから、わたしたちはそれぞれのスピリットと結びつくことができる。ときには自分のスピリットを見つけるのに助けが必要なこともある。わたしたちは一つにつながってるの。動物、植物、水、空気、空、石、大地……わたしたちは一つにつながっているわ。それぞれ互いに助け合っているし、スピリットから分離することがあれば、それはうまく調和できていないのが原因なの。わたしたちにとって、互いが調和の内にあり、助け合えることがいかに大切なことか……その輪は大地や動物、そしてすべてのものを支え、愛するための力になるわ。

いとも簡単にスピリットと分離してしまい、内なる存在と同調できなくなってしまう人もいるということも聞いてる。こういう人には、もう一度、偉大なる魂とのつながりを見いだすための助けが必要なの。わたしたちの内なるスピリットを育ててくれるのは、偉大なる魂なんだもの。

偉大なる魂はすべてのものに存在しているの。水にも、草にも、木々や鳥たちにも。すべての場所、すべてのものに偉大なる魂があるわ。偉大なる魂の叡智を知るには、動物の偉大なる魂を知り、大地や石の偉大なる魂を知らなくてはならないわ。すべてのものが教えてくれる。石ころに価値を見いだせば石ころから学べることがあるし、動物に価値を置けば動物が教えてくれる。木に宿る偉大なる魂は、その木に敬意を抱くよう、呼びかけているのよ。

人間には果たすべき責任があって、偉大なる知識や智恵は、大きな責任をともなうわ。すべてに偉大なる魂が存在すると理解することは、すべてのものの偉大なる魂に責任を負うことになるのよ。そういう敬意や偉大なる魂の智恵に欠ける人は、ほかの創造物に存在する偉大なる魂から自分自身を分離させてしまう。そして破壊的な人間になり、調和を損い、生命の結びつきが与えてくれるサポートを乱してしまうのよ。さらには、自分自身を破壊してしまう。内なる結びつきの上では、わたしたちは一つだわ。

わたしには父の言うことが分かる。教えてくれたからでもあるけれど、それ以上に、父がそれを生きていたから。父は創造物の声に耳を傾け、その真価を正しく知り、敬意を払ってる。父はすべてのものを尊ぶわ。生まれたばかりの小さな若枝にも、父は愛を与える。そういう穏やかで優しい魂がパワフルな人を生み出すのよ。他の創造物の声を聞くほどに、父はもっと強くなっていくかのよう。わたしはたくさんのものを見て、学んでる。ほかの人がハートの内で何を感じているのかを感じ、風のなかから声を聞くことを学んでいるわ。学ぶことはまだまだたくさんある。もっともっと偉大なる魂がわたしにあふれますように。父のあとを引き継げるとは思わない。今はそんなこと考えられないわ。いまは偉大なる魂との結びつきをもっと知り、続けていくだけ。すべての生きとし生けるものを尊ぶことを学ぶだけ。これはわたしたちが望み、必要とする平和と調和をもたらす唯一の方法だわ。一族におけるわたしたちの存在がさらなる平和とさらなる愛、そしてさらなる調和に到達できるよう、わたしたちは取り組んでいるの。

時間が必要だわ。内側に存在する偉大なる魂の声を聞くには孤独が必要であり、静寂が必要よ。わたしたちは懸命に努力しているし、その一部は静寂と自分だけの時間であると分かってる。肉体が去っていってもスピリットは生きているわ。だからスピリットは満たされなければならないし、大切にされなければならない。愛されなければならないのよ。スピリットは生きつづける。こうしたことは父が教えてくれたの。

セッションが終わり、マイケルとわたしはビーチを歩いた。最後の散歩だった。気持ちのいい暖かな午後で、すばらしい夕暮れが訪れる頃まで、わたしたちはたたずんでいた。わたしはマイケルに、名前を出すことを許可してくれた人も含め、一族の人たちの個人的な話題を書くことにためらいがあると話した。それに……あの〈時〉戦士だった人が四人もいるのだ。

マイケルは言った。「ジャネット、この本はあなた自身のヒーリングのために書くものだよ。そうすれば、そのヒーリングはあなた以外の人たちにもたらされるんだ。それは、一人の人間のエゴよりもずっと大切なものだよ。実際に起きた通りに書くんだ……何ひとつ抜かさずにね。だれか一人のために省略したりしてはだめだよ。

それは真実を歪めることになる。ぼくらみんながこの物語の一部なんだ。ぼ、、、くらの物語なんだ。あなたが知っている通りに書けばいい。それをできるのは、あなただけなんだ」

第18章 決意——【一九九二年】

ケイトとマイケルに別れを告げ、わたしはニューヨーク州の自宅に戻ってきた。帰宅の翌日、郵便局で受け取ってきた手紙を開けてみると、わたしのビジネスの名称「ブレイクスルー・トゥ・ジ・アンコンシャス」が正式に登録されたという代理人からの知らせだった。わたしの両手を縛っていたロープが切られたところをデッサンしたロゴも登録された。このロゴの登録を申請してから、もう三年近くになる。なぜこれほど時間がかかるのか不思議に思ったこともあった。けれど、それは私自身が無意識世界を通り抜けた——一族の虐殺は終わり、わたしを縛りつけていたロープも切られた——という宇宙からの答えだったのだ。

この三日間、新たに見いだした自分の強さがうれしくて、ロズやディレイン、マルダと連絡をとった。スコッティも訪ねてきて、週末は彼とスコットとともにエルミラで過ごした。わたしのマインドは情報であふれていた。退行はわたしにはかりしれない貴重なものをもたらしてくれた体験となり、執筆にとりかかる準備もできたと思えた。

だが、オウェゴの自分のアパートに戻ってみると、書きはじめることができない。テープの録音に時間をとられ、いつまでたっても書き出せないような気がした。気持ちがセミナーの準備や仕事のことばかりに向かってしまう。また恐れの感情が出てきてしまったのだ。わたしはほとほと自分が情けなくなった。

無意識の領域にある深い悲しみと恐れを理解することが最初のステップだった。それはもう超えていかなくてはならない。自分に問いかけるうちに、何が本の完成を妨げているのかが分かってきた。わたしが生まれ育ってきた文化や社会によってプログラミングされたものが、こんな話はあり得ないと告げていた。それに、わたしには一族の存在を証明することもできない。とうてい受け入れられそうにない物語を完成させることに、ためらいを感じていた。

しかしこうした記憶は、インディアンであったときの生涯を思い出した人たちそれぞれの無意識の内に存在している。わたしはこのすばらしい人びとともに記憶をたどり、ふたたび結びついたのだ。わたしたち全員が人生の辛い時期を抜け出し、自分たちを癒すのみならず、ほかの人をもヒーリングできる場所へと移行しつつある。たとえば、マルダの才能と個性が開花しはじめたのもそうだ。彼女はニューイングランドにあるホリスティック・ヘルス・センターで働いて欲しいと頼まれている。七年間ずっと、マルダは「この人たちのあいだでわたしは何をしているのかしら？」と考えつづけてきた。辛かった子供時代と過去世の記憶を手放したあと、マルダの才能は目ざめた。人びとの過去世が見えるようにもなった。彼女はとても幸せそうで、彼女自身もこれまでになく健康になったと感じていた。

癒しのエネルギーは、虐殺されたわたしたちの一族だけでなく、殺した方の戦士たちをも包んでくれた。ある人がわたしを昼食に招待してくれた。彼はかつてのクライアントであり、友人だった。ディレインのボディーワークを終えたばかりだった彼は、セッションのとき、映画「ダンス・ウィズ・ウルブス」について話したと言い、ディレインは彼にたくさんの情報がやってきてくれるから、何度もこの映画を観たと言ったのだという。初めて観たとき、映画が終わってから何時間も泣きつづけていたと彼はわたしに言った。この強い反応について彼がサイキックに聞いてみると、それはインディアンの過去世によるものだと聞かされた。彼はわたしがインディアンの生涯について書いていることを知っていて、もう完成しているのかとたずねてきた。

物語はともに存在していた記憶を持つ人びとについて書いたものだと、わたしは説明した。彼は一族の名前は何というのかと言い、どこに住んでいたのかと聞いた。わたしは一族はオグララといい、今のダコタのあたりに住んでいて、虐殺によってほぼ全滅したのだと答えた。

「ジャネット」と彼がわたしをさえぎった。「ひどく気分が悪くなってきた。ジャネット、ぼくはそこにいたんだ」。彼が自分の席で身もだえするのを見て、わたしは自分の疑いを口にすべきかどうか迷った。一年前、最後に昼食を一緒に食べたときのことを思い出しながら、何分か躊躇していた。あのとき、向かい側に座る彼を見て、ひらめいたのだ――**彼はあの〈時〉、戦士だった。**自分を信じたくはなかったが、わたしはそれを自分の心にしまい込み、だれにも話さなかった。

この日、わたしは率直になって、感じていたことを彼に話すことにした。「なんてことだ！」。その意味を理解して、彼は言った。彼は以前に行った過去世回帰で、青い制服を着た兵士だった自分の姿を見たときのことを口にした。その過去世回帰では人間関係が問題になっていて、インディアンと関係のある生涯には戻っていなかった。彼が思い出させるまで、忘れていたものだ。わたしは別の退行――彼が生まれたときに戻った――のことを思い出していた。礼儀正しく、優しい言葉づかいのこの男性が、自分が生まれたことに怒りをかられ、叫び、激しい調子で神を冒瀆するような言葉を吐いたのである。「こんな小さな身体でどうやって自分を守れっていうんだ！」

今、わたしたちのあいだには何の争いごともないし、わたしたち全員が――ネイティブ・アメリカンも戦士も――ヒーリングの途中であると、わたしは断言した。彼は二年間にわたって、わたしとともに無意識の領域を詳しくさぐり、さらに時間をかけて徹底的に精神面と感情面のセルフ・ヒーリングを行った。彼はほかの人びとともにスピリチュアルな道を歩むことに自分の生活を捧げていたのである。

一族のメンバー全員が、さまざまな生活の変化を体験していた。知り合って最初の頃、ジョイス・スミスが言っていた。「このグループは戻ってきたヒーラーたちの集まりなのよ」と。その頃、わたしたちはまだヒーラーの集まりにはなっていなかったが、それ以来、わたしたちがまず自分自身を癒し、それにつれて職業が変化していくのをわたしは目撃していた。現在ではそれぞれが変化し、ヒーリング・アートや母なる地球をヒーリングすることに関わるようになっている。けれど、こうしてわたしたちのグループがヒーリングに向かって移行しつつあるにもかかわらず、いまだにわたしは書けずにいた。

以前に見たことがある――実際にはすでに始まっていたのだが――。わたしたちの小さなグループがアメリカを横断し、時を超越した愛のパワーというメッセージを穏やかに生きるために、別の国へ移って行く。自分の無意識の内側をさぐろうと、わたしは、「なぜ？　なぜ今、わたしはこんなにも怖がっているの？」とルーンの石を引いた。出てきたのは、ブランク・ルーンだった。

ブランク（空白）は終わりであり、始まりを意味する。完全な信頼をあらわすルーンであり、あなた自身の運命とまさに直接関わろうとしている期待の証である。

こうして安心できはしたが、自分の配偶者を愛していると法廷で証明できる人はいても、自分の内なる真実と、長い歳月にわたり大勢の人と分かち合ってきた経験を証明することはできないという思いにふたたび捉われていた。**言葉や普遍的な物差しを使って、内なる感情や気づきを証明することはできないんだわ**。論理的にものを考えることができないとか、世間知らずと決めつけられてしまうかもしれない。あるいは、人びとから詰め寄られるのかもしれない。ただそこに存在しているというだけで、また攻撃され、傷つけられるのだろうか。

攻撃されるかもしれないというこの不安は、わたしが無意識の領域で抱え込んでいるものであり、乗り越えなければならないのは明らかだった。わたしはコンピューターの前に座り、書きはじめた。ようやく書きたいことがあふれ出た。それは次から次へ、とどまることを知らず、「いったい、いつになったらこの物語は終わるのかしら？」といぶかしく思うほどだった。ロズも絵に取りかかっていた。ディレインは、その前に完成していたホワイト・ファーンの絵を見ていた。「この絵はあなたと、ぼくら一族のためにあなたがしてくれたことへの感謝をあらわしているんだ」とロズは彼女に言ったという。

彼は四連作の最後の一枚を描きはじめたところだった。彼のアトリエで、わたしは彼が変性意識状態に移行するのを助けた。目を閉じたまま、大きなカンヴァスにスケッチを始めた彼を、わたしは驚きとともに見守った。最初の二枚は二カ月半前に完成していたが、虐殺の様子を描いた絵は一つひとつの段階で葛藤を生み、完成するまでに八カ月半を要した。その絵は彼の記憶を集大成したものだった。

カンヴァスに目を凝らすと、シルバー・イーグルの死体が見えた。腕と足が引きちぎられている。ホワイト・オウル（ティモシー）の胸には矢が刺さり、フレイミング・アロー（デブ）は首を吊られていた。ウォークス・トール（スコッティ）は片手にナイフ、もう一方に手斧を持ったまま地面に横たわり、わたしは胸を大きくえぐられ、腕を縛られてぶら下がっていた。シルバー・イーグルの方を向いている。終わったのだ。

ロズは彼の方法でわたしたちの物語を完成させた。今度はわたしが終わらせる番だった。しかし、依然としてさまざまなヒーリングが進行している真っ最中だった。まだ本を完成させるべきではない、とわたしはそれを都合よく解釈した。一族のメンバーであった人や、わたしたちを襲った戦士であった人とまた出会うかもしれない。たぶん、もっと材料が揃うのを待った方がいい。

シルバー・イーグルの一族であったときのわたしは、十四歳で生涯を終えていた。今生では、スコットと知り合ったのが十四歳のときだった。わたしの祖父、シルバー・クラウドだった彼は今、「その本を世に出してあげるときが来たんだよ、ジャネット。そして、みんなと一緒にヒーリング・ワークを続けるんだ」と言ってくれている。

数日後、ある出来事がかつてのモヤモヤを解消してくれた。ファイルを整理しながら、ときどき埋まってしまいそうなほどの紙の山を捨てていたわたしは、サウス・ダコタに住むリトル・シオ族から届いた十二×十八センチほどの小さな紙を見つけた。それは、一九八五年の七月にメリーランドでわたしたちが初めてメディスン・ホイールを行った際、そのあいだ中ずっとわたしのマインドを駆けずりまわっていた言葉について問い合わせたドットへの返事だった。そのときの瞑想のことはすっかり忘れていた。わたしがその意味にならない言葉を思い出したとき、ドットが彼らに翻訳できないかと手紙を書いてくれたのだ。

六年が過ぎていた。思いがけずこの紙を見つけたわたしは腰をおろし、自分の体験を思い出して呆然とした。書きとめてはいなかったが、瞑想のときに聞こえてきた言葉が、ありありと心に蘇ってきた。「ヤ・ナ・ヒーヌ……ヤ・ナ・ヒーヌ……」

それまで、わたしが書いているシルバー・イーグルの一族と瞑想の体験を結びつけて考えたことはなかった。これはオグララの言葉で、だからわたしのマインドのなかでぐるぐる回っていたのだろうか？　当時話されていた言葉はもう消滅している。もっとも近いのはラコタ・シオ族のものであるかもしれなかった。

きちんとタイプされた、パトリック・マッコーケルからの返事を読んだ。彼によれば、ドットがラコタの言葉に翻訳してくれるよう頼んだC・ジョーダン師が、拡大解釈すれば次のような意味になると言っているという。

今こそ、それを言葉にして言える。

本当なのだろうか？　一族は存在していたのか？　わたしには分からない。わたしにできるのは、自分の人生に実際に起きた通りに言葉にするだけだ。わたしたちの記憶は強力だった。わたし自身の退行は、魂に触れる体験だったという以外、ほかに説明のしようがない。もし、わたしたちがたしかに「大地と偉大なる魂に同調した、高い霊性を持った人びと」からなる一族であったのなら、今日——今生——、こうした人たちが存在しているのも事実だ。記憶を取り戻すことで、わたしたちは無意識の領域で抱え込んでいた痛みから魂を解き放った。自分が何者であるのかを、そして自分たちが目に見える肉体以上の存在であることを、一人ひとりが深く理解している。

記憶が戻ってきたとき、わたしたちは互いに対して誠実だった。わたしたちはお互いの無意識のマインドに入り込んで、似たようなものをつくりあげただけなのだろうか……？　かもしれない。あるいは――たぶん――わたしたちは蘇った一族なのだ。

そのとき、われわれには愛はあったが力がなかった。
今、われわれは愛も力も手にしている。
今度は、われわれが愛の力で彼らにぶつかっていくのだ。
――シルバー・イーグル

訳者あとがき

本書は一九九四年にアメリカで発行された『A Tribe Returned』の全訳です。

同じ一族として同時代を生きた人びとが、時を超え、世代を経てふたたび集う……そんなことが起こり得るのでしょうか。「過去世回帰」という言葉はわたしも知っていましたし、そうした体験をした人の話をものの本で読んだこともありました。けれども、本書にあるような一つのグループ（この場合は〈ファミリー〉と呼んでもいいかもしれません）がまとめて現われるという話は聞いたことも読んだこともありませんでした。正直、にわかには信じられなかった面もありました。

けれども、読み進むうちにあることに思い到りました。人はだれしもひとりで生きていくことはできません。周囲の人びとと関わりを持ちながら生きています。そう考えると、互いに助け合い、密接につながっていたファミリーがそっくり別の時代に蘇るということがあるのではないか？

この本に登場するファミリーはアメリカ開拓時代に白人によって虐殺を受け、滅亡に追い込まれたあるネイティブ・アメリカンの一族です。彼らは卓越した統率力とパワーを持ったリーダーのもと、大自然に畏敬をはらいながら、大地とともに大きな家族として生きていました。互いに深く関わりを持ちながら生きていたことは明らかです。「癒し」という言葉がごく手軽に口にされるようになった昨今ですが、真実の「癒し」は、自分ひとりが癒されればすべてOKというものではないのかもしれません。自分自身が本当の意味で癒されるためには、自分を取り巻くすべての人びとが癒されることが必要なのではないだろうか……翻訳を進めながら、そんな気持ちになっていました。

著者のジャネット・カニンガムはアメリカでヒプノセラピストとして活動する女性です。この本のなかで、彼女は自分のクライアントや友人たち、家族がネイティブ・アメリカンであった過去世を思い出し、それを解放していく手助けをする過程を語っていますが、それは同時に彼女自身が自己を知り、癒していく道でもありました。他人に手を貸す一方で、直面した状況に戸惑い、迷い、悩むひとりの女性の姿がありありと描かれています。彼女が変化していく様子にも注目しながらこの本を読んでいただけたらと願っています。

最後になりましたが、牛の歩みよりも遅かったわたしの翻訳作業をあたたかく見守り、励ましてくださった太陽出版の片田雅子さんに心より感謝いたします。そして、殺伐とした現代に生きるわたしたちがひとりでも多く、安らかで穏やかな毎日が送れますように。

関口和子

二〇〇一年三月

シルバー・イーグル
～癒しと再生への旅路～

A TRIBE RETURNED
by Janet Cunningham

訳者紹介
関口和子（せきぐち・かずこ）
1965年生まれ。青山学院大学文学部英米文学科卒業。編集プロダクション、出版社勤務を経て現在はフリーの編集・翻訳者。訳書に「女がひとりで生きるということ」（日本ヴォーグ社）、「なぜ少年は警官を殺したのか？」（ごま書房）がある。

2001年5月13日　第1刷

［著者］
ジャネット・カニンガム
［訳者］
関口和子
［発行者］
籠宮良治
［発行所］
太陽出版
東京都文京区本郷4-1-14 〒113-0033
TEL03(3814)0471 FAX03(3814)2366

［装幀］中村浩（スパイラル）
［印字］スパイラル［印刷］壮光舎印刷［製本］井上製本
ISBN4-88469-228-4